신일본어학총서 73

일본어의 연구

전성용

제이앤씨
Publishing Corporation

▌머리말▐

지금까지 국내외에서 연구 발표한 논문 가운데 15편을 뽑아『일본어의 연구』라는 제목으로 단행본을 발간하게 되었다. 그런데 여기에 실린 논문 중, 일본에서 발표된 논문(제3장임. 이것은 至文堂『国文学 解釈と鑑賞』842호(2001.7)에 게재되었음)은 단행본으로 발간하면서 한국어로 번역하였으며, 제2부의 한・일 대조연구편에 실린 논문 중, 일부 논문(제10장)은 한국어의 용례가 바뀌었거나 첨가되었음을 밝힌다. 이것은 다른 이유가 있어서가 아니라, 논문을 발표할 당시는 해당하는 적절한 용례를 한국어 작품 속에서 찾지 못하였다가, 논문 발표 이후 해당하는 용례를 찾았기 때문에 예문을 바꾸거나 첨가했기 때문이다. 그러기에 논문 내용에 대해서는 아무런 변화가 없다.

국내에서 발표된 논문의 대부분은『일본문화학보』에서 발표되었지만,『일본학보』와『일본어학연구』에서도 발표되었다. 필자의 부족한 논문이지만, 이것이 후학들이 일본어를 연구하는데 있어 조금이나마 밑거름이 되었으면 하는 바람이며, 아울러 후학들의 아낌없는 비판을 기대한다.

마지막으로 여기까지 인도하여 주신 하나님의 은혜에 감사드리며, 현재의 있음도 하나님의 은혜임을 고백하며 주님께 감사의 기도를 드린다.

벚꽃이 만발한 2008년

4월의 월요일 아침에

▌목 차▌

제1부
일본어 문법편

제1장
동사 중지형「~して」의 기능과 의미

1. 들어가며

일본어에 있어서 동사의 긍정의 중지형은「~し」와「~して」의 두개의 형태가 있다.「~し」라는 형태는 소위 학교문법에서 말하는 동사의 연용형이며,「~して」라는 형태는 동사의 연용형에 접속조사「て」가 붙은 형태이지만, 여기에서는「~して」라는 형태만을 취급하여 논하기로 한다.

동사 중지형의 기본적인 기능은 高橋氏가 말하고 있는 것 같이[1], 하나의 문장 안에서 두개 이상의 술어를 늘어놓을 때, 文章末 술어(後続句節의 述語)가 아닌 술어인 것을 나타내는 것이다. 문장 구조에 따라, 하나의 주어(動作主)에 대하여 몇 개의 술어를 늘어놓는 경우와 주어가 다른 몇 개의 술어를 늘어놓는 경우가 있지만, 여기에서는 주어가 같은 경우만을 중심적으로 논하기로 한다.

그런데, 동사의 중지형이 문장말 술어와 다른 점은, 동사의 중지형에는 문장말 술어에서 보이는 ムード・テンス 등의 형태를 가지고 있지 않다는 것이다. 그렇다고 해서 ムード・テンス가 없다는 것은 아니다. 이 사실은 다음 예문에서 보여지 듯, 보통은 문장말 술어와 같으며, 문장말 술어에 위임되어져 있다.「~して」라는 동사 중지형의 ムード・テンス가 문장말 술어에 위임되어 있다는 사실은, 동사의 중지형이 述語性을 가지고

1) 高橋太郎『動詞の研究』P. 89

있다는 것을 증명하고 있는 것이다.

[예] 今、行って、5時に**帰って来なさい。**(= … 行きなさい。そして、……)
朝、行って、夕方、**帰って来た**。(= … 行った。そして、……)

2. 述語로서 사용되어지는 경우

2.1. 基本的인 용법

이것은, 先行句節의 동사 중지형이 동사로서의 述語性을 가지고 있으면서 문장을 도중에 중지시키는 경우이지만, 이와 같은 경우, 先行句節과 後續句節 사이에서 보이는 시간적인 관계는 그 대부분이 다음 예에서 보여지는 것과 같이, 일반적으로 繼起的이다.

[예1] 僕は、ウナギが割合に高価なものであることは知らないわけではない。しかし、あんなに我慢して食べたのにと思うと、情けなかった。じつは店を出る前に、せめて熱いお茶を一杯のみたかったのだが、あたえられないものを求めるのはよそうと金を払ってそのまま店を**出た**。(ジングルベル)

[예2] 「これはどうも尤もだ。僕もさっき玄関で、山のなかだとおもって見くびったんだよ。」
「作法の厳しい家だ。きっとよほど偉い人たちが、たびたび来るんだ。」
そこで二人は、きれいに髪をけずって、靴の泥を**落しました。**
(注文の多い料理店)

그런데 이런 継起的인 것 중에는 先行句節의 동사 중지형과 後続句節의 술어가 대조적인 것도 있다.

[예3] 私は、ベッドに起き上がって、頭を振った。それから、こっそりベッドを抜け出し、パジャマを<u>脱いで</u>、服を**着た**。(早春物語)

[예4] 高見は息を<u>吸い込んで</u>、ゆっくりと**吐き出した**。息と共に力が抜けて行くような気がした。(ウォッカ)

[예5] 全権大使は、もう完全に敗北をとげていた。彼は仕方なさそうに破れ靴をはき、ぼんやり表へ出た。
父は、入口まで送って出ながらやさしく云った。
「道、わかってるやろな。この向うから市電に<u>乗って</u>、梅田で**降りるんやぞ**」(神の道化師)

그러나 동사 중지형의 기본적인 용법 가운데는 다음과 같이, 先行句節과 後続句節 사이에서 보여지는 시간적인 관계가 同時的인 경우도 있다.

[예6] 「ただいま。—— お母さん」
と、上って、声をかける。「いないの?」
リビングの明りを点けて、私は思わず、
「キャッ!」
と声を上げた。
ダイニングへの入口の所に、母が<u>立っていて</u>、左手を**押えていた**。
(早春物語)

그런데, 기본적인 용법의 중지형에는 다음 예와 같이, 先行句節과 後続句節을 서로 바꾸어 이야기 하여도 (예를 들면, 「川崎は鉢巻をしめて、絣の和服を着ていた」) 아무런 지장이 없는 것 같이 느껴지는 것도 있다.

이와 같이 先行句節과 後續句節을 서로 바꾸어 이야기 하여도 지장이 없는 경우를 필자는 「並列」이라고 定義하기로 한다.

[예7] 川崎は絣(かすり)の和服を<u>着て</u>、なんとなく鉢巻を**しめていた。**
(若い娘)

2.2. 従属性과의 겹침

앞에서도 이야기한 것 같이, 先行句節의 중지형에는 ムード・テンス의 형태가 없고 後属句節의 문장말 술어에 ムード・テンス가 위임되어져 있다. 이와 같은 중지형의 문장구조는, 陳述의 중심을 後続句節에 가지고 가는 것이 되며, 그 결과로서 先行句節은 従属性을 띄어, 後続句節에 대하여 문장의 확대요소로서, 従属의 관계가 씌워지게 된다. 이런 先行句節의 동사 중지형은 그 어느 것도 동사로서의 述語性을 보유하면서, 従属成分을 나타내는 기능을 함께 가지고 있다. 왜냐하면, 「～して」라는 先行句節의 중지형에 従属性이 씌워지는 경우의, 이들 先行句節의 중지형의 그 대부분은, 중지형에 의해 나타내어지는 동작・상태의 처음의 局面은 後続句節의 述語보다 先行하고 있어도, 그 동작의 결과(持続)라던가 상태의 변화의 결과의 局面은 後続句節의 述語와 同時이기 때문이다. 이와 같이, 先行句節의 중지형이 従属性을 띄는 경우의 동사 중지형은 先行動作・先行状態이면서 각각 다음에 보이는 것 같이, 後続句節의 동작・상태에 대하여 여러 가지 관계적 의미를 띄고 있다. 순서에 따라, / 原因・理由 / 判断의 根拠 / 逆接 / 준비적 동작 / 手段・方法 / 場所 / 모습 / 이다. (여기에서 예13의 「レストランへ行って」가 장소를 나타낸다고 한 것은, 실지로 문장 속에서 「レストランへ行って」를 「レストランで」로 바꾸어 말하여도, 의미상 아무런 변화가 없기 때문이다.)

[예8] この景色を見た杜子春は、思わずあっと叫びそうにしましたが、すぐに又鉄冠子の言葉を思い出して、一生懸命**黙っていました。**(杜子春)

[예9] 中年の男の死体で信じられないほど軽いものがあった。新しい水槽で伸びのびして浮かんでいるそれを、木札を取りつけるためにつかまえようとしている女子学生のとまどいを見て、僕は始めてその死体が 片足であることに**気づいた。**(死者の奢り)

[예10] 「妻には、何もない。ある意味で僕だけなんだ。そしてこの僕ときたら、彼女を使い果たしてしまったように、もう長いこと感じたまま、見向きもしない。見なれすぎたために、そこにあることすら気づかない家具同様に、接して来た。ウォッカに手を出し始めたことを知っても、何カ月も見て**見ぬふりをして来た。**～」(ウォッカ)

[예11] その婦人がエミリーということを伊佐はその部屋に入る前に名札で知った。

エミリー嬢は彼に坐れというと、それから、

「鍵をかけて煙草を**吸うのよ。**生徒に吸うところ見られると困るでしょ。男も女もそうなのよ」(アメリカン・スクール)

[예12] その泉に吸い込まれたように、メロスは身をかがめた。水を両手で掬って、一くち**飲んだ。**(走れメロス)

[예13] 浩はゆうべ行ったレストランへ行って、**朝食をとった。**

(アポロンの島)

[예14] 「ずいぶん待ったぞ。それに今日は雨が降るかもしれないそうだよ」

「そだら早ぐ行ぐべすさ。あらまんつ水呑んでぐ。」四人は汗をふいて、しゃがんで、まっ白な岩からごぼごぼ噴きだす冷たい水を、何べんも**掬ってのみました。**(風の又三郎)

3. 문장의 확대요소로서 사용되어지는 경우

이것은,「~して」라는 先行句節의 동사 중지형이 중지형으로서의 기능과 동사로서의 述語性을 상실하여, 오로지 수식어와 같이 문장의 확대요소로서 사용되어지는 경우이다. 이와같이,「~して」라는 동사의 중지형이 수식어와 같이 사용되어질 경우는, 그 대부분이「~して」라는 先行句節의 중지형에 의해 나타내어지는 動作 혹은 状態의 시작의 局面이 없어지고 同時的인 動作의 결과(持続) 또는 状態의 변화의 결과의 局面만이 유효하게 작용하고 있다.

3.1. 주어(動作主)의 모습을 나타내는 경우

3.1.1. 행동할 때의 모습・상태를 나타내는 경우

이것은,「~して」라는 중지형이 주어가 행동할 때의 모습・상태를 나타내고 있어, 그 모습・상태 중에 주어의 後続句節의 동작이 행하여지고 있는 것을 나타내고 있다. 그리고 이 모습・상태를 나타내는 것 중에는, 다음에 보여지는 것 같이 /자세/복장/휴대 등 여러 가지가 있지만, 이것들을 나타내는「~して」라는 중지형의 동사는 주로 再帰動詞이다. 이 再帰라는 것은, 対象에 작용하는 것이 즉, 動作主 자신에게 작용하는 것이 되어 그 결과로서 動作主의 状態를 바꾸는 動作을 나타내는데, 이 再帰動詞의 특징은, 그 アスペクト형인「~している」라는 형태가,「姉はさっきから慣れない手つきで和服を着ている」와 같이 動作의 進行中의 状態도,「衣替えで、今日みんな夏服を着ている」와 같이 動作의 結果의 状態도 나타낼 수도 있다는 것이다.

• 자세를 나타내는 경우

[예15] それを何気なく、踞(しゃが)んで**見ていた。** 自分は先(せん)ほど蠑螈は嫌いでなくなった。蜥蜴(とかげ)は多少好きだ。(城の崎にて)

[예16] ~、メロスは幾度となく眩暈(めまい)を感じ、これではならぬ、と気を取り直しては、よろよろ二、三歩あるいて、ついに、がくりと膝を折った。立ち上る事が出来ぬのだ。天を仰いで、くやし泣きに**泣き出した。**(走れメロス)

• 복장을 나타내는 경우

[예17] 梨絵は思わず早口で言った。

「わたし、いま、夜は銀座のドール・シップってお店に出てるんです。バニーガールの格好して、網タイツはいて、歌**歌ったりしています**。いつでもいらしてください。~」(水中花)

[예18] 写真はキャビネ判であった。縦位置の野外写真だ。イチョウらしい木が一本立っていて、その根本に、若い女が横たわっていた。女は白いワンピースをつけて、眼を**閉じている**。からだが、イチョウの落葉に埋もれていた。(二人で殺人を)

• 휴대를 나타내는 경우

[예19] 不意にドアが開き、検温器を幾本も入れた筒を手にして、看護婦が部屋に**はいって来た。**(飛ぶ男)

[예20] 「どうしたの?」

振り向くと、邦子が、私の鞄をかかえて、**立っていた。**(早春物語)

3.1.2. 심리상태를 나타내는 경우

이것은,「~して」라는 先行句節의 중지형이 動作主의 심리적인 상태

를 나타내어, 그 심리적인 상태 중에 後続句節의 동작 혹은 상태가 행하여지는 경우이다.

[예21] そして硝子の開き戸がたって、そこに金文字でこう書いてありました。「どなたもどうかお入りください。決してご遠慮はありません。」二人はそこで、ひどくよろこんで**言いました。**(注文の多い料理店)

[예22] 僕はためらってから、思い切っていった。「ラシーヌです。ジャン・ラシーヌ」教授は顔中、皺だらけにして、子供のようにだらしなく笑った。「ラシーヌをやる学生が死体運びとはねえ」
僕は唇を噛んで、黙っていた。
「こんな事、何のためにやっているんだ?」 と教授は強いて真面目な顔になろうとしながら、しかし笑いに息を弾ませていった。「こんな仕事」
「え?」と僕は、驚いて**いった。**(死者の奢り)

그런데,「～して」라는 중지형에 의해 나타내어지는 심리적인 内的状態가 그대로 밖으로 나타나면, 仁田義雄氏가 말한 것 같이, 주어(動作主)의「表情」이 된다.[2)]

[예23] 局長は顔をちょっと赤らめて**弁解した。**(パニック)

[예24] その時、鉄柵があいて眼鏡をかけた、三十ばかりの、校長、ウイリアム氏が微笑をうかべて**あらわれた。**(アメリカン・スクール)

[예25] 清兵衛の父はふと瓢箪に気がつくと、玄能を持って来てそれを一つ一つ割ってしまった。
清兵衛はただ青くなって**黙っていた。**(清兵衛と瓢箪)

그런데, 주어의 심리적인 内的状態가 전부 그대로 밖(얼굴)으로 나타나

2) 仁田義雄「シテ形接続をめぐって」

는 것은 아니다. 다음에 보여지는 것과 같이, 주어의 심리적인 内的状態하고는 정반대로 밖으로 나타나는 경우도 있다.

[예26] それを聞いて王は、残虐な気持で、そっと北叟笑(ほくそえ)んだ。生意気なことを言うわい。どうせ帰って来ないにきまっている。この嘘つきに騙(だま)された振りして、放してやるのも面白い。そうして身代りの男を、三日目に殺してやるのも気味がいい。人は、これだから、信じられぬと、わしは<u>悲しい顔して</u>、その身代りの男を磔刑(はりつけ)に**処してやるのだ**。(走れメロス)

또한, 다음의 예는, 동사의 중지형이 주어(動作主)의 표정을 나타내고 있다는 점에서는 위의 예들과 별다를 바 없지만, 다른 점은 先行句節의 중지형이 後続句節의 결과적인 상태를 나타내고 있다는 것이다. 즉,「見た」그 결과「口をあく」하는 것이다.

[예27] 無人の部屋に、くぐもった組子の声が響いた。
「神様っているのね。天罰を受けたのよ、あたし」
病室からの声はインターフォンであった。
「十年前のあのときの罰なのよ」
あとから入ってきた八木沢が、ポカンと<u>口をあいて</u>素子の顔を**見た**。(幸福)

이와 같이, 先行句節의 중지형이 後続句節의 述語의 결과적인 상태를 나타내기도 하는데, 주어(動作主)의 모습을 나타내는 다음 예도 이에 속한다.

[예28] 自分の部屋と台所以外は何年も掃除すらしていないらしく、私はつ

いたとたん、自分が泊まる部屋の恐ろしく汚ない様相を整えるのにやむをえずひと晩中、<u>まっ黒になって</u>**働いた**。(哀しい予感)

왜냐하면, 이것도「働いた」 결과「真っ黒」가 되기에, 시간적으로 이야기하면 後続句節의 述語가「先」이며, 동사 중지형이「後」가 된다. 그럼에도 불구하고 先行句節의 중지형은 문장의 확대요소로서 주어의 모습을 나타내는 기능밖에 하지 않기에, 이런 것들을 보면 중지형에 의해 나타나는 述語性・従属性이 중요한 것이지, 先行句節의 중지형과 後続句節의 述語 사이에서 보여지는 時間的인 関係는 차후의 문제인 것을 알 수 있다.

3.1.3. 몸짓을 나타내는 경우

이것은,「~して」라는 先行句節의 중지형에 의해 나타내어지는 동작이, 後続句節의 述語를 행할 때의 주어(動作主)의 몸짓을 나타내고 있지만, 이「~して」라는 先行句節의 중지형에 의해 나타내어지는 몸짓을 나타내는 동사는, 다음 예와 같이, 文脈중에서「~して」라는 先行句節의 중지형과 後続句節의 述語와의 사이의 관계적인 의미가 확실히 알 수 없다. 라고 말하는 것은, 다음 예로서 설명하면, 先行句節 중지형의「手を振る」라는 동작이 持続되는 중에 後続句節의「去って行く」동작이 행해졌다 (同時的이다) 라고 해석하면, 先行句節 중지형의「手を振って」는,「去って行く」때의 주어의 몸짓을 나타내는 모습으로, 先行句節의「~して」라는 중지형을「~しながら」로 바꿀 수 있지만, 先行句節 중지형의「手を振る」라는 동작이 끝나고 나서「去って行く」동작이 시작되었다 (継起的이다) 라고 해석한다면, 2.1의 基本的인 용법에 들어가야 한다고 생각되어지기 때문이다.

[예29] 「お待たせいたしましてまことに相すみませんでございました」

黒人は英語でそう云うとめんどくさそうに手を振って**去って行った。** (アメリカン・スクール)

[예30] ガラスのケースの中に並んだ赤茶いろのダイコンや煮魚や毛のはえたエダマメなどを仔細ありげにながめて、こういうものももう食えない、とつぶやきながらKは、「なににする?」と僕の顔をのぞきこんで、「てんぷら、てんぷら二つ」と指でしめして**言った。**(剣舞)

3.1.4. 자연발생적 현상을 나타내는 경우

이것은, 생리현상 또는 자연발생적으로 생기는 현상을 「~して」라는 先行句節의 중지형이 나타내는 경우이다.

[예31] 急にジープが止ると、いきなり伊佐の前に小型のピストルが向けられた。

彼は、「英語で話さぬか、『おまたせして相すみませんでございました』ってもう一度いってみろ」

伊佐は冷汗を流して、おし出すようにそう**いった。**

(アメリカン・スクール)

[예32] そうだな、厭な話だ、と僕は思った。こう執拗に絡みつかれては、やりきれないな。女子学生は小鼻の周りに小粒の、きらきらする汗をいっぱい浮かべて屈みこんだ姿勢から、**躰を起した。**(死者の奢り)

3.1.5. 방향을 나타내는 경우

이것은, 「~して」라는 先行句節의 중지형이 주어(動作主)의 구체적인 동작을 나타내는 것이 아니라, 後続句節의 述語가 나타내는 動作・상태의 방향을 나타내고 있다.

[예33] 自動車ももうあまり通らない。彼は黙々と歩いて行く。次第に一種

の湿っぽい空気が感じられて来る。通りの先がゆるい傾斜をなして登りになっているのが見える。黒い鉄の柱が見える。
黒い鉄の柱が見えて来る。そこは橋だ。彼は橋に向って**歩いて行く。**(飛ぶ男)

[예34] 彼が島の集会所になっている、港の広場へ帰った時、陽はうすついていた。彼はレストランでコーヒーを注文して、海に向って**坐っていた。**(アポロンの島)

3.2. 動作 그 자체의 측면을 나타내는 경우

3.2.1. 後続句節의 述語를 具体的으로 나타내고 있는 경우

이것은,「~して」라는 先行句節의 중지형과 後続句節의 述語가 각각 틀린 두 개의 動作 혹은 状態를 나타내고 있는 것이 아니라, 後続句節의 述語가 나타내는 하나의 動作 혹은 状態를「~して」라는 先行句節의 중지형이, 後続句節의 같은 側面의 具体化로서 特徴짓고 있다.

[예35] そこで犍陀多は大きな声を出して、「こら、罪人ども。この蜘蛛の糸は己のものだぞ。
お前たちは一体誰に尋(き)いて、のぼって来た。下りろ。下りろ」と**喚(わめ)きました。**(蜘蛛の糸)

[예36] メロスはひょいと、からだを折り曲げ、飛鳥の如く身近の一人に襲いかかり、その棍棒を奪い取って、「気の毒だが正義のためだ!」と猛然一撃、たちまち、三人を殴り倒し、残る者のひるむ隙に、さっさと走って峠を**下った。**(走れメロス)

그런데,「~して」라는 동사 중지형이 後続句節의 述語에 대하여 구체적으로 나타내는 그것이, 다음과 같이 後続句節의 述語가 나타내는 의미의「手段・方法」인 경우도 있다.

[예37] やがて、ジェイムズとアイリンは、アニーの姉さんのいる岩へ移って、三人は話していた。エリカとアニーは水の中に、浩の下にいた。彼が彼女達を見ると、手を挙げて**合図した。**(アポロンの島)

[예38] 伊佐はふりむきもせず箸を持った手を振って**断った。**(アメリカン・スクール)s

3.2.2. 後続句節의 述語를 抽象的으로 나타내고 있는 경우

이것은, 위의 예와는 반대로 後続句節의 述語가 具体的인 동작을 나타내며,「～して」라는 동사 중지형이, 그 後続句節에 대하여 意義를 붙이고 있는 (抽象化되어져 있음) 경우이다.

[예39] 客にビールをつぎ、素子や八木に話しかけた。数夫のほうも、造花にさわったり、立てつづけに煙草をすったりして、話しかける素子に相鎚を打っている。
むしろ八木沢のほうが気を遣って、数夫にライターで**火をつけてやったりしていた。**(幸福)

다음 예도,「～して」라는 先行句節의 중지형이 그 後続句節의 述語에 대하여 意義를 붙이고 있고 (抽象化되어져 있고), 後続句節의 述語가 구체적인 동작을 나타내고 있지만, 다음의 예는, 後続句節의 述語에 대하여 意義를 붙이고 있는 동사 중지형이 後続句節의「목적」으로 나타나고 있다. 이와 같은 경우, 先行句節 중지형의 대부분은 다음에 보여지는 것과 같이,「～しようとして」「～すまいとして」의 형태를 취한다.

[예40] ベランダへ出て身をのり出し隣りをのぞいた。
レースのカーテンが揺れていた。カーテンの向うから、女の手がガラス戸をあけようとして空を**掻いていた。**その手首に血の筋が見えた。(隣りの女)

[예41] 老婆は、それでも下人をつきのけて行こうとする。下人は又、行かすまいとして、**押しもどす。**(羅生門)

3.2.3. 空間的인 関係를 나타내는 경우

이것은「~して」라는 동사 중지형이, 後属句節이 나타내고 있는 사람의 동작 또는 状態의 空間的인 関係를 나타내는 경우이다.

[예42] ほとんど毎日、私は彼女と並んで、日没前の街を**歩いた。**(鳥獣虫魚)

[예43] それから三月ばかり経った。
その間に、下界は深い雪に閉ざされてしまった。カナ子家の居間には、深い炬燵が掘られ、海老茶の毛布に腰から包んで、川崎とカナ子が向かい合って**すわっていた。**(若い娘)

4. 陳述語로서 사용되어지는 경우

이것은,「~して」라는 先行句節의 중지형이, 後続句節의 사항을 말하는 사람의 입장에서 注釈하는, 陳述語로서 사용되어지는 경우이다.[3)]

[예44] 「なんて言うか、あなたが優しいひとだってことがわかったし。でも

3) 高橋太郎『動詞の研究』p.92

その優しさは強さから来るものではなく、弱さから派生した優しさなのよ、そういう意味では幻滅したし。そう、はっきり言って、あなたに幻滅した。幻滅させてもらって良かったと思うわ」(ウォッカ)

[예45] 相手は、どのくらいの金を持っているのかわからぬ富豪の娘である。その父親こそ奇人でインスタント・ラーメンばかり食べていると言うが、おそらくその娘は御馳走を食べつけていることであろう。
外食をするにしても、大層な高級レストランへゆくことであろう。
「むろん、光栄ですが、正直にいって、今日は財布が心細いんで」と、武平はへどもどと言った。(奇病連盟)

5. 다른 品詞로의 移行

이들의 예는, 「～して」라는 先行句節의 동사의 중지형이, 이미 동사로서의 述語性과 중지형으로서의 기능을 상실하여, 다른 품사와 같은 역할을 하는 것이다. 이것은 앞에서도 논한 것 같이, 先行句節의 동사의 중지형이 중지형으로서의 기능과 동사로서의 述語性을 상실하면, 오로지 修飾語와 같이 문장의 확대요소로서 작용하게 되어, 後続句節의 述語를 修飾하는 기능밖에 하지 않게 되지만, 後続句節의 述語에 대하여 修飾하는 기능밖에 하지 않게 된 이 중지형이, 사람들에 의해 사용되어지는 사이에, 이 형태가 굳어져 버리면(固定化되어짐), 동사의 중지형은, 동사로부터 다른 品詞로 移行해 버리든지, 혹은, 意味의 변화를 일으켜 本来의 意味로부터 意味가 변해 버린다.

5.1. 副詞로의 移行

다음의「とんで」「押して」등과 같은 중지형은, 意味의 변화를 일으켜 本来의 終止形 意味와는 전혀 틀린, 다른 意味로 바뀌어 이미 副詞가 되어 버렸다. 그 의미는 순서에 따라 각각「大急ぎで」「無理に」「もう一度 / あらたに」「むりやりに」이다.[4)]

[예46] 主婦は、愛想のいい笑いをうかべると、彼をよく確めもしないで、奥へとんで入った。(神の道化師)

[예47] 目が覚めたのは夜だった。メロスは起きてすぐ、花婿の家を訪れた。そうして、少し事情があるから、結婚式を明日にしてくれ、と頼んだ。婿の牧人は驚き、それはいけない、こちらにはまだなんの支度もできていない、ぶどうの季節まで待ってくれ、と答えた。メロスは、待つことはできぬ、どうか明日にしてくれたまえ、とさらに押して頼んだ。(走れメロス)

[예48]「ここは、ね、僕の家だったのです。いつか、いちどは来てみたいと思っていたのです。」そう聞いて、私も急に興奮した。
「あ､そうか。どうりで家のつくりが、料理屋らしくないと思った。あ､そうか。」私も、あらためて部屋を見まわした。(新樹の言葉)

[예49]「まあ、これから湯殿へ行って色上げをするのだ。苦しかろうがちッと我慢をしな」と、清吉は耳元へ口を寄せて、労(いた)わるように囁いた。
「美しくさえなるのなら、どんなにでも辛抱して見せましょうよ」と、娘は身内の痛みを抑えて、強いて微笑んだ。(刺青)

4)『岩波 国語辞典』(第四版・岩波書店)

5.2. 接続詞로의 移行

다음의「したがって」「つづいて」등과 같은 말은 문장의 맨 앞에 사용되어, 문장과 문장을 연결하는(관계짓는) 接続詞로서 사용되어지는 경우이다. 이와 같이, 동사가 접속사로 移行하는 것에 대해 高橋太郎氏는「機能が固定され、語彙的意味がうしなわれて、動詞らしさをなくしている」라고 언급하면서, 동사가 語彙的인 意味에서 文法的인 意味로 변해 있다고 설명하고 있다.[5)]

[예50] 加瀬が対象だとは思えなかった。対象にするほど水江は加瀬を知らなかった。したがって依然加瀬の前で自分の無垢は信じられた。(夢は枯野を)

[예51] 乱暴にドアが開き、女子学生が小型の書類箱を抱えて入って来るのを見て、僕はうしろめたい事をしていたように、素早く水槽から離れた。続いて管理人が白いエナメルを塗った運搬車を押して入って来た。(死者の奢り)

5.3. 後置詞[6)]로의 移行

다음의「ついて」「めぐって」「関して」라는 동사의 중지형은, 원래 동사인「つく」「めぐる」「関する」의 語彙的 意味와는 상당히 다르며 (기능의 변화가 의미의 변화를 가져왔음), 셋 다 後置詞로서의 관계적인 의미를 나타낸다. 그 관계적인 의미는 모두 [題目가리킴]을 나타내고 있으며,

---

5) 高橋太郎「動詞」(講義プリント)
6) 鈴木重幸『日本語文法・形態論』p.499, 高橋太郎『動詞の研究』p.98

格支配에 따라 名詞의「に」格와「を」格을 취하는 것도 있지만, 서로 상호교환이 가능하다.

[예52] またアメリカ医師会は、食欲を抑える薬アンフェタミンの乱用について、厳重な警告を発している。
こうしたいろいろな事実から体操美容法の先生や、減食法の先生や、あるいは専門の医師をめぐって、特集にまとめようということになったのだ。(奇病連盟)

[예53] 大会組織委員会は、行方不明者続出の問題に関して、緊急の対応を迫られた。(日刊スポーツ)

또, 다음의 예도, 본래의 의미가 서로 다른「みて」「言って」라는 동사 중지형이, 명사의「カラ」격과 함께 쓰이면서, 知覚活動 또는 言語活動이라는 본래의 의미를 상실하여 [観点]이라는 관계적인 의미를 나타내는데, 이것도 서로 互換이 가능하다.

[예54] すると驚いたことに出口から一番遠いところの柱の蔭に、女がひとり立っているのだ。
服装からみて、ここの駅員とも三越の店員とも思われなかった。(ジングルベル)

[예55]「あのバンヤキって何なの?」
「バンは鳥です。しかし、価段から言ってどうもあやしいです。ウサギの肉じゃないかと想像してるのですが」(奇病連盟)

6. 특수한 용법

「~して」라는 동사 중지형의 특수한 용법으로서, 「~して」의 형태가 数量을 나타내는 말에 직접 붙는 경우가 있다. 그 하나는, 時間을 나타내는 말에 붙어서, 어느 時刻을 起点으로 해서 그 시간이 경과한 것을 나타내는 것이며, 다른 하나는, 人数를 나타내는 말에 「~して」가 붙은 형태로서, 그 人数로서 함께 어떤 동작을 하는 것을 나타내는 것이다.[7)]

[예56] それからまた九日して、わたしたちの旅立ちの日になった。(故郷)
[예57] 大きい魚を丸ごと揚げたのをみんなしてつっ突いて食べた。(アポロンの島)

또, 특수한 예로서 다음의 예와 같이, 강조하기 위해 「~して」라는 동사 중지형이 문장의 술어와 같은 종류의 동사로서, 몇 번이고 반복되어 사용되어지는 경우도 있으며,

[예58] 二人は泣いて泣いて泣いて泣きました。(注文の多い料理店)
[예59] 主人は、世にも悲惨な叫び声を出した。そして準次を道へ引きずり出すと、打って打って打ちすえたのである。(神の道化師)

또한, 실제의 시간적인 관계를 초월하여 (무시하고), 그냥 그 동작만을 늘어놓은 경우도 있다. 이와 같은 경우는 前後를 바꾸어 말하여도 (예를 들어, 「食べて、歌って、飲んで」로 하던 「歌って、飲んで、食べて」로 하던) 아무런 지장이 없기에, 이 관점에서 말한다면 앞에서 논한 「並列」

---

7) 이 定義는, 三省堂 『大辞林』에서 인용한 것이다.

이라고 생각해도 좋을 것 같다.

[예60] 飲んで、食べて、歌って (資料外 : カラオケの広告)
[예61] 飲んで! 食べて! 遊んで! (資料外 : 報知新聞の見出し)

7. 마치며

지금까지 논해 온 것을 여기에서 간단하게 요약해 보면 다음과 같다. 「~して」라는 동사 중지형의 기본적인 기능은, 하나의 문장 안에서 두 개 이상의 술어를 늘어놓을 때, 문장말 술어가 아닌 술어(先行句節의 述語)가 되어, 문장을 도중에서 중지시키는 것이지만, 先行句節의 중지형에는 ムード・テンス의 형식이 없고, 後続句節의 문장말 술어에 위임되어져 있다. 이와 같은 중지형의 문장 구조는, 陳述의 중심을 後続句節로 가지고 가는 것이 되며, 그 결과로서 先行句節은 従属性을 띄며, 後続句節에 대하여 従属의 관계가 씌워지게 된다. 그리고, 이것이 더 나아가, 先行句節의 중지형에서 後続句節에 대한 従属의 관계만이 전면적으로 나오게 되면, 先行句節의 중지형은, 중지형으로서의 기능과 동사로서의 述語性을 상실해, 오로지 修飾語와 같이 문장의 확대요소로서 작용하게 되어, 後続句節의 述語에 대하여 修飾하는 기능밖에 하지 않게 된다. 또한, 後続句節의 述語에 대하여 修飾하는 기능밖에 하지 않게 된 先行句節의 중지형이, 사람들에 의해 사용되어지는 사이에, 그 형태가 굳어져 버리면(固定化), 동사 중지형은 의미의 변화를 일으켜, 본래의 의미로부터 의미가 변해버리든지, 혹은, 동사로부터 다른 品詞로 移行해 버린다.

인용 및 참고문헌

工藤 浩「叙法副詞の意味と機能」(1982 国立国語研究所報告71『研究報告集-3-』所収・国立国語研究所)
言語学研究会・構文論グループ「なかどめ ー動詞の第二なかどめのばあいー」(言語学研究会編 1989『ことばの科学2』所収・むぎ書房)
鈴木重幸 1972『日本語文法・形態論』(むぎ書房)
高橋太郎 外 1994『日本語の文法』講義テキスト
高橋太郎 1994『動詞の研究』(むぎ書房)
高橋太郎「動詞」(講義プリント)
西尾 実 外『岩波 国語辞典』(第四版・岩波書店)
仁田義雄 1991『日本語のモダリティと人称』(ひつじ書房)
仁田義雄 1995「シテ形接続をめぐって」(仁田義雄編『複文の研究(上)』所収・くろしお出版)
松村 明編『大辞林』(三省堂)
宮島達夫 1994『語彙論研究』(むぎ書房)

제2장
동사 중지형「~して」의 기능과 의미 (2)
– 先行句節과 後続句節의 주어(動作主)가 다른 경우를 중심으로

1. 들어가며

현대 일본어의 동사의 긍정 중지형에는, 소위 학교문법에서 말하는 동사의 連用形인「~し」라는 형태와, 동사의 連用形에 접속조사「て」가 붙은「~して」라는 두 가지 형태가 있다. 이 두 가지 형태 중「~して」의 기능과 의미에 대해서는 앞의 제1장에서 논하였다. 이때는 先行句節과 後続句節의 주어가 동일한 경우에 있어서, 동사 중지형「~して」의 기능이 어떻게 변화하며 이에 따라 그 의미가 어떻게 변하는가를 논하였지만, 제2장은 앞의 것과 연속된 것으로서, 여기서는 先行句節과 後続句節의 주어(動作主)가 다른 경우에 있어서의 동사 중지형「~して」의 기능과 의미에 대해 논하려고 한다.

앞의 제 1장에서도 논한 것과 같이, 동사 중지형「~して」가 문장(文) 속에서 사용될 때, 기본적으로는 동사로서의 술어성과 중지형으로서의 기능을 지니고 있기에, ムード・テンス도 文末述語와 동일하며 文末述語에 위임하고 있지만, 이런 사실은 동사 중지형이 先行句節과 後続句節의 주어가 다른 경우에 있어서도 동일하다. 동사 중지형「~して」에 의해 나타나는 先行句節과 後続句節의 주어가 서로 다르기에, 동사 중지형「~して」는 동사로서의 술어성과 중지형으로서의 기능을 더 확실하게 내재하고 있다고 말할 수 있다.

2. 나열의 경우

이것은 문자 그대로 先行句節과 後続句節이 단지 나열되어 있는 경우로, 그렇기 때문에 先行句節과 後続句節을 서로 바꾸어 넣어도 나타내고자 하는 사실에 아무런 지장이 없다.

그런데 이와 같은 先行句節과 後続句節의 주어(動作主)가 다른 경우에 있어서, 다음의 예문과 같이 先行句節의 사항과 後続句節의 사항 사이에서 나타나는 실제의 시간적인 관계가 継起的이라고 생각되는 경우에도, 「나열」에 해당되는 예문이 있을 것 같은데,

● 太郎は東京で生まれて、次郎は大阪で**生まれた**んです。

実例에서는 찾을 수 없었으며, 이에 반해 先行句節의 사항과 後続句節의 사항 사이에서 보여지는 시간적인 관계가 同時的인 경우의 예문은 비교적 많이 보인다.

2.1. 사람의 동작을 나타내는 경우

이것은, 동사 중지형「～して」가 사람의 동작을 나타내고 있는 경우이다.

[예1] エレ－ヌが笛を吹いて、アニ－とエリカが**歌い出した**。(アポロンの島)

[예2] そして礼がすむと先生は、「ではみなさん、今日から勉強をはじめましょう。みなさんはちゃんとお道具をもってきましたね。では一年生の人はお習字のお手本と硯(すずり)と紙を出して、二年生と四年生の人は算術帳と雑記帳と鉛筆を出して、五年生と六年生の人は国語

の本を**出してください。**」(風の又三郎)

2.2. 사람이나 사물의 상태를 나타내는 경우

이것은, 동사 중지형「~して」가 사람이나 사물의 상태를 나타내는 경우이지만, 그 상태라는 것에는 여러 가지가 있다.

첫 번째로, 동사 중지형「~して」가, 하나의 場面 속에 동시에 존재하는 사물을 나타내고 있는 경우이다.

[예3] 少し行くと一けんの藁やねの家があって、その前に小さなたばこ畑が**ありました。**(風の又三郎)

[예4] ところがどうもうるさいことは、また扉が一つありました。そしてそのわきに鏡がかかって、その下には柄(え)のついたブラシが**置いてあった**のです。(注文の多い料理店)

[예5] 三郎はその次に立って、「ここには熊いないから、馬をはなして置いてもいいなあ。」と言って歩きました。
しばらく行くと、みちばたの大きな楢(なら)の木の下に、縄で編んだ袋が投げ出してあって、沢山の草たばがあっちにもこっちにも**ころがっていました。**(風の又三郎)

그런데 동시적으로 성립하는 두 개의 사항을, 문장(文) 속에 서술하면서 나열할 때, 하나를 先行句節에, 다른 하나를 後続句節에 서술하게 되는데, 이 때 話者가 아무 것이나 먼저 서술해도 좋은 것은 아니며, 여기에는 어느 쪽인가 먼저 서술하지 않으면 안 되는 경우가 있다고 생각된다. 다시 말해, 문장(文)의 順序性이 필요한 경우가 있다고 생각한다는 것이다. 예를 들어, 先行句節에「전체적인 사항」을 먼저 서술하고, 後続句節에는「그 부분이 되는 사항」을 서술하든지 [예7], 혹은 後続句節에 의해 나타나는 사항의

「状況」같은 것을 先行句節에서 나타내는 것과 같이 [예6]. 물론 두 개의 사항이 나열되는 가운데는, 그냥 단지 나열되어져 있는 경우도 없지는 않지만, 문맥상 두 개의 사항 중에서, 어느 하나를 먼저 서술하지 않으면 안 된다고 한다면, 여기에는 문장(文)에 있어서의 節과 節의 구조, 문장(文)에 있어서의 節과 節의 관계를 밝히지 않으면 안 된다. 그러나 이 문제는 중지형의 연구만으로는 해결할 수 없는 것이기 때문에, 並合文[1]의 일반적인 문제로서 중지형 이외의 것까지 포함하여, 그 관계를 확실하게 살피지 않으면 안 된다. 어찌 되었던 여기에서는 이러한 문제가 있다는 것을 느꼈기에, 문제를 제기하는 것으로 그치지만, 이 점에 관해서는 앞으로 연구되어야 하며, 또 밝혀져야 하는 연구 테마 중의 하나라 생각한다.

두 번째로는, 하나의 장면의 두 개의 상태 중, 그 하나를 동사 중지형 「~して」가 나타내는 경우다.

[예6] リビングを、ゆっくり横切って、そっとダイニングを覗いてみる。明りが<u>点いていて</u>、母が椅子に**座っていた。**(早春物語)

세 번째로는, 하나의 공간 속에 동시적으로 존재하는 자연현상을, 동사 중지형 「~して」가 나타내는 경우다.

[예7] 空は紫色に<u>染まって</u>、金色のふちどりをした雲があちこちに**浮かんでいる。**(早春物語)

[예8] 次の朝も空はよく<u>晴れて</u>、谷川はさらさら**鳴りました。**(風の又三郎)

[예9] 杜子春は思わず耳を抑えて、一枚岩の上へひれ伏しました。が、すぐに目を開いて見ると、空は以前の通り<u>晴れ渡って</u>、向う聳(そび)え

---

1) 일본어의 「ならべあわせ文」을 나타낸 것으로, 이것은 주어가 서로 다른 두 개 이상의 문장(文)이 대등한 관계로 연결되어 만들어진 문장이다. (참고 : 鈴木重幸『日本語文法・形態論』 p.166)

た山々の上にも、茶碗程の北斗の星が、やはりきらきら**輝いています**。(杜子春)

마지막으로, 상태를 나타내는 것 중에는, 다음과 같이 동사 중지형「～して」가 하나의 사물이라든지 장소의 어느 부분, 또는 어떠한 측면을 나타내며, 後続句節은 다른 부분, 또는 다른 측면을 나타내고 있는 것도 있다.

[예10] その善やんの小さな顔は妙に蒼白になっていて、額には汗が粒になって**うかんでいた**。(神の道化師)

[예11] 前半、沸きに沸いたのはヤクルトベンチ、そして右翼スタンドだった。三回のビッグイニング11点。打者十四人を送り込み、池山2発で試合は決まった、ようなものだった。余裕しゃくしゃくのツバメ軍団。得点が刻まれるたびに、お祭り騒ぎで狂気乱舞、右翼スタンドでは緑のカサが揺れて、東京音頭が**響き渡った**。(資料外 : ディリースポーツ)

그런데 그 부분을 나타내고 있는 사항 가운데는, 동사 중지형「～して」와 後続句節의 술어가 대조적인 것을 나타내는 경우도 있다.

[예12] 煙草は風で、片側だけが燃えて、風下に当たる方は**燃え残った**。(アポロンの島)

[예13] 受話器をはなしたときから、僕は不思議に飯のことばかり考えていた。食欲はすこしもないのだが、何かを食うこと、それだけが目醒めていて、他のすべてはまだ**睡っていた**。(ジングルベル)

[예14] 旅先の下宿で、そこの娘に親切にされる。すると、太郎も次郎も三郎も四郎も、サルトル派もマルクス派もキューリー派も、みんな判で捺(お)したように、その娘に恋をして結婚した。四人がそんなふうにして嫁づいて、あとには私一人だけ**残った**。(若い娘)

그러나 다음 예는, 동사 중지형「~して」가 부분을 나타내고 있지는 않지만, 위와 마찬가지로 동사 중지형「~して」와 後続句節의 술어가 대조적인 사항을 나타내고 있다.

[예15] エレーヌが仰向けに寝て、ニコの上半身が彼女のたかい胸の横に**起き上っていた**。(アポロンの島)

[예16] 彼のまわりに人が集っているように感じていた。しばらくして顔を上げるとアニーとジャン・ピエールがしゃがんでいて、その後に船員が一人**立っていた**。(アポロンの島)

3. 先行句節과 後続句節 사이에서 보여지는 시간적인 관계

3.1. 継起的인 경우

이것은 주어(動作主)가 다른 先行句節과 後続句節의 두 개의 사항이, 시간의 경과에 따라 잇달아 행해지는 경우이다.

[예17] エレベータが来て、私たちは**乗った**。(早春物語)

[예18] 車の停る音が聞こえて、田中は振り返った。
濃いブレーの、大きな車体が、正面につけられると、ドアがさっと開いて、梶川が自ら外へ**降り立った**。(早春物語)

그런데, 先行句節과 後続句節 사이에서 보여지는 시간적인 관계가 継起的인 것 가운데는, 그 관계적인 의미가 여러 가지로 나타나는데, 살펴보면 다음과 같은 것들이 있다.

3.1.1. 원인・이유를 나타내는 경우

동사 중지형「~して」가, 後続句節에 의해 나타나는 사항의 원인・이유로 작용하고 있는 경우로, 後続句節의 술어는 주어(動作主)의 의지에 의한 동작・상태이다.

[예19] コーヒーは、とっくに冷えて、私は飲むのを**やめた**。(早春物語)

[예20] 翌朝、私は、十一時ごろ、やっと目が覚めた。
ホテルの方では、こんな若い娘が、しかも夜中に一人でやって来たというので、かなり泊めるのを渋っていたけど、料金を規定以上に前払いして、やっと部屋へ**入れてくれた**。(早春物語)

[예21]「大変なのね、エリートも」
「実際ね、出社して来るといやになるよ。何だか店じまいした後のデパートみたいに、閑散としているんだ。みんな休暇取ってね。—こっちはそれどころじゃない」
「宿命ね」
「他人(ひと)のことだと思って」
と、梶川は笑った。
「私もこの足じゃ、旅行ってわけにもいかないの」
「そうだろうね」
梶川は、少し間を置いて、言った。「— 黙っててくれて、**感謝してるよ**」(早春物語)

그러나 다음 예는, 동사 중지형「~して」가, 後続句節이 나타내는 사항의 원인・이유로 작용하고 있다는 점은 위와 동일하지만, 다른 점은, 先行

句節의 사항에 의해 저절로 발생하는 결과의 상태를, 後続句節의 술어가 나타내고 있다는 것이다.

[예22] 烈しい風と雨にぐしょぬれになりながら、二人はやっと学校へ来ました。昇降口からはいって行きますと、教室はまだしいんとしていましたが、ところどころの窓のすきまから雨がはいって、床板はまるで**ざぶざぶしていました**。(風の又三郎)

[예23] 熱気がこもっているせいで、少しムッとしたが、窓を開けると、すぐに風が通って、**涼しくなった**。(早春物語)

[예24] そんな事があったら、大変でございます。が、そう云う中(うち)にも、罪人たちは何百となく何千となく、まっ暗な血の池の底から、うようよと這い上って、細く光っている蜘蛛の糸を、一列になりながら、せっせとのぼって参ります。今の中にどうかしなければ、糸はまん中から二つに断れて、**落ちてしまう**のに違いありません。(蜘蛛の糸)

또, 後続句節의 술어가 先行句節의 사항에 의해 야기되는 심리적인 상태를 나타내는 예도 있으며,

[예25] 「— すみません」
突然、すぐ後ろで声がして、田中は、思わず声を上げそうになるほど**びっくりした**。(早春物語)

[예26] 玄関の前に戻って行きながら、田中は首を振った。(中略)
元の、所定の位置に戻ったとき、出しぬけに扉が開いて、**ギョッとした**。(早春物語)

이와는 반대로, 先行句節의 심리적(정신적)인 사항에 의해 야기되는 그 결과의 상태를, 後続句節의 술어가 나타내는 것도 있다.

[예27] 今夜は眠ればいいがな …… と浩は思った。旅行中に考え耽って、**眠れない夜が続いていた。**(アポロンの島)

3.1.2. 前兆현상을 나타내는 경우

이것은, 앞의 동사 중지형「～して」가「원인・이유」를 나타내는 것 중의,「後続句節의 술어가, 先行句節의 사건에 의해 저절로 발생하는 결과의 상태를 나타내는 것」과 의미적으로는 매우 비슷하지만, 다른 점은, 이것은 先行句節의 동사 중지형「～して」가 자연현상을 나타내고 있으며, 이 자연현상이, 後続句節에 의해 나타나는 때(시간)라든지, 계절이 되기 위한 前兆현상으로 작용하고 있다는 것이다.

[예28] ダイヤの茎が干枯(ひから)びた縄のように地の上でむすぼれ出した。潮風が水平線の上から終日吹きつけて来て**冬になった。**
(春は馬車に乗って)

[예29] —— 急に、陽がかげり始めて、私は一層足を早めた。
暗がりが辺りを包み始める。風が冷たくなる。空が紫色に染まって、「夜」が**やって来る。**
私は、彼のいるコテージの中へと、飛び込んで行った。(早春物語)

[예30] そして —— 学校は期末テストに入った。
もちろん、同じテストがこっちにも回って来るが、何しろ、教科書もノートも見られるのだから、楽なもんだ。もっとも、いくらいい点を取っても、成績とは見なしてくれないのである。
その最終日だった。
ともかく、もう真夏みたいに暑い日で —— 梅雨はあけて、**夏に入っていた。**(早春物語)

3.1.3. 先行句節과 後続句節 모두 자연현상을 나타내는 경우

이것은 先行句節과 後続句節이, 모두 자연현상을 나타내고 있다는 점에서는 앞의 3.1.2의 「前兆현상을 나타내는 경우」와 매우 비슷하지만, 다른 점은, 先行句節의 자연현상이 반드시 後続句節의 前兆가 아니라는 것이다. 그리고 이때는, 나열에서 보여지 듯 「하나의 공간 속에 동시적으로 존재하는 자연현상」을 나타내는 것이 많으며, 이와 같이 継起라고 하는 시간적인 관계의 자연현상을 나타내는 예문은 아래와 같이 있지만, 実例로서는 그다지 많이 보이지 않았다.

[예31] 戸を閉じて床にはいっても胸が苦しかった。また湯にはいった。湯を荒々しく掻き廻した。雨が上って、月が**出た。**雨に洗われた秋の夜が冴え冴えと明るんだ。(伊豆の踊子)

3.1.4. 두 개의 상태・동작 사이의 시간을 나타내는 경우

어떤 상태・동작이 행해지고 나서, 다음의 다른 상태・동작이 일어나는 사이의 그 시간대를, 동사 중지형 「~して」가 나타내고 있다.

[예32] 「自宅謹慎」
「あら、ずいぶん軽かったのね。良かったじゃないの」
「足のけがの分を差し引いてほしいわ」
「何を言ってるの。— お母さんは?」
「お父さんと一緒よ。先に帰ったの。ね、お姉さん」
「なあに?」
「お父さんとお母さんのこと、耳に入ってる?」
少し間があって、姉が**言った。**(早春物語)

[예33] 「もしもし。— あの — 梶川さん、お願いします。— はい」
「— はい、梶川です」
こんな声だったかしら? 間違いないというのに、ついそう考えてしまう。
「今日は。瞳です」
少し間があって、
「君!」
吐き出す息の**音がした**。(早春物語)

3.1.5. 基点을 나타내는 경우

이것은, 先行句節의 동사 중지형「~して」에 의해 나타나는 어떠한 사건이, 사물・일 등을 셈할 때의 기준이 되는 경우이다.

[예34] ~。父が在世中なれば、問いだすこともできるのですが、父がなくなって、もう、かれこれ**十年にもなります**ものね。いや、やっぱり神さまのお恵みでございましょう。(葉桜と魔笛)

3.1.6. 두 개의 감각・느낌 중 그 하나를 나타내는 경우

한 사람의 주어(動作主)가 느끼는 継起的인 두 개의 감각・느낌 중, 그 중 하나를 先行句節의 동사 중지형「~して」가 나타내고 있다.

[예35] サチ子は固く目を閉じた。まぶたの裏が赤くなり、山の頂上へのぼりつめてゆく。やがて頂きがきて、全身の力が**抜けた**。(隣りの女)

[예36] 枕がかわったせいか、こなれの悪い夢を見たような気がするが、目をあけた途端に消えてしまい、あとには取りとめのないだるさが**残る**。(幸福)

3.2. 同時的인 경우

先行句節과 後続句節의 주어가 서로 다른 경우에 있어, 先行句節에 의해 나타나는 사항과, 後続句節에 의해 나타나는 사항 사이에서 보여지는 시간적인 관계가, 동시적인 경우의 예는 그다지 많지 않다. 얼마 되지 않는 예문이지만, 그 가운데 보이는 것으로는, 주로 다음과 같은 것이 있다. 그리고 이 경우는「나열」과 매우 비슷하지만, 다른 점은「나열」과 같이 先行句節과 後続句節을 자유롭게 바꾸어 넣기 어렵다는 것이다.

3.2.1. 동작・상태가 행해지는 공간을 나타내는 경우

이것은 先行句節의 동사 중지형「～して」가, 사물이나 건물의 존재를 나타내면서, 後続句節에 의해 나타나는 동작・상태가 행해지는 공간을 나타내고 있다.

[예37] そこに略式のバーがあって、労働者達が入れ替え来て、酒を**飲んでいた。**(アポロンの島)

[예38] 半分焼けた大きな栗の根もとに、草で作った小さな囲いがあって、チョロチョロ赤い火が**燃えていました。**(風の又三郎)

[예39] 奥に受付があって、マネキン人形みたいな笑顔の女性が**座っている。**(早春物語)

그러나 다음의 예도, 위와 같이 先行句節의 동사 중지형「～して」가 공간을 나타내고 있지만, 이 경우의 동사 중지형「～して」는, 동작・상태가 행해지는 공간을 나타내는 것이 아니라, 공간의 状況語인 것 같다.

[예40] 雪が降りてきて、吸いこむ空気が湿っぽく、ひやっこい。岩と這松の世界は底ぶかく沈まりかえっていて、私は我知らず身体を**ゆすっていた。**(岩尾根にて)

3.2.2. 일반적인 사실을 나타내는 경우

先行句節의 동사 중지형「~して」가, 전체의 일반적인 사실을 나타내며, 그 구체적인 예(내용)를 後続句節이 나타내고 있다.

[예41] KはC中佐の家でまったく家族並みの扱いをうけているらしく、二階で彼の書籍を荷作りをしていたが、「きょうは家の連中は熱海へ行っちゃってるんだ。よかったら泊まって行けよ。おれのポークチョップの味知らんだろう」と、日焼けした黒い顔に白い歯をみせながら、笑った。半年ほどみないうちに彼はますますガッシリと肥って尻が**張りさけそうになっている。**(剣舞)

[예42] カナ子は紺色のズボンに白いジャケツを着ているが、雪国の娘たちがたいていそうであるように、秋のころに較べるといちだんと肉がついて、頬などは赤ぐろいつやを放って**光っている。**(若い娘)

그런데 다음 예도, 先行句節의 동사 중지형「~して」가, 위와 같이 일반적인 사실을 나타내고 있다는 점에 있어서는 위의 예문과 매우 비슷하지만, 위와 조금 다른 점은, 다음 예는 先行句節의 동사 중지형「~して」가 전체의 상태라든지 모습, 또는 전체의 측면을 나타내고 있으며, 後続句節이 그 일부분의 특징이라든지 일부분의 측면을 나타내고 있다는 것이다.

[예43] 男はヤッケの首元の紐をゆるめ、黙念と傍らを見つめている。厚ぼったい幅広いズボンをはいていて、膝の部分がかなり**痛んでいる。**

(岩尾根にて)

4. 상황절로 사용되는 경우

이것은 先行句節의 동사 중지형「～して」가, 後続句節에 의해 나타나는 사건의, 시간의 상황절로 사용되는 경우이다. 이 경우의 동사 중지형「～して」는, 並合文의 先行句節이 아니라, 単文의 문장(文) 부분으로 변해간다.

[예44] 清吉とキヨ子が結婚してから一年半経った。そのころになって、朋子はとりとめのない話のついでに、**キヨ子の日記の件を育三に語ってきかせた。**(女同士)

[예45] ── 二時二十分。
それらしい男性は一向に現れない。それとも、見過ごしたのか。どこか他へ行ったのか。
母は、今日でももう一度電話していたのかもしれない。そうなると、昨日誰が電話に出たのか、母にはすぐに分るだろう。
二時半になって、**私は諦めた。** 目も疲れたし、そうそう粘っても、必ずここへやって来るとも限らないし……。(早春物語)

[예46] 昨日とは打って変った女の態度に、清吉は一(ひ)と方ならず驚いたが、云われるままに独り二階に待っていると、凡(およ)そ半時ばかり経って、女は洗い髪を両肩へすべらせ、**身じまいを整えて上って来た。**(刺青)

5. 마치며

동사 중지형「～して」가 先行句節과 後続句節의 주어가 같은 문장(文) 속에서 사용될 때는, 동사 중지형「～して」는 기본적으로는 중지형으로서의 기능과 동사로서의 술어성을 지니고 있으나, 동사 중지형「～して」가 동사로서의 술어성을 상실해 가면서, 동사 중지형「～して」는 문장(文) 속에서 수식어와 같이 문장의 확대요소로 사용된다. 이렇게 문장의 확대요소로서 쓰이던 동사 중지형「～して」라는 형태가 사람들에 의해 사용되는 가운데 그 형태가 굳어져 버리면, 이제는 완전히 부사 또는 접속사로 품사까지 移行되어 버린다.

그러나, 동사 중지형「～して」가 先行句節과 後続句節의 주어가 서로 다른 並合文 속에서 사용될 때는, 先行句節과 後続句節의 주어가 서로 다르기 때문에, 동사 중지형「～して」는 동사로서의 술어성을 완전히 지니고 있다. 이때 先行句節과 後続句節의 관계를 크게 나열의 경우와 시간적인 관계(継起的・同時的)로 나눌 수 있는데, 나열의 경우, 계기적인 나열도 있을 것 같으나 実例에서는 찾을 수 없었고 同時的인 나열이 많음을 알 수 있다. 또 두 개의 사항을 나열할 때, 그냥 아무렇게나 나열해도 좋은 것이 아니라, 여기에도 어떠한 順序가 있는 듯한데, 이것은 중지형만으로는 해결될 문제가 아니기에 문장(文)의 順序性에 대해서는 지적하는 것으로 그치기로 한다.

또, 동사 중지형「～して」가 先行句節과 後続句節의 주어가 서로 다른 並合文 속에서 사용되더라도, 先行句節의 주어가 때(시간)를 나타낼 때는, 先行句節은 때(시간)를 나타내는 状況節로서의 기능을 하기 때문에, 이때의 문장(文)은 주어가 하나고 술어가 하나인 単文이 된다.

▌인용 및 참고문헌

工藤 浩「叙法副詞の意味と機能」(1982 国立国語研究所報告71『研究報告集 -3-』所収・国立国語研究所)

言語学研究会・構文論グループ「なかどめ ー動詞の第二なかどめのばあいー」(言語学研究会編 1989『ことばの科学2』所収・むぎ書房)

鈴木重幸 1972『日本語文法・形態論』(むぎ書房)

高橋太郎 外 1994『日本語の文法』講義テキスト

高橋太郎 1994『動詞の研究』(むぎ書房)

高橋太郎「動詞」(講義プリント)

西尾 実 外『岩波 国語辞典』(第四版・岩波書店)

仁田義雄 1991『日本語のモダリティと人称』(ひつじ書房)

仁田義雄 1995「シテ形接続をめぐって」(仁田義雄編『複文の研究(上)』所収・くろしお出版)

松村 明編『大辞林』(三省堂)

宮島達夫 1994『語彙論研究』(むぎ書房)

제3장
「～し」와 「～して」의 차이에 대하여

1. 들어가며

일본어에 있어 동사의 긍정 중지형이라면, 소위 제1 중지형이라고 불리는 「～し」라는 형태와 제2 중지형이라고 불리는 「～して」라는 두 가지 형태가 있어, 이 두 가지 형태의 중지형은 그 기능이 매우 비슷하다고 일반적으로 설명되어지고 있지만, 필자는 여기에서, 하나의 문장 속에 「～し」 또는 「～して」라는 중지형이 두 개 이상 사용된 것을 자료로 사용해서 거기에서 나타나는 「～し」와 「～して」의 차이점을 조사해 밝히려고 한다. 더욱이 자료를 분석하는데 있어 자료를 地文과 会話文으로 나누고, 또 이들 문장을 각각 하나의 문장 속에 동일한 주어(動作主)에 대한 두개 이상의 동사 중지형이 나열되어져 있는 경우와, 하나의 문장 속에 서로 다른 주어에 의한 동사 중지형이 나열된 경우로 나누어 분석하기로 한다.

2. 地文의 경우

2.1. 하나의 문장 속에 동일한 주어(動作主)에 대하여 두개 이상의 동사 중지형이 나열되어있는 경우

동일한 주어에 의한 몇 개의 동작이 시간에 따라 계속 행하여지는 경우,

다음에서 보여지는 것과 같이 그 하나하나의 동작을「～し」라는 제1 중지형으로도「～して」라는 제2 중지형으로도 나타낼 수 있다.

[예1] その蝿は、石の上を一センチほどのろのろと**いざり**、一寸肢(ちょっとあし)を**こすりあわせ**、けだるように**飛び立った**。(岩尾根にて)

[예2] 手入れが済むと酒を**入れて**、手拭で**巻いて**、鑵(かん)に**しまって**、それごと炬燵へ**入れて**、そして**寝た**。(清兵衛と瓢箪)

또 이런 경우는 다음과 같이 하나의 문장 안에「～し」라는 제1 중지형과「～して」라는 제2 중지형을 함께 사용해서 그 하나하나의 동작을 나타낼 수도 있다.

[예3] 二人は鉄砲を**はずし**、帯皮を**解いて**、それを台の上に**置きました**。(注文の多い料理店)

[예4] 朋子は日記帖を風呂敷に**包んで**、押入れに**しまいこみ**、急な階段を逃げるように**下りて**、下の座敷の縁側に**出た**。(女同士)

그런데 계속해서 잇달아 동작이 행해져, 그리고 그 행해지는 하나하나의 동작이, 하나의 문장 안에서「～し」라는 제1 중지형으로 나타날 때,「～して」라는 제2 중지형은 주어의 몇 개의 동작 가운데 그 하나의 동작에 대하여, 그 동작 할 때의 [동작의 모습]을 나타낸다던지, 혹은 그 동작할 때의 [주어의 모습]을 나타낸다던지 해서 오로지 문장의 확대요소로서 기능하게 되는데, 이런 경우「～して」라는 제 2중지형으로 표현된 곳을「～し」라는 제1 중지형으로 나타내기 힘들다.

[예5] アメリカのビール、バドワイザーを**のみ**、麻田の煙草を半分**すい**、ヴィレッジの小さな店で黒人の恋人たちと肩をくっつけ合ってジャズを**聞き**、その酔いのつづきで麻田のベッドでさらに**酔い**、酔いのなかで**眠った**。(隣りの女)

그렇다고 해서 어떤 동작을 할 때의 [동작의 모습]이라던지 [주어의 모습]을「~し」라는 제 1중지형으로 나타내고,「~し」라는 제1 중지형이 오로지 문장의 확대요소로서 기능하는 것이 전혀 없다는 의미가 아니다. 일반적으로「~し」라는 제 1중지형에는 이렇게 기능하는 것은 없다고 말하고 있지만, 실례에 적용해 보면 적지 않다는 것을 알 수 있다.

[예6] 彼らは酒場で気焔をあげ、しきりに俊介を**弁護して**課長の官僚意識を**ののしった**が、俊介自身は意見を求められても薄笑いするばかりで相手になろうとしなかった。(パニック)

또, 文末述語의 동작을 할 때의 주어의 몇 개의 모습・상태 등을 동사의 중지형이 나타내고 있을 경우에도, 다음에서 보여지는 것과 같이, 주어에 대한 하나하나의 모습・상태를「~して」라는 형태로도「~し」라는 형태로도 나타낼 수 있지만,「~して」와「~し」라는 두 개의 형태를 같이 사용해서 나타낼 수도 있다.

[예7] 二人の若い紳士が、すっかりイギリスの兵隊のかたちをして、ぴかぴかする鉄砲をかついで、白熊のような犬を二疋つれて、だいぶ山奥の、木の葉のかさかさしたとこを、こんなことを言いながら、**あるいておりました**。(注文の多い料理店)

[예8] 二人はあんまり心を痛めたために、顔がまるでくしゃくしゃの紙屑のようになり、お互いにその顔を見合せ、ぶるぶるふるえ、声もなく**泣きました**。(注文の多い料理店)

[예9] 死者たちは、濃褐色の液に浸って、腕を絡みあい、頭を押しつけあって、ぎっしりに**うかび**、また、半ば**沈みかかっている**。(死者の奢り)

이와 같이「～し」라는 제 1중지형이 동작의 모습 또는 주어의 모습을 나타내어 문장의 확대요소로서 사용되는 것이 없지는 않지만, 이것은 기본적으로는「～して」라는 제 2중지형의 영역이라 생각한다. 왜냐하면, 동사의 중지형이 문장의 확대요소로 사용된 경우를 살펴보면「～し」라는 제 1중지형보다는「～して」라는 제 2중지형이 압도적으로 많기 때문이다.

2.2. 하나의 문장 속에 서로 다른 주어에 의한 두 개 이상의 동사의 중지형이 나열되어 있는 경우

이것은 하나의 문장 속에 두 개 이상의 동사 중지형이 사용되고 있지만, 문장 속의 그 하나하나의 동사 중지형에 대한 주어가 서로 다르다. 다시 말해, 서로 다른 주어에 대한 각각의 술어인 동사가 중지형이란 형태로서 하나의 문장 속에서 나열되어 있는 경우이다. 이와 같은 경우에도 아래에서 보여지는 것과 같이「～して」라는 형태만으로도「～し」라는 형태 만으로도 각각의 주어에 대한 동작이라든지 상태를 나타낼 수 있지만,「～して」와「～し」라는 두개의 형태를 함께 사용해서도 각각의 주어에 대한 동작이라든지 상태를 나타낼 수 있다.

[예10] ねずみがねこを**ひっぱって**、ねこが犬を**ひっぱって**、犬がまごを**ひっぱって**、まごがおばあさんを**ひっぱって**、おばあさんがおじいさんを**ひっぱって**、おじいさんがかぶを**ひっぱって**–。
「うんとこしょ、どっこいしょ。」
やっと、かぶはぬけました。(資料外 : 大きなかぶ)

[예11] 山田は**鮫になり**、伊佐はやせているためか、**飛魚になり**、ミチ子は**金魚になった**。こうしてまたたくまに全員が魚になった。(アメリカン・スクール)

[예12] 村を出て、野を横切り、森をくぐりぬけ、隣村に着いた頃には、雨も**止み**、日は高く**昇って**、そろそろ**暑くなって来た**。(走れメロス)

3. 会話文의 경우

地文에 있어서는「~し」와「~して」라는 두 개의 동사 중지형의 쓰임과 차이가 뚜렷하기 않았다. 아니 차이가 뚜렷하지 않다기보다 너무나도 비슷하였는데, 会話文의 경우는 그 차이가 확실하게 나타난다. 이렇게 말하는 것은 地文에 있어서는, 동일한 주어에 의한 몇 개의 동작이 시간에 따라 계속 행하여지는 경우,「~して」라는 형태만으로도「~し」라는 형태만으로도 그 하나하나의 동작을 나타낼 수 있으며, 또 文末述語의 동작을 할 때의 주어의 몇 개의 모습 혹은 상태 등을 동사의 중지형이 나타낼 때에도, 주어에 대한 하나하나의 모습 혹은 상태 등을「~して」라는 형태로도「~し」라는 형태로도 나타낼 수 있었다. 그러나 会話文 속에서는 동일한 주어에 의한 몇 개의 동작, 또는 文末述語의 동작을 할 때의 주어의 몇 개의 모습 혹은 상태 등을 동사의 중지형이 나타낼 경우, 다음에서 보여지듯, 그 하나하나를 「～して」라는 형태만으로 나타내든지, 또는 (일반적으로는 「～し」라는 형태는 会話文에는 사용되지 않는다고 하지만) 「～し」라는 형태도 「～して」라는 형태와 함께라면 会話文에서 이것들을 나타낼 수 있다. 그렇지만 会話文에서 「～し」라는 형태만을 사용해 「～し、～し、～し」와 같이 나타낼 수는 없는 것 같다. 왜냐하면 이와 같은 용례가 작품 속에서 하나도 발견되지 않기 때문이다. 그리고 이런 사실은 하나의 문장 속에 서로 다른 주어에 의한 두 개 이상의 중지형이 나열될 때도 적용된다.

3.1 하나의 문장 속에 동일한 주어(動作主)에 대하여 두개 이상의 동사 중지형이 나열되어 있는 경우

[예13] 「あの人のこと、ご存知ないですか」
「あの人?」
「心中して、けがして、大変だったんです」(隣りの女)

[예14] 「早くいらっしゃい。親方がもうナフキンを**かけて**、ナイフを**もって**、**舌なめずりして**、お客さま方を**待っていられます」**
(注文の多い料理店)

[예15] 「センチにならないでください。炬燵の中でセンチになるのは危険ですよ」
「カナ子さんは残酷ですねえ」
「いえ、通俗でないだけですわ。…… 川崎さん、そんな目つきで私を見ないでください。それが間違いのはじまりなんです。代々の学生たちがそういう目つきで、姉たちを**見つめて**、型どおりに**恋愛し**、**結婚し**、家庭を**営んで**……」(若い娘)

[예16] 「～。四組の男女は、みんなその窓に**腰かけ**、その壁に**もたれ**、その囲炉裏(いろり)にかけた炬燵に**もぐって**、恋を**語り合った**んです

わ。～」(若い娘)

3.2. 하나의 문장 속에 서로 다른 주어에 의한 두 개 이상의 동사의 중지형이 나열되어 있는 경우

[예17] 「一流大学、一流企業。－ でもね、結局やってることはただの商売なんだ。八百屋が野菜を売り、薬局が薬を売る。それと同じさ。客が**いて、**商品が**あって、**頭をさげ、説明して**買ってもらう。**～」(早春物語)

4. 마치며

이와 같이 보면, 「～し」라는 제 1중지형과 「～して」라는 제 2중지형의 차이라는 것은 전혀 없는 것은 아니지만, 그 약간의 사소한 부분을 제외하고 일반적으로 말하면, 그 차이라는 것은 문체의 차이라고 밖에 말 할 수 없다. 왜냐하면 地文에서는 「～し」라는 형태와 「～して」라는 형태의 기능과 차이점이 거의 없어, 이 두 개의 형태에서의 차이점이 보이지 않는 것에 반해, 会話文에 있어서는 「～し」라는 형태가 「～して」라는 형태와 함께 사용되어 나타나는 경우는 있어도, 절대로 「～し、～し、～し」라는 형태만으로 사용되는 경우는 없기 때문이다. 그렇다고 한다면, 이것은 会話文만이 지니는 특징이며, 만일 이것이 会話文의 특징이라면 그것은 文体의 차이에 연유되기 때문에, 이것 역시 「～し」라는 제 1중지형과 「～して」라는 제2 중지형의 가장 근본적인 차이는 文体라고 밖에 할 수 없다.

▌인용 및 참고문헌

言語学研究会・構文論グループ「なかどめ－動詞の第二なかどめのばあい－」(言語学研究会編 1989『ことばの科学2』所収・むぎ書房)
言語学研究会・構文論グループ「なかどめ－動詞の第一なかどめのばあい－」(言語学研究会編 1989『ことばの科学3』所収・むぎ書房)
鈴木重幸 1972『日本語文法・形態論』(むぎ書房)
高橋太郎 外 1994『日本語の文法』講義テキスト
高橋太郎 1994『動詞の研究』(むぎ書房)
仁田義雄 1995「シテ形接続をめぐって」(仁田義雄編『複文の研究(上)』所収・くろしお出版

제4장
「~して」와 「~しながら」의 상호교환성에 관하여

1. 들어가며

앞에서도 논한 것처럼, 동사의 중지형인 「~して」라는 형태는 文末述語에서 보이는 ムード・テンス등의 형태를 가지고 있지 않다. 그렇다고 해서 ムード・テンス가 없다는 것은 아니며, 다음 예문에서 보여지 듯, 보통은 文末述語와 같으며, 文末述語에 위임되어져 있다.

[예] 今、<u>行って</u>、5時に **帰って来なさい**。(= … 行きなさい。そして、……)
今、<u>行って</u>、5時に **帰って来よう**。(= … 行こう。そして、……)
朝、<u>行って</u>、夕方、**帰って来た**。(= … 行った。そして、……)

동사 중지형인 「~して」라는 형태의 ムード・テンス가 文末述語에 위임되어 있다는 것은, 동사의 중지형인 「~して」가 述語性을 가지고 있다는 것을 의미하지만, 동사의 중지형인 「~して」에는 ムード・テンス의 형태가 없고 文末述語에 ムード・テンス가 위임되어져 있는 이와 같은 문장구조는, 陳述의 중심을 文末述語에 가지고 가게 되며, 그 결과로서 동사의 중지형인 「~して」라는 형태는 従属性을 띄게 되어, 文末述語에 대하여 문장의 확대요소로서 従属의 관계가 씌워지게 된다.

이와 같이 동사의 중지형인 「~して」라는 형태가 従属性을 띄게 되면서 나타나는 현상 중의 하나가 동시동작을 나타내는 「~しながら」와의

상호교환성인데, 여기에 대해서 살펴보려고 한다.

일본어는「パンを 食べながら テレビを 見る。」「歌を 聞きながら 勉強を する。」와 같이, 동일한 주어에 의하여 두 개의 동작이 동시에 행하여 질 때, 일반적으로「～しながら」로 나타내며, 継起的인 동작을 나타낼 때는「朝 起きて、顔を 洗って、パンを 食べて、学校へ 行った。」에서 보여지 듯, 일반적으로 동사의「～して」의 형태로 나타낸다. (이 경우「～してから」형태도 가능함.) 그렇기 때문에, 위의 예문「パンを 食べながら テレビを 見る。」「歌を 聞きながら 勉強をする。」를「パンを 食べて、テレビを 見る」「歌を 聞いて、勉強を する」와 같이「～しながら」로 표현되는 곳을「～して」로 고치면 동시동작이 継起的인 동작으로 바뀌며,「パンを 食べて、学校へ 行った。」를「パンを 食べながら 学校へ 行った」와 같이「～して」로 표현되는 곳을「～しながら」로 고치면 두 개의 継起的인 동작이 동시동작으로 바뀌게 된다. 이렇게 일반적으로 그 특징과 기능이 서로 다른 동사의「～して」와「～しながら」의 두 형태라 할지라도, 문장(文) 안에서의 쓰이는 단어의 어휘적인 의미와 그 기능에 따라서는, 의미의 변화를 일으키지 않고 서로 상호교환이 가능한 경우도 있는데, 여기서는 어떠한 경우에「～して」와「～しながら」의 두 형태가 서로 상호교환이 가능한지 구체적인 예문을 통해 살펴보기로 한다.

2.「～して」와「～しながら」의 상호교환이 가능한 경우

2.1. 心理状態를 나타내는 경우

이것은, 동사의「～して」형태가 動作主(주어)의 심리적인 상태를 나타내는 것으로, 그 심리적인 상태 중에 다른 동작 혹은 상태가 행하여지는 경우인데, 이 때 「～して」와 「～しながら」의 상호교환이 가능하다.

[예1] そして硝子の開き戸がたって、そこに金文字でこう書いてありました。
「どなたもどうかお入りください。決してご遠慮はありません。」
二人はそこで、ひどくよろこんで**言いました。**(注文の多い料理店)

[예2] 「今、何時。」
私が言うと、
「夜中でしょ。」
雄一が言った。
「なんで?」
「外暗いし、静かだから。」
「じゃあ、私は夜逃げね。」
私は言った。
「話の続きだけど。」 雄一が言った。「うちももう出るつもりなんだろう? 出るなよ。」
ちっとも話の続きじゃないので、私はびっくりして雄一を**見た。**
(キッチン)

[예3] 僕はためらってから、思い切っていった。「ラシーヌです。ジャン・ラシーヌ」
教授は顔中、皺だらけにして、子供のようにだらしなく笑った。
「ラシーヌをやる学生が死体運びとはねえ」
僕は唇を噛んで、黙っていた。
「こんな事、何のためにやっているんだ?」と教授は強いて真面目な顔になろうとしながら、しかし笑いに息を弾ませていった。「こんな仕事」
「え?」と僕は、驚いて**いった。**(死者の奢り)

[예4] 「妹さんも、あるのですか。」私のよろこびは、いよいよ高い。
「ええ、私と四つちがうのですから、二十一です。」
「すると、君は、」私は、急に頬がほてって来たので、あわてて別なことを**言った**。(新樹の言葉)

그러나, 동사의 「~して」라는 형태가 아무리 심리상태를 나타내고 있어도, 다음에서 보여지는 것과 같이, 그 앞에 「突然」「いきなり」「急に」과 같은 副詞가 와서, 動作主(주어)의 一時的인 심리상태를 나타내고 있는 경우라든지,

[예5] 突然興奮して**どなりだした**。

또, 「形容詞+なる」의 형태로서 動作主(주어)의 심리상태를 나타내고 있는 경우의 「~して」라는 형태는 「~しながら」로 바꾸기가 힘들다.

[예6] まだ若い月が、そうっと空を渡ってゆこうとしているのが目に止まった時、バスが発車した。
がくん、と止まる度にムッとするのは自分がくたびれている証拠である。何度もムッとしながらも外を見ると、遠くの空に飛行船が浮んでいた。
風を押して、ゆっくり移動してゆく。
私は嬉しくなって、じっと**見つめていた。**小さなライトを点滅させて、飛行船は、淡い月影のように空をゆくのだった。(キッチン)

2.2. 表情을 나타내는 경우

그런데 위의 2.1이 나타내는 動作主(주어)의 심리적인 内的状態가 그대로 밖으로 나타나면, 動作主(주어)의「表情」이 되는데, 이와 같은 경우도, 「~して」라는 형태는 기본적으로「~しながら」로 바꿀 수 있다.

[예7] 局長は顔をちょっと赤らめて**弁解した。**俊介はにがにがしさを苦笑と酒でまぎらした。
局長は彼が飲み終るのを待って、あらたまったようにたずねた。(パニック)

[예8] その時、鉄柵があいて眼鏡をかけた、三十ばかりの、校長、ウイリアム氏が微笑をうかべて**あらわれた。**もう立ち話をしている時ではなかった。(アメリカン・スクール)

[예9] その時、私が男の健二に対して、どうして正直なことを言う気になったのか、今でもその理由がハッキリしない。
「私、病気なんだ。…… まあだ、その期日にならないのに、急にはじまったの。私、その準備もしてないし、困っちゃった……」
「—」
健二は固苦しい表情をして私の顔をじいと**見つめた。**(くちづけ)

[예10] 「姉さん、読んでごらんなさい。なんのことやら、あたしには、ちっともわからない」
私は、妹の不正直をしんから憎く思いました。
「読んでいいの?」 そう小声で尋ねて、妹から手紙を受け取る私の指先は、当惑するほど震えていました。ひらいて読むまでもなく、私は、この手紙の文句を知っております。けれども私は、何くわぬ顔してそれを**読まなければいけません。**手紙には、こう書かれてあるのです。私は、手紙をろくろく見ずに、声立てて読みました。

(葉桜と魔笛)

그러나, 주어의 심리적인 内的状態가 전부 그대로 밖(얼굴)으로 나타나는 것은 아니다. 다음에서 보여지는 것과 같이, 動作主의 심리적인 内的状態하고는 정반대로 밖으로 나타나는 경우도 있다.

[예11] それを聞いて王は、残虐な気持で、そっと北叟笑(ほくそえ)んだ。生意気なことを言うわい。どうせ帰って来ないにきまっている。この嘘つきに騙(だま)された振りして、放してやるのも面白い。そうして身代りの男を、三日目に殺してやるのも気味がいい。人は、これだから、信じられぬと、わしは悲しい顔して、その身代りの男を磔刑(はりつけ)に**処してやるのだ。**世の中の、正直者とかいう奴輩(やつばら)にうんと見せつけてやりたいものさ。(走れメロス)

그런데, 동사의 「~して」라는 형태가 表情을 나타내고 있는 경우라 하더라도, 다음에 보여지는 것과 같이, 동사의 「~して」라는 형태가 「形容(動)詞+なって」 또는 「名詞+なって」의 형태로 動作主(주어)의 표정을 나타낼 때에는 「~して」라는 형태는 「~しながら」로 바꾸기 힘들다.

[예12] 清兵衛の父はふと瓢箪に気がつくと、玄能を持って来てそれを一つ一つ割ってしまった。清兵衛はただ青くなって**黙っていた。**
(清兵衛と瓢箪)

[예13] お日さまが にしに かたむき、ゆうやけぞらが だんだん くらく なりました。
ところが たいへん。あんなに きを つけて あるいて いたのに、おじいさんは、いしに　つまずいて　ころんで　しまいました。おじいさんはまっさおに なって、がたがた **ふるえました。**(資料外 ; 三年とうげ)

[예14] 杜子春はまだ眼に涙を浮べたまま、思わず老人に手を握りました。「いくら仙人になれたところが、私はあの地獄の森羅殿の前に、鞭を受けている父母を見ては、黙っている訳には行きません」
「もしお前が黙っていたらー」と鉄冠子は急に厳(おごそか)な顔になって、じっと杜子春を**見つめました。**(杜子春)

[예15] それでも私は、世の中の人がみんなちかちゃんみたいだったらいいのに、とほんの少し思う。ちかちゃんの目に映る私と雄一は、実際よりもずっと幸福そうに見えたからだ。
「よく考えるけど。」 私は言った。「私だってえり子さんのこと、聞いたばかりで、それでも頭の中が混乱しちゃっているのに、雄一はもっとすごいと思うの。今、土足でふみ込むようなことは、できないわ。」
すると、ちかちゃんがふいに真顔になってそばから**顔を上げた。**
(満月 ― キッチン2)

2.3. 말투를 나타내는 경우

위의 2.1이 나타내는 動作主(주어)의 심리적인 内的状態가 얼굴에 나타나면, 2.2의 動作主(주어)의 表情이 되지만, 動作主(주어)의 심리적인 内的状態가 언어(말)에 나타날 수도 있는데, 이 때는 말투가 된다. 이 때도 「～して」라는 형태는 기본적으로 「～しながら」로 바꿀 수 있다.

[예16] 母が電話にでた。私はもう母が犯人だと半ば決めつけていたので、ちょっと、うちのドーナツ食べたでしょっ」と声を荒らげて**言ってしまった。**しかし母は 「え、そんなの食べるわけないじゃん」とあっさり答えたので、私は拍子(ひょうし)抜けし、急に嬉しくなり 「そうだよねェ、お母さんが食べるわきゃないよねェ」と言って無意味に笑ったりするより他なかった。(たいのおかしら)

2.4. 반복되는 동작을 나타내는 경우

이것은 動作主(주어)가 나타내는 동작(움직임) 또는 상태가 일정 기간 반복되는 것을 동사의 「~して」라는 형태가 나타내는 것으로, 이 경우도 동사의 「~して」라는 형태는 「~しながら」로 바꾸어 쓸 수 있다.

[예17] まだ若い月が、そうっと空を渡ってゆこうとしているのが目に止まった時、バスが発車した。
がくん、と止まる度にムッとするのは自分がくたびれている証拠である。何度もムッとしながらも外を見ると、遠くの空に飛行船が浮んでいた。
風を押して、ゆっくり移動してゆく。
私は嬉しくなって、じっと見つめていた。小さなライトを点滅させて、飛行船は、淡い月影のように**空をゆくのだった。**(キッチン)

[예18] いそいで いくと、はまべで むらの わんぱくこぞうたちが おおきな うみがめを ひっくりかえし、ぼうで なぐったり いしを ぶつけたり わいわい さわいで いじめて います。
うみがめは ひっくりかえされ あしを バタバタさせて **たすけを もとめて います。**(資料外 : うらしまたろう)

[예19] 二人は時々、うなったり声をかけ合ったりしながら指角力をしている。それは互いに認め合い許し合う儀式であった。素子は、姉の組子を突ついて**起した。**姉と妹二人が大事にしていたものを、認めてもらったという感じだった。(幸福)

[예20] 女子学生は大きすぎるゴム長靴をばたばた鳴らして**駆け出し、**アルコール液のしたたりが作った褐色の帯の下で足を滑らせ、ひどく不様(ぶざま)な恰好で倒れた。(死者の奢り)

2.5. 동작(상태)의 결과가 시간의 길이(幅)를 지니는 경우

이것은 동사의 「～して」라는 형태에 의해 나타나는 동작이나 상태의 결과가 어느 정도의 시간의 길이(幅)를 지니는 경우인데, 이와 같은 경우도 다음에서 보여지 듯 동사의 「～して」라는 형태는 「～しながら」로 바꾸어 쓸 수 있다.

[예21] 「……よし、床みがきを再開しよう。」
と彼は言った。
私も洗い物を持って立ち上がった。
カップを洗っていると、水音に<u>まぎれて</u>雄一が口ずさむ歌が**聴こえた。**(キッチン)

[예22] それから学校の門を出て、すぐ宿へ帰ろうと思ったが、帰ったって仕方がないから、少し町を散歩してやろうと思って、むやみに足の向く方をあるき散らした。県庁も見た。古い前世紀の建築である。兵営も見た。麻布(あざぶ)の連隊より立派でない。大通りも見た。神楽坂(かぐらざか)を半分に狭くしたぐらいな道幅で町並はあれより落ちる。二十五万石(ごく)の城下だって高(たか)の知れたものだ。こんな所に<u>住んで</u>ご城下だななどと**威張ってる**人間は可哀想なものだと考えながらくると、いつしか山城屋の前に出た。(坊っちゃん)

[예23] 急にジープが止ると、いきなり伊佐の前に小型のピストルが向けられた。
彼は、「英語で話さぬか、『おまたせして相すみませんでございました』ってもう一度いってみろ」
伊佐は冷汗を<u>流して、</u>おし出すようにそう**いった。**
(アメリカン・スクール)

[예24] 何だか二階の梯子段(はしごだん)の下の暗い部屋に案内した。熱くって

いられやしない。こんな部屋はいやだと言ったらあいにくみんな塞(ふさ)がっておりますからと言いながら革鞄を抛(ほう)り出したまま出て行った。仕方がないから部屋の中へはいって<u>汗をかいて</u>**我慢していた。**(坊っちゃん)

2.6. 言語活動을 나타내는 경우

여기의 언어활동이라는 것은 동사의「～して」라는 형태가 언어활동의 동작을 나타내는 것인데, 이 경우 동사의「～して」라는 형태가 나타내는 동작이 끝난 다음에 문장(文)의 술어가 나타내는 동작이 시작된다(継起的)라고 해석한다면, 문장(文) 속의 동사의「～して」라는 형태는「～しながら」로 바꿀 수 없지만, 동사의「～して」라는 형태가 나타내는 언어활동의 동작이 진행되는 가운데 문장(文)의 술어가 나타내는 동작이 시작된다(同時的)라고 해석한다면, 문장(文) 속의 동사의「～して」라는 형태는「～しながら」로 바꿀 수 있다.

[예25] とんと肩をたたかれた。振りむくと、うしろに、幸吉兄妹が微笑して立っている。
「あ、焼けたね。」私は、舌がもつれて、はっきり、うまく言えなかった。
「ええ、焼ける家だったのですね。父も、母も、仕合せでしたね。」
焔の光を受けて並んで立っている幸吉兄妹の姿は、どこか懔(りん)として美しかった。「あ、裏二階のほうにも火がまわっちゃったらしいな。全焼ですね。」幸吉は、ひとりでそう<u>呟いて</u>、**微笑した。**
(新樹の言葉)

[예26] 私は豪華メニューを熱心に考え、その材料をすべてメモに書いて彼に押しつけた。
「車で行きなさいね。そして、これらのものをすべて買ってきて。

みんな雄一の好きなものばっかりだから、死ぬまで食べることを楽しみに早く帰ってきてね。」
「うひゃー。お嫁さんみたい。」
とぶつぶつ文句を言って、雄一は**出ていった。**(満月 — キッチン2)

[예27] 九州へ立つ二日前兄が下宿へ来て、金を六百円出してこれを資本にして商売をするなり、学資にして勉強をするなり、どうでも随意に使うがいい、その代りあとは構わないと言った。兄にしては感心なやり方だ。何の六百円ぐらい貰わんでも困りはせんと思ったが、例に似ぬ淡泊な処置が気に入ったから、礼を言って**貰っておいた。**(坊っちゃん)

[예28] バスの来る時間は甚(はなば)だあてにならなかった。授業時間中のこともあれば、休みの時間のこともあった。休み時間に、バスの音が聞こえると、校庭にばら撒(ま)かれていた生徒たちは、口々に歓声を上げて、全部が校門のところへ**殺到した。**そしてバスの方へ手を振り、口々に何かを叫び、それでも足りなくて、いつも十人程の生徒はバスを追いかけるために、その背後から走った。(しろばんば)

[예29] 神田大尉は善次郎を無理矢理引き摺り起した。そして頬を平手で打った。
長谷部善次郎はようやくわれにかえった。神田大尉は危険を感じた。叫び声を上げて**死につく**ものもあるし、黙って死ぬ者もあった。苦痛を訴えながら死んで行く者もあった。このままにしたら一夜にして全員が死に絶えるかもしれない。神田大尉は、人の輪の中心にいる山田少佐に向って叫んだ。(八甲田山死の彷徨)

2.7. 視覚活動을 나타내는 경우

이것은 동사의「~して」라는 형태가 시각활동의 동작을 나타내는 것인데, 이 경우도 위의 2.6의「언어활동을 나타내는 경우」와 마찬가지로 동사의「~して」라는 형태가 나타내는 동작이 끝난 다음에 문장(文)의 술어가 나타내는 동작이 시작된다(継起的)라고 해석한다면, 문장(文) 속의 동사의 「～して」라는 형태는 「～しながら」로 바꿀 수 없지만, 동사의 「～して」라는 형태가 나타내는 시각활동의 동작이 진행되는 가운데 문장(文)의 술어가 나타내는 동작이 시작된다(同時的)라고 해석한다면, 문장(文) 속의 동사의 「～して」라는 형태는 「～しながら」로 바꿀 수 있다.

[예30] のんびりとした、あたたかい昼だった。
昨日の朝までは想像もありえなかった、見知らぬ人との遅い朝食の場面を私はとても不思議に感じた。
テーブルがないもので、床に直接いろんなものを置いて食べていた。コップが陽にすけて、冷たい日本茶のみどりが床にきれいに揺れた。
「雄一がね。」ふいにえり子さんが私をまじまじと<u>見て</u>**言った**。
(キッチン)

[예31] 「これ、ついこの間バイバイしたのと同じに見えるけど、奥さん、このお札、どこで誰に」
落着かなくてはいけないと思いながら、サチ子の声はうわずっていた。
「誰って、うちのお金は主人の月給かわたしの内職だから」
「それだけ?」
「それだけって、ほかになにかあるんですか」
峰子はじっとサチ子の顔を<u>見て</u>ふふと**笑った**。(隣りの女)

[예32] ジェイムズ夫婦が上って来るのが見えた。話しながら歩いていた。ジャン・ピエールはそれを、殆んど振り返る位な恰好で、一度見たが、また浩の方を<u>見て</u>、**話し続けた**。そしてアイリンの声がきこえた時、また振り返った。彼女はこっちを<u>見て</u>、**手を振っていた**。
(アポロンの島)

[예33] 雄一は箸を置き、まっすぐ私の目を<u>見つめて</u>**言った**。
「こんなカツ丼は生涯もう食うことはないだろう。…… 大変、おい

しかった。」
「うん。」私は笑った。
「全体的に、情けなかったね。今度会う時は、もっと男らしい、力のあるところを見せてやるからな。」
雄一も笑った。(満月 — キッチン2)

[예34] 「この男は兵隊だった」と管理人が、新しい水槽に沿って停(と)めた車の上の死者を見下ろして**いった**。(死者の奢り)

그런데 다음의 예문은, 동사의「～して」라는 형태가 위의 다른 예문과는 달리 관계적인 의미가 동시동작이 아닌「역접」을 나타내고 있는데, 이와 같은 경우도 형태상으로는 동사의「～して」라는 형태를「～しながら」로 바꾸어 쓸 수 있다. (이때는 역접의「ながら」가 된다.)

[예35] 「妻には、何もない。ある意味で僕だけなんだ。そしてこの僕ときたら、彼女を使い果たしてしまったように、もう長いこと感じたまま、見向きもしない。見なれすぎたために、そこにあることすら気づかない家具同様に、接して来た。ウォッカに手を出し始めたことを知っても、何ヶ月も見て**見ぬふりをして来た**。～」(ウォッカ)

그러나 아무리 동사의「～して」라는 형태가 시각활동을 나타내는 경우라 하더라도, 다음 예문에서 보여지는 것과 같이 동사의「～して」라는 형태가, 판단의 근거 또는 원인・이유를 나타낼 때에는, 동사의「～して」라는 형태는「～しながら」로 바꿔 쓸 수 없다.

[예36] 中年の男の死体で信じられないほど軽いものがあった。新しい水槽で伸びのびして浮かんでいるそれを、木札を取りつけるために掴まえようとしている女子学生のとまどいを見て、僕は始めてその死体

が片足であることに**気づいた**。(死者の奢り)

2.8. 思考活動을 나타내는 경우

이것은 동사의「～して」라는 형태가 사고활동의 동작을 나타내는 것인데, 이 경우도 위의 2.7의「시각활동을 나타내는 경우」와 마찬가지로 동사의「～して」라는 형태가 나타내는 사고활동이 끝난 다음에 문장(文)의 술어가 나타내는 동작이 시작된다(継起的)라고 해석한다면, 문장(文) 속의 동사의「～して」라는 형태는「～しながら」로 바꿀 수 없지만, 동사의「～して」라는 형태가 나타내는 사고활동이 진행되는 가운데 문장(文)의 술어가 나타내는 동작이 시작된다(同時的)라고 해석한다면, 문장(文) 속의 동사의「～して」라는 형태는「～しながら」로 바꿀 수 있다.

[예37] 三年間まあ人並に勉強はしたが別段たちのいい方でもないから、席順はいつでも下から勘定する方が便利であった。しかし不思議なもので、三年たったらとうとう卒業してしまった。自分でもおかしいと思ったが苦情を言うわけもないからおとなしく卒業しておいた。
卒業してから八日目に校長が呼びに来たから、何か用だろうと<u>思って、</u>**出かけて行った**ら、四国辺のある中学校で数学の教師がいる。月給は四十円だが、行ってはどうだという相談である。(坊っちゃん)

[예38] 室内を静かにするために、私はグッピーの住む水槽の全ての電源を切った。酸素のブクブクという音も、水温を保つヒーターの微(かす)かな音も止(や)んだ。録音する少し間くらい大丈夫であろう。そう<u>思って</u>録音の作業に**取りかかった**。(たいのおかしら)

그러나 아무리 동사의「～して」라는 형태가 사고활동을 나타낸다하더라도, 다음 예문에서 보여지는 것과 같이 동사의「～して」라는 형태가 원인・이유를 나타내는 경우에는, 위의 시각활동을 나타내는 경우와 마찬가지로 동사의「～して」라는 형태는「～しながら」로 바꿔 쓸 수 없다.

[예39] 私はギョッとした。あの部分が一番肝心なのだ。あの部分さえ便壷(べんつぼ)の底へ落ちてくれれば他の切れ端が全部途中で引っかかろうと構(かま)やしないというほど、あの部分は肝心なのだ。
私はもっと細かく破らなかった事を非常に悔いた。点数部分だけでも判別不可能な状態に破るべきであった。面倒臭い事になってしまった。チリ紙を丸めて命中させて落そうと思ったが何回やっても命中しない。オシッコをして流そうと<u>思って</u>**やってみた**が量が足りなくてうまく流れない。(たいのおかしら)

3. 마치며

일본어에 있어서 동일한 주어에 의하여 행해지는 2개 이상의 継起的인 동작을 나타낼 때는 일반적으로 동사의「～して」의 형태로 나타내며, 同時에 행해지는 동작(同時動作)을 나타낼 때는「～しながら」의 형태로 나타내지만, 동사의「～して」의 형태가 동사로서의 述語性을 상실해 가며 文末述語에 대하여 従属性을 취득해 가는 과정에서 나타나는 현상 중의 하나가, 동사의「～して」의 자리에「～しながら」의 형태로 바꾸어 넣어도, 문맥의 의미가 바뀌지 않고 바꾸어 넣을 수 있다는 것이다. 이를 구체적으로 살펴보면, 동사의「～して」의 형태가 문장 속에서 주어(動作主)의 心理状態나 表情・말투・반복되는 동작・동작 또는 상태의 결과가 시간의 길이(幅)를 지니는 경우와 言語活動・視覚活動・思考活動 등과 같은 것을 나타내는 경우인데 (본문에서 언급하였듯이 일부 제약이 뒤따르는 경우도 있지만), 이와 같은 경우는 일반적으로「~して」의 형태를「~しながら」의 형태로 교환이 가능하다.

▌인용 및 참고문헌

言語学研究会・構文論グループ「なかどめ －動詞の第二なかどめのばあい－」(言語学研究会編 1989『ことばの科学2』所収・むぎ書房)

鈴木重幸 1972『日本語文法・形態論』(むぎ書房)

高橋太郎 外 1994『日本語の文法』講義テキスト

高橋太郎 1994『動詞の研究』(むぎ書房)

仁田義雄 1991『日本語のモダリティと人称』(ひつじ書房)

仁田義雄 1995「シテ形接続をめぐって」(仁田義雄編『複文の研究(上)』所収・くろしお出版)

松村 明編『大辞林』(三省堂)

宮島達夫 1994『語彙論研究』(むぎ書房)

全成龍 2003「동사 중지형「~して」의 기능과 의미」(『일본문화학보』제17집)

제5장
일본어 동사의 부정 중지형에 관한 고찰

1. 들어가며

현대 일본어에 있어서 동사의 中止形이라 하면, 인정하는 방법(みとめかた)에 따라 긍정과 부정의 두 가지 종류가 있다. 긍정의 중지형에는「～し」라고 하는, 소위 학교문법에서 말하는 동사의 連用形과 동사의 連用形에 接続助詞인「て」가 붙은「～して」의 두 형태가 있다. 이에 반해 일본어 동사의 부정 중지형에는 대표적으로「～しなくて」「～しないで」「～せずに」의 세 가지 형태가 있다.

「～しなくて」는, 소위 학교문법에서 말하는 동사의 未然形에 否定 助動詞인 「ない」가 붙고, 또 그 否定 조동사「ない」의 연용형에 접속조사인「て」가 붙은 형태이며,「～せずに」는 동사 미연형에 부정 조동사「ぬ」가 붙고, 또 그 연용형에 格助詞「に」가 붙은 형태이지만,「～しないで」라는 형태는 여러 가지 説이 있으며 현재 설명 불가능한 형태로 되어 있다.[1)]

---

1) 松村 明氏는 이「～ないで」의 형태를 부정 조동사「ない」의 連用形이라는 立場을 취하고 있다. (松村 明「近代の文法 ー 江戸語から東京語へ」『日本文法講座3(文法史)』所収) (p.328)
『岩波国語辞典』第四版(岩波書店)에서는 이「～ないで」를「連語」로서「～なくて」와 같다고 설명하고 있다.
『現代語の助詞・助動詞』ー用法と実例ー (国立国語研究所)는 이「～ないで」를 조동사「ない」의 終止形이라는 立場을 취하고 있다. (p.263)
『日本国語大辞典』(小学館)에는 다음과 같이 쓰여 있다.
成立については、まだ定説がない。「ない」は打消の助動詞と見られるが、「で」は助詞か断定の助動詞の連用形か、決めかねる。また、接続の点からの疑問もあるが、近世には「帰らないければ」「多いで」などの表現もあるので、通行の文法では

이와 같은 사실에 의해서 말한다면, 형태상으로도 문법상으로도「~して」라는 동사 중지형의 부정형은「~しなくて」인 것 같이 보이지만, 다음에서 볼 수 있듯이 실지로 그 대부분이「~しないで」「~せずに」이다.

[예] 太郎は 朝ごはんを 食べて 学校へ 行った。
→ (◯) 太郎は 朝ごはんを 食べないで 学校へ 行った。
(◯) 太郎は 朝ごはんを 食べずに 学校へ 行った。
(×) 太郎は 朝ごはんを 食べなくて 学校へ 行った。

그런데「~しなくて」는 회화체에서「~しなくって」와 같이 촉음을 동반하는 경우가 많으며,「~しないで」는 회화체에서「~しねえで」「~んで」의 형태로 쓰이는 경우도 있으며,「~せずに」는 작품에 따라「~しずに」의 형태로 쓰이는 경우도 있다.[2)]

2. 선행연구

동사 부정형에 관하여 지금까지 쓰여진 대표적인 논문으로는 阿刀田稔子(1975)와 鈴木英夫(1976)와 北川千里(1976)와 久野 暲(1986) 등이 있으나, 읽어보면 알 수 있듯이 鈴木氏를 제외한 세 사람의 논문은 자기가 만든 예문(作例)에 의거해서 논하고 있고, 또,「しないで」와「~せずに」차

律しきらない。

2) 夏目漱石의『坊っちゃん』또는『こころ』에서는 다음과 같은 예문이 있으며,
・そうすれば清もおれの傍を離れずに済むし、おれも遠くから婆さんのことを心配しずに暮らされる。(坊っちゃん)
・しかし私はまだ復讐をしずにいる。(こころ)
또 芥川竜之介의『杜子春』에서도 다음과 같은 예문이 있다.
・杜子春はこう嚇されても、やはり返答をしずにいました。

이를 단지 문체의 차이라든지「～せずに」에는 원인・이유를 나타내는 것이 없다는 등, 작품 속에서 실지로 쓰인 実例에 의거하여 쓰이지 않았기에, 실지 작품 속에서 발견된 예문과는 너무나도 동떨어진 결론을 내리고 있어, 여기에서는 필자 나름대로 각각의 중지형의 특징을 살펴보기로 한다.

3. 構文論的 특징과 機能的 특징

「～しなくて」「～しないで」「～せずに」라는 부정 중지형은, 기본적으로는 동사의 부정형으로 부정 동사로서의 述語性과 동사의 중지형으로서의 기능을 다 가지고 있지만, 다음에서 보여지 듯 사용되는 문장(文)이라든지, 뒤에 오는 보조용언이라든지, 또는 이들이 수식어와 같은 문장(文)의 확대요소로 쓰일 때 등에서 이들 세 가지 부정 중지형은 조금씩 차이가 보여지는데 여기에 대해 살펴보면 다음과 같다.

3.1. 사용되어지는 문장(文)의 종류

「～しなくて」「～しないで」「～せずに」라는 부정 중지형은, 그것이 쓰이는 문장에서도 차이가 나타난다. 즉,「～しないで」「～せずに」는 後続句節에 命令文・勧誘/依頼文・話者의 意志文(～しよう)・希求文(～たい) 등이 올 수 있지만「～しなくて」의 후속구절에는 이런 것들이 오지 못한다는 것이다. 바꾸어 이야기하면「～しないで」「～せずに」는 명령문・권유 / 의뢰문・의지문・희구문에 쓰일 수 있으나「～しなくて」는 이런 것에 쓰일 수 없다 것이다.

[예1] 「こんなとこに立っとらんで、何かして**遊びなさい**」(しろばんば)

[예2] 「いいえ、一つ二つはいらないんです。いただくのなら、全部! それより誰にもあげないで、ちゃんとこの家に**置いといて下さい**。あたしも欲しがりませんから。でないと、あの時計は、ここから出したら……」(夜あけのさよなら)

[예3] 「どうです河合さん、そう閉じ籠ってばかりいないで、気晴らしに**散歩して見ませんか**。」(痴人の愛)

[예4] 僕も長靴を履くべきだったのかもしれない。午後からは忘れないで**履いて来よう**。(死者の奢り)

[예5] 私は妻に血の色を見せないで**死ぬつもりです**。(こころ)

[예6] 「酒飲まんで**生きていたい**とは思わん。酒飲めんなら、あすにでも死ぬわな」(しろばんば)

[예7] 「よし! それじゃ飽くまで潔白だと云うんだな?」
「ええ、潔白だわ」
「お前はそれを誓うんだな!」
「ええ、誓うわ」
「よし! その一と言を忘れずに**いろ**よ。己はお前の云うことなんか、もう一と言も信用しちゃいないんだから」(痴人の愛)

[예8] 「あなたは私に責任があるんだと思ってやしませんか」と突然奥さんが聞いた。
「いいえ」と私が答えた。
「どうぞ隠さずに**言ってください**。そう思われるのは身を切られるよりつらいんだから」と奥さんがまた言った。(こころ)

[예9] どうか、笑わずに**助けてくれないか**。君。頼むよ。おねがいだ。至急の返事を待っている。(塩狩峠)

[예10] 電話をかけずにいきなり**ノックしておどかしてやろう**。
(思い出トランプ)

[예11] 「あたしは、何も文句を云わずに、**看病がして貰いたいの**。いやな顔されたり、うるさがられたりして看病されたって、ちっとも有難いと思わないわ」(春は馬車に乗って)

3.2. 並合文[3)]의 경우

다음에서 보여지 듯「~しなくて」와「~しないで」는, 선행구절과 후속구절의 주어가 다른 並合文에서 쓰이지만,「~せずに」는 기본적으로 並合文에는 사용되지 않는다.[4)]

[예12] ドアを開くと、看護婦はいなくて、長椅子に躰を毛布に包んだ**女子学生が小さく横たわってい**、僕を振りかえった。(死者の奢り)

[예13] 今日、三時過ぎになって、急に彼女の顔を見たくなって、行ってみたら、運よく「その他」のお客が一人もいなくって、**彼女一人が小机に向かって本を読んでいた**。(石の森)

[예14] 石田部長は、 安田が事件のもみ消しをするから様子をみているように、とでも言ったのでしょう。佐山は安田が来るのを今か今かと待っていました。その安田は来ないで、**「代理」の亮子が来ました**。(点と線)

[예15] その時私は屈託がないというよりむしろ無聊に苦しんでいた。それであくる日もまた先生に会った時刻をみはからって、わざわざ掛茶屋まで出かけてみた。すると西洋人は来ないで**先生一人麦藁帽をか**

3) 일반적으로 複文이라 불리는 것으로서, 선행구절과 후속구절의 주어가 다른 문장이다. 참고 (鈴木重幸『日本語文法・形態論』むぎ書房 p.166)

4) 日高水穂氏는「太郎は来ずに、次郎が来た」라는 예문을 들어, 일본어의 자연스러운 표현으로 취급하고 있지만, 이것은 어디까지나 본인이 만든 作例이며, 또 여기에 대해서는 필자가『国文学 解釈と鑑賞 1996・7月号』(至文堂)를 빌려 反論한 것이 있기에 여기에서는 생략하기로 한다.

ぶってやって来た。(こころ)

3.3. 뒤에 오는 보조용언의 종류

다음 예에서 보여지 듯, 「～しないで」뒤에는, 보조용언의 종류에 상관 없이 모든 보조용언이 자유롭게 붙을 수 있는 것에 반해, 「～せずに」뒤에는 「～いる・おく・しまう」 등의 보조용언 밖에 오지 못하며, 「～しなくて」뒤에는 일반적으로 보조용언이 오지 못한다. 다시 말해, 「～しないで」뒤에는 상대방에 대하여 작용하는 성질을 지닌 보조용언(下さい・ちょうだい)이라든지, 話者의 希求(願望)을 나타내는 보조용언(ほしい) 이라든지 授受표현의 보조용언(もらう・いただく・やる・くれる)등이 아무런 제약 없이 자유롭게 올 수 있지만, 「～せずに」뒤에는 이들의 보조용언은 결코 오지 못하고 「～いる・おく・しまう」만이 올 수 있으며, 「～しなくて」뒤에는 이런 것의 어떠한 것도 오지 못한다는 것이다.

[예16] 洪作は不思議なものを見る思いで、二人の姉妹から<u>眼を離さないで</u>**いた。**(しろばんば)

[예17] 洪作は土蔵へ帰ってから、御料局の局長さんの家へ行くべきか、<u>行かないで</u>**おく**べきか迷った。(しろばんば)

[예18] 先生の談話は、この犬と子供のために、結末まで進行することができなくなったので、私はついにその要領を<u>得ないで</u>**しまった。**(こころ)

[예19] 「もう、パパと<u>会わないで</u>**ください**」(石の森)

[예20] 「だって、おばちゃんじゃないか」
「おばちゃんでも、おばちゃんなんて、<u>二度と呼ばないで</u>**ちょうだい**」(しろばんば)

[예21] 「いまはいそがしいわけでもないから、話して気が晴れるならそこで話してもいい。だが、話は簡単にして、二度と<u>こないで</u>**ほしい**ものだね」

(ボッコちゃん)

[예22] 「さては、あいつの仕業だな。だが、こんな卑劣な手段に訴えるとは思わなかった。ま、まってくれ。たのむ。殺さないで**くれ。**」
哀願をくりかえすと女はこう言った。
「誤解なさらないで**いただきたい**わ。殺しに来たのではございませんのよ」(ボッコちゃん)

[예23] 「これは驚いた。いくらなんでも、それはひどいよ」
「つべこべ言うな。そのかわり、もう二度と強盗にははいらないで**やる**ぞ」(ボッコちゃん)

[예24] 二十五日には北海道旭川においては零下四十一度という、日本における最低気温の記録を出した。この最低気温の記録は現在に於いても依然として破られずに**いる。**(八甲田山死の彷徨)

[예25] だから奥さんがもし先生の書生時代を知っているとすれば、郷里の関係からでないことは明らかであった。しかし薄赤い顔をした奥さんはそれより以上の話をしたくないようだったので、私のほうでも深くは聞かずに**おいた。**(こころ)

[예26] その日の談話もついにこれぎりで発展せずに**しまった。**(こころ)

그러나 동사「すむ」의 경우는 다음에서 보여지 듯, 아무런 제약 없이「～しなくて」「～しないで」「～せずに」의 모든 부정 중지형 뒤에 올 수 있다는 것이다.

[예27] 「わたし、もっとここで遊んでるわ。ここに居る方が、お小遣費(つか)わなくて**すむ**わ」(しろばんば)

[예28] 「おことばに従おう。そのほうがわしも良心にせめられないで**すむ。**なんだか勇気がわいてきた。よく考えてくれた」(ボッコちゃん)

[예29] さいわいにして先生の予言は実現されずに**すんだ。**(こころ)

또,「～しなくていい」「～しないでいい」라는 표현은 있어도,「～せずにいい」라는 표현은 없는 것으로 보아「～せずに」뒤에는 직접 형용(동)사가 붙지 못한다는 構文上의 제약도 있는 듯하다.

[예30] おれはこんな腐った了見の奴らと談判するのは胸糞(むなくそ)が悪いから、「そんなに言われなきゃ、聞かなくって**いい。**中学校にはいって、上品も下品も区別ができないのは気の毒なものだ」と言って六人を逐(お)っ放してやった。(坊っちゃん)

[예31] 「余計なことは言わんで**いい**」(寺内貫太郎の一家)

[예32] ― 座敷と玄関と二階のお花をいけ替えて、いま一人でお茶をいただいているところですわ。

― 今日は洋服ですか、和服ですか、どんな色合いでしょう……。

― ホホホ。そちらから見えないで**幸いですわ**。～ (丘は花ざかり)

3.4. 문장(文)의 확대요소로서의 기능

이것은 동사의 부정 중지형이, 수식어와 같이 문장(文)의 확대요소로서 기능하고 있는 경우를 나타낸다. 이와 같은 경우, 다음에서 보여지 듯「～しないで」「～せずに」는 문장의 확대요소로 기능하는 것이 있어도,「～しなくて」에는 결코 이렇게 기능하는 것이 없다. 이러한 사실은「～しないで」「～せずに」에 의해 나타나는 선행구절은 종속성이 강하다는 것을 의미한다.

[예33] 女子学生は肩をすくめて声を立てないで**笑い**、僕は黙りこんで部屋を見まわした。(死者の奢り)

[예34] 音を立てないで**あるく**のが自慢になるもんだとは、この時から始め

て知った。(坊っちゃん)

[예35] 彼女は涙を流さずに**泣いた**。(地唄)
[예36] 此の頃は音を立てずに**茶碗を置く**ようになった。(春が来た)

4. 의미적인 관계에서 본 특징

이것은 先行句節의 부정 중지형이, 부정 동사로서의 述語性을 보유하면서, 従属成分을 함께 가지고 있어, 後続句節에 대하여 어떤 관계를 나타내는 경우다. 後続句節에 대한 先行句節의 부정 중지형이 나타내는 그 관계적인 의미는, 다음에서 보여지 듯, 원인・이유 / 조건 / 수단・방법 등이 있다.

4.1. 원인・이유[5)]

이것은 先行句節의 부정 중지형에 의해 부정된 사항이, 後続句節에 대하여 원인・이유로 작용하고 있는 경우다. 그런데 선행구절과 후속구절의 관계적인 의미가 원인・이유인 경우의 동사의 부정 중지형을 살펴보면, 각각의 부정 중지형에 따라 조금씩의 차이를 나타내는 것을 알 수 있는데, 일반론적으로 논하여 숫자상으로 볼 때, 「～しなくて」의 원인・이유는, (불)가능에 의하여 생기는 원인・이유가 가장 많은 것에 반해, 「～しない

5) 阿刀田稔子씨도 日高水穂씨도, 前件과 後件의 관계가 因果関係라고 해석되는 경우는 「～せずに」는 사용되지 않는다고 하고 있지만, 다음의 예문에서 알 수 있듯이, 「～せずに」도 先行句節과 後続句節의 관계적인 의미가 원인・이유인 경우에도 사용되는 것을 알 수 있다.

で」의 경우는, 先行句節의 사항에 대하여 後続句節이 평가하는 그것이 원인・이유로 작용하는 것이 많으며, 「~せずに」는 「~しなくて」와 「~しないで」의 원인・이유의 성격을 다 내재하고 있다고 생각된다.

[예37] 私がここで、人間を信ずることができなくなって死んだとしても、生きる目的が見出せなくて**死んだ**としても、他の人にとってはそんなことはどうでもいいことなのだ。(石の森)

[예38] 文子は言いよどんで赤くなった。さっきよりも血の色が温かかった。菊治の目を避けるように、少し顔をそむけてうなだれた。
「でも、母が死んだ翌日から、私は母をだんだん美しく考えるようになりましたの。私が考えるんじゃなく、母がひとりで美しくなって来たというのでしょうか」
「どちらも同じことなんでしょうね。死んだ人の場合は」
「母は自分の醜さにたえられなくて**死んだ**のかもしれませんけれど……」(千羽鶴)

[예39] 「わたしたちの星では冬になると、みな冬眠に入るのです。ですから、そのあいだはなにも必要ないのです」
「そうでしたか。地球にはそんな習慣がないため、気がつかなくて**失礼しました。**~」(ボッコちゃん)

[예40] 恒太郎「―」
咲　子「お父さんの方こそ、気をつけて。この間みたいに、寝たばこでボヤ出したりしたら、大変だから」
恒太郎「―」
咲　子「本当に大丈夫」
陣　内「咲子! 咲子ォ ―」
咲　子「おばあちゃん、呼んでいる。― お茶もいれないで、**ごめんなさいね**」(阿修羅のごとく)

[예41] わたしはポッと顔がほてった。壁の鏡をちょっとのぞいて、髪の乱れをなおしてから受話器をとった。そのわたしをパパとママが見ている。わたしは二人に背を向けて、受話器に耳を当てた。

「もし、もし、早苗さん? しばらくですねえ。お元気になりましたか」

なつかしい声が耳に快い。

胸の鼓動が伝わりそうなほど大きい。

「お見舞いにも行かないで、**悪いと思っているんです**けれどね。ちょっと、このところ忙しくて……」

「いえ、もうお見舞いなんて、いいんです。すっかり元気になりましたから……」(石の森)

[예42] いくら まっても たろうが もどって こない。そこで、じろうが でかけて いった。だが、じろうも ばあさんの いう ことを きかないで、へびに げろっと **のまれて しまった。**(資料外 : やまなしとり)

[예43] 尿意に負けて、釦をひき千切るようにして用を果たしたあとで、その部分から寒気が入りこんで死を急ぐ原因を作った者もいた。

釦をはずすことができずに、**そのまま尿を洩らした**者もいた。尿はたちまち凍り、下腹部を冷やし、進行不能になった。(八甲田山死の彷徨)

[예44] 野崎は、我慢出来ずに、水の中で、**大声で吹き出した**。それが聞こえたのか、岸壁に並んでいる美和子と朝子は、手をあげてハンカチをふってみせた。(丘は花ざかり)

[예45] ~。この女はさる高名な女子大を出て、英語が堪能だというふれこみで入社し、外報部に配属されたが、ものにならずに、**この調査部に回された**のだ。(発作)

4.2. 조건

부정 중지형에 의해 나타나는 선행구절의 부정된 사항이 후속구절에 대하여 조건으로서 작용하고 있는 경우인데, 이것은 부정 중지형이 어떠한 구조 속에 얽매일 때, 바꾸어 이야기하면, 어떤 특정한 문장(文) 구조 속에 부정 중지형이 사용될 때, 부정 중지형은 「조건」이라는 관계적인 의미를 나타내게 된다는 것이다.

4.2.1. 仮定条件을 나타내는 경우

동사의 부정 중지형이 힐문・힐책하는 의문문 속에 사용될 때, 동사의 중지형은 가정조건이라는 의미를 나타내는 듯하다. 그런데 이것은 「～せずに」에는 보이지 않으며, 그 대부분이 부정 중지형 다음에 「どうする」라는 동사가 온다는 특징이 있다는 것이다.

[예46] 「聞かなくたって気配で判るよ。お前は、母親としてだらしがないぞ。娘が誰とどんな電話してるくらいのことが<u>判らなくて</u>**どうするんだ!**」(寺内貫太郎の一家)

[예47] 「よく俺が手榴弾持ってるの、わかったな」
「はは、そんなことぐらい、<u>わかんなくって</u>**どうする**。ほら、こうやってお前を抱いてやってるじゃねえか」
永松は私の胴をかかえた手を延ばし、雑嚢を上から叩いた。(野火)

[예48] 「そうであります。兄が徳島大尉殿の率いる雪中行軍隊に加わって、われわれを助けに来た夢を見ました」
「無事に助けられたか」
「はっ、大尉殿は無事に助けられましたが、自分は死んでいたと兄が言うのです」
「他人を頼ろうと思うからそんな夢を見るのだ。こんなところで他人が頼りになるか。自分の身体を自分で始末できないで**どうする」**
(八甲田山死の彷徨)

[예49] 「何もお話なんかしないわ」
「うそばっかり、何もお話をしないで、**何してたの**?」
「そりゃあ、お話はしたわよ。でもね、ママに報告して、おもしろがってもらえるような話なんかしないわ。～」(石の森)

4.2.2. 逆条件을 나타내는 경우

이것은 동사의 부정 중지형이 역조건으로 작용하고 있는 경우다. 역조건의 특징을 논하기에는 예문의 수가 적어 무엇이라 단정하기 힘들지만, 예문을 보는 한「～しなくて」는, 역조건의 문장(文) 흐름 속에서「～しなくて」가 사용될 때 역조건의 의미를 나타내는 듯하며,「～しないで」「～せずに」는 후속구절에 가능표현이 온다는 특징이 있는 듯하다.

[예50] 「ああ、そうだよ。人間というのはね、両手両足が**なくても**、目がみえなくて、耳が**きこえなくても**、一言も口が**きけなくても**、みんな同じ人間なのだよ」(塩狩峠)

[예51] 洪作はおぬい婆さんの股の間に支えられて立っているだけだったので、必ずしも楽ではなかったが、自分の足を動かさないで、**街を通れる**ということはやはり楽というべきことであるかも知れなかった。
(しろばんば)

[예52] しかしこの嫌悪は人間動物のその同類に対する反応の一つであってその全部ではない。この嫌悪が優位を占めたのは一定の集団の中では我々の生存が他人を殺さずに**保ち得られる**ようになった結果である。「殺すなかれ」は人類の最初の立法と共に現われたが、それは各人の生存がその集団にとって有用だからである。集団の利害の衝

突する戦場では今日あらゆる宗教も殺すことを許している。(俘虜記)

[예53] 「私は寂しい人間です」 と先生はその晩またこのあいだの言葉をくり返した。「私は寂しい人間ですが、ことによるとあなたも寂しい人間じゃないですか。私は寂しくっても年を取っているから、動かずに**いられる**が、若いあなたはそうはいかないのでしょう。動けるだけ動きたいのでしょう。～」(こころ)

4.2.3. 逆接을 나타내는 경우

이것은 동사의 부정 중지형이 후속구절에 대하여 역접으로 작용하고 있는 경우이다. 그런데 부정 중지형이 역접으로 작용할 때를 보면, 「～しなくて」와 「～しないで」는 선행구절과 후속구절의 주어가 다른 並合文에서 사용되는 것에 반해, 앞에서도 논하였듯이 「～せずに」가 기본적으로 並合文에는 사용되지 않는 탓인지 몰라도 선행구절과 후속구절의 주어가 같은 경우에 사용된다는 것이다. 또, 이와 같은 경우, 「～しなくて」와 「～しないで」는 先行句節과 後続句節에 의해 나타나는 사항이 대조적이며, 또 「意外性」이 강하게 느껴지는 것에 반해, 「～せずに」는 그렇지 않는 것 같다.

[예54] 「ミヨちゃん、凄いじゃない」
「あたし、年号は強いんだ」
「皮肉だよな。大学受けるオレが出来なくてさ、ミヨちゃんみたいに**覚えてたって役にたたない人間がスラスラ言える**んだもんな」
(寺内貫太郎の一家)

[예55] もっと披露したいが、きりがないのでこれぐらいにしておく。後は買って読んで下さい。これが発禁にならないで、**陰毛のちらっと写っている写真なんかが発禁になる**のだから、係官もよっぽど卑猥だ。(偏見自在)

[예56] 私は木の枝につかまって立ち上った。眩暈(めまい)がし、枝を握る手に余程力を入れないと支えきれない。五六歩歩いて道へ出て、手を放すと私は突然倒れた。
私はこの腰と脚が何の予告も受けずに、**薙(な)がれるように倒れる**感覚を知っていた。
その日一日の運動が、私の体を元の歩行不能の状態に突き戻していたことを私は知った。(俘虜記)

[예57] 「行って参ります」
と、母の前に手をついて顔を上げたとたん、きょう再び生きて家に帰ってくるかどうか、何の保証もないのだと思うこともあった。それは、父の貞行が人力車に乗って門を出てから、どれほどもたたずに、**途上で意識不明になった**まま、ついに帰らぬ人になってしまったことも与(あずか)っていたが、とにかく、信夫の命に対する考え方が、単なる「考えごと」ではなくなってしまっていた。(塩狩峠)

4.3. 수단・방법

이것은 先行句節의 동사의 중지형에 의해 나타나는 부정된 사항이, 後續句節에 대하여 수단・방법으로 작용하는 경우로, 「～しなくて」에는 이 용법이 없으며, 「～しないで」「～せずに」에서만 보인다. 그런데 동사의 부정 중지형의 관계적인 의미가 수단・ 방법을 나타낼 때는, 다음 예문에서 보여지 듯 그 나타내는 의미가 「그 이외의 수단・방법으로」라는 의미이다.

[예58] おかねさんの居る田圃へ降りた子供たちは、畦道(あぜみち)をやたら駆け廻り、それから西の方に口を開けている一本の野良(のら)道

から、山に囲まれた小さい盆地を脱出しようとした。この一本の道に依(よ)る以外、山を越えないで、この小さい盆地から**脱出する**方法はなかった。(しろばんば)

[예59] 調所は夜行の寝台車の中で、ほとんど三十分と続けて眠れない夜を過ごした。駅という駅はみんな知っている。この十二ヶ月、睡眠薬を飲まないで**眠れる**ことはまず考えられなかった。(弥勒)

[예60] 民子は黒豆を水にひやし、錆釘(さびくぎ)を二本、布でくるんで縫いつけていた。黒豆を煮るときに入れる釘だった。黒豆を煮るときに錆釘を入れると豆がやわらかく仕あがる、というのは、古くからの言い伝えだった。民子はそれを忠実に守っていた。

「やはり錆釘を入れないと駄目かね」

加瀬は民子の手もとをみてきいた。

「ええ、釘をいれずに**やってみた**んですが、豆が固く皺(しわ)になってしまったことがありました。でも、昔の人達は、不思議なことに考えついたものですわ」(夢は枯野を)

이 사실을 증명이라도 해 주듯이, 다음 예는「다른 수단・방법」이 본문 중에 나타나 있다. 즉,「皮をむく」를 하기 위해「ナイフを使わない」라는 이 외의 다른 수단・방법으로, 본문에서는「指をさしこんで」로 나타나 있다.

[예61] むっつり押し黙った治は、つと居間を出て行った。

「困ったものだ」

「まあ、今にまた、治君だって変るでしょう」

芳之はそういいながら、冷蔵庫の中から甘夏柑を一つ取り出してきた。

「食べませんか」

ナイフを使わずに、指をぐいとさしこんで**皮をむき**、その一袋を先ず市次郎に差し出した。(残像)

5. 마치며

위에서 언급한 것을 여기서 간단하게 요약해 보면 다음과 같다.

「～しなくて」「～しないで」「～せずに」라는 부정 중지형은, 기본적으로는 부정 동사로서의 술어성과 동사의 중지형으로서의 기능을 모두 다 가지고 있지만, 構文論的으로 차이가 보인다.

첫 번째로, 「～しないで」「～せずに」는 명령문・권유 / 의뢰문・意志文・希求文에 쓰일 수 있으나 「～しなくて」는 이런 것에 쓰일 수 없다 것이며, 두 번째로는 「～しなくて」와 「～しないで」는, 선행구절과 후속구절의 주어가 다른, 並合文에서 쓰이지만, 「～せずに」는 기본적으로 並合文에는 사용되지 않는다는 것이다. 세 번째는 「～しないで」뒤에는, 보조용언의 종류에 상관없이 모든 보조용언이 자유롭게 붙을 수 있는 것에 반해, 「～せずに」뒤에는 상대방에 대하여 작용하는 성질을 지닌 보조용언(下さい・ちょうだい)이라든지, 話者의 希求(願望)을 나타내는 보조용언(ほしい)이라든지 授受표현의 보조용언(もらう・いただく・やる・くれる)등이 오지 못한다는 것이며, 마지막으로, 「～しないで」「～せずに」는 문장(文) 안에서 문장의 확대요소로 기능하는 것이 있어도, 「～しなくて」에는 결코 이렇게 기능하는 것이 없다는 것이다.

또 선행구절과 후속구절 사이에서 보여지는 관계적인 의미에서 살펴보면 다음과 같다.

첫 번째는 「～しなくて」「～しないで」「～せずに」라는 부정 중지형은 모두 그 관계적인 의미가 원인・이유를 나타내는 것이 있다는 것이다. 이것은 阿刀田稔子씨와 日高水穂씨가 「～せずに」에는 因果관계의 용법이 없다고 서술한 것과는 정 반대의 사실이며, 또 「～しなくて」「～しないで」「～せずに」라는 부정 중지형이 모두 원인・이유를 나타내고 있어도,

본문에서 언급한 것과 같이 각각 조금씩 차이를 보인다는 것이다. 두 번째로, 「~しなくて」「~しないで」「~せずに」의 관계적인 의미가 조건을 나타낼 때는 일반적으로 논해 어떤 특정한 문장(文) 구조 속에 이들 부정 중지형이 사용된다는 것이다. 마지막으로 동사의 부정 중지형의 관계적인 의미가 수단・방법을 나타내는 것은「~しないで」「~せずに」에는 있어도「~しなくて」는 없다는 것이며, 또「~しないで」「~せずに」가 수단・방법을 나타낼 때「그 이외의 수단・방법으로」라는 의미라는 것이다.

▌인용 및 참고문헌

阿刀田稔子「否定の接続法～ないで、～なくて、～ずに、について」(『日本語教育研究』11所収・1975・6)

奥田靖雄「意味と機能」(『教育国語』58所収・1979・9)

奥田靖雄「言語の体系性(上)」(『教育国語』63所収・1980・12)

奥田靖雄「言語の体系性(中)」(『教育国語』64所収・1981・3)

奥田靖雄「言語の体系性(下)」(『教育国語』65所収・1981・6)

奥田靖雄「言語の体系性(4)」(『教育国語』66所収・1981・9)

奥田靖雄「文のさまざま(1)文のこと」(『教育国語』80所収・1985・5)

北川千里「「なくて」と「ないで」」(日本語教育29・1976・4)

久野 暲「「書カナイデ」と「書カナクテ」」(『新日本文法研究』所収・大修館書店)

国立国語研究所『現代語の助詞・助動詞』－用法と実例－(秀英出版)

此島正年『国語助動詞の研究 体系と歴史』桜楓社

佐藤洋子「否定の言い方について」(『講座日本語教育』8所収・1972・7)

鈴木重幸『日本語文法・形態論』むぎ書房

鈴木英夫「「なく(て)」と「ないで」と「ず(に)」の用法の異同について」(名古屋大学紀要 A-20・1976・3)

高橋太郎『動詞の研究』むぎ書房

西尾 実 外『岩波国語辞典』第四版(岩波書店)

新川 忠「なかどめ」(『教育国語』99所収・1989・12)

仁田義雄「シテ形接続をめぐって」(仁田義雄編『複文の研究(上)』所収・くろしお出版)

日本大辞典刊行会『日本国語大辞典』(小学館)

林 巨樹「打消の助動詞 －ず(ざり・なふ)－」(松村 明編『古典語現代語助詞助動詞詳説』所収・学灯社)

日高水穂 「ナイデとナクテとズニ」(宮島達夫・仁田義雄編 『日本語類義表現の文法』(下)複文・連文編所収・くろしお出版)

松村 明「近代の文法 － 江戸語から東京語へ」『日本文法講座3 (文法史)』所収 明治書院

松村 明『日本文法大辞典』明治書院

宮地敦子「ない・ぬ・ず」(『口語文法講座3・ゆれている文法』所収・明治書院)

助動詞小辞典・口語編 －ない・ぬ－ (『月刊文法』所収・明治書院・昭和 44年6月)

제6장
日本語의 動詞活用에 관한 試案

1. 들어가며

現代 日本語에 있어서 動詞는, 크게 五段(活用)動詞・一段(活用)動詞・変格動詞의 3종류(그룹)로 나뉘어져 있다. 그런데 日本의 学校文法에서는 一段(活用)動詞를 上一段(活用)動詞와 下一段(活用)動詞로 또 나누고 있으며, 두 개 뿐인 変格動詞도 サ行変格動詞와 カ行変格動詞로 나누고 있다.

그러나 자세히 주의 깊게 살펴보면, 動詞를 분류하는데 있어 日本의 学校文法은 動詞를 語幹과 語尾로 나누는데 있어 모순점이 있으며, 日本語文法은 動詞를 3종류(그룹)로 나누는데 있어 그 적용하는 기준이 서로 다르다는 것을 알 수 있다. 다시 말해 現代 日本語에 있어 動詞를 活用하는 특징에 따라 3종류로 나누고 있지만, 이것은 같은 기준에 의해 動詞를 분류한 것이 아니라, 각각의 서로 다른 기준에 의해 분류되어 있다는 것이다. 그렇기 때문에 필자는 拙論을 통하여 지금까지의 견해에 대한 그 모순성과 불합리성을 지적하면서, 日本語의 動詞 분류에 대하여 필자 나름대로의 試案[1]을 밝히고자 한다.

---

1) 이것은 어디까지나 하나의 案으로 필자의 생각을 제안해 보는 것이다.

2. 지금까지의 견해

지금까지의 日本語 動詞에 관한 견해로서는 日本의 전통적인 学校文法과, 1970년대 이후 나타난 日本語 文法 (日本語를 母国語로서의 日本語가 아니라 世界의 수많은 言語 중에는 日本語라는 言語가 있다는 立場)이 있는데, 이 들의 견해를 살펴보면 다음과 같다.

2.1. 学校文法의 경우

日本語에 있어 모든 動詞는 語幹(活用하지 않는 부분)과 語尾(活用하는 부분)로 나눌 수 있는데, 日本語 動詞 분류에 대하여 日本의 学校文法의 견해를 여기에서 잠깐 살펴보면, 앞에서도 언급한 것과 같이, 현재 学校文法에서는「来る」라고 하는 カ行変格動詞와「する」라고 하는 サ行変格動詞, 이 두 개의 変格動詞(特殊変化動詞)를 제외하면, 動詞를 크게 五段(活用)動詞와 一段(活用)動詞로 나눈다. 그리고 또 一段(活用)動詞를 다시 上一段과 下一段으로 나눈다. (그런데 活用하는데 있어 上一段動詞와 下一段動詞는 그 차이점이 없기에, 여기에서는 日本語文法과 동일하게 그냥 한데 묶어 一段動詞라고 논하기로 한다.)

그런데 学校文法에서는「書く」와 같은 동사를 五段(活用)動詞라고 하며, 그 定義로는「五十音図の五つの段にわたって活用するもの」라고 하고 있으며, 이것을 다음과 같은 표로 설명하고 있다.[2)]

2)『簡明口語文法』 p.37

基本形	書く	おもな用法
語　幹	書	
未然形	一か、一こ	「ない」・「う」に連なる
連用形	一き、一い	「ます」・「た」に連なる
終止形	一く	言い切る
連体形	一く	「とき」に連なる
仮定形	一け	「ば」に連なる
命令形	一け	命令的に言い切る

(動詞「書く」의 連用形의「書いた」라는 형태는「書きた(kakita)」의 [k]音이 사라져서(탈락되어) 생긴 형태이다. 이와 같은 発音의 현상을 音便이라고 한다.[3])

그리고「起きる」라는 動詞를 上一段動詞라고 예를 들면서, 그 정의로는「五十音図のイ段だけに活用するもの」라고 하고 있으며 다음과 같은 표로 설명하고 있으며,[4]

基本形	起きる	おもな用法
語　幹	起	
未然形	一き	「ない」・「よう」に連なる
連用形	一き	「ます」・「た」に連なる
終止形	一きる	言い切る
連体形	一きる	「とき」に連なる
仮定形	一きれ	「ば」に連なる
命令形	一きろ、一きよ	命令的に言い切る

3)『簡明口語文法』 p.38
4)『簡明口語文法』 p.38

또,「考える」라는 動詞를 下一段動詞라고 예를 들면서, 그 정의로는「五十音図のエ段だけに活用するもの」라고 하며 上一段動詞와 같은 곳에서 다음과 같은 표로 설명하고 있다.

基本形	考える	おもな用法
語　幹	考	
未然形	―え	「ない」·「よう」に連なる
連用形	―え	「ます」·「た」に連なる
終止形	―える	言い切る
連体形	―える	「とき」に連なる
仮定形	―えれ	「ば」に連なる
命令形	―えろ、―えよ	命令的に言い切る

그러나 위의 표를 보면, 上一段(活用)動詞「起きる」에 있어서「起きる」라는 동사는 어떠한 형태를 취해도(형태가 어떻게 바뀌더라도)「き」라고 하는 곳까지 변화하지 않으며, 下一段(活用)動詞「考える」에 있어서「考える」라는 동사도 어떠한 형태를 취해도(형태가 어떻게 바뀌더라도)「え」라고 하는 곳까지 변화하지 않는다는 것을 알 수 있다. 다시 말해「起きる」라는 동사는 어떠한 형태를 취해도(형태가 아무리 바뀌어도)「起き」까지 변화하지 않으며,「考える」라는 동사도 어떠한 형태를 취해도(형태가 아무리 바뀌어도)「考え」까지 변화하지 않기 때문에, 動詞의 語幹이 活用하지 않는 부분을 가리킨다면, 마땅히「起きる」라는 動詞의 語幹으로는「起き」가 되어야 하며,「考える」라는 動詞의 語幹으로는「考え」가 되어야 한다. 그러나 실지로는 위의 표에서 보여지듯「起」와「考」만이 동사의 語幹으로 되어 있으며, 또「―き」「―きる」「―きれ」「―きろ」와「―え」「―える」「―えれ」「―えろ」에서 알 수 있듯이「き」와「え」는 語尾로 취급하고 있

다는 것이다. 그리고 여기에 대해서는 다음과 같이 설명하고 있다.

> 「起きる」の活用を見ると「起き」の部分が変わらない。それで、ここまで語幹としてもよさそうに思われる。しかし、そうすると、未然形や連用形には語尾がなくなるというふつごうが起こってくる。それゆえ「起」だけを語幹として取りあつかう。[5)]

다시 말해, 「起きる」「考える」라는 動詞의 語幹으로 「起き」「考え」가 되어야 하지만, 「起き」「考え」를 語幹으로 하게 되면 学校文法에서 말하는 未然形이나 連用形에서 어미가 없어지기에 「起」만을 「起きる」라는 動詞의 語幹으로, 「考」만을 「考える」라는 動詞의 語幹으로 한다는 것이다. 이렇기 때문에 이와 같은 論理로 나가기 위해서는 「いる」「似る」「着る」「見る」「得る」「出る」「寝る」「経る」 등과 같은 動詞는 語幹과 語尾를 区別할 수 없는 動詞(語幹과 語尾가 같은 動詞), 또는 語幹이 없는 動詞라고 밖에 할 수 없는 것이다. 실지로 「来る」라는 変格動詞에 대해 다음과 같이 서술하고 있으며,

> 「来る」という動詞には、語幹がないように思われる。(～中略～)ただし、かな文字ではこれを書き分けることができないので、この動詞には「語幹と語尾の区別がない」、または「語幹イコール語尾である」と考えることにする。[6)]

또, 다음의 「来る」라는 動詞의 活用表를 보아도 알 수 있듯이 「来る」라는 동사의 語幹은 「○(공백)」로 되어 있다.

---

5) 『簡明口語文法』 p.36
6) 『簡明口語文法』 p.36

基本形	来る	おもな用法
語　幹	○	
未然形	こ	「ない」・「よう」に連なる
連用形	き	「ます」・「た」に連なる
終止形	くる	言い切る
連体形	くる	「とき」に連なる
仮定形	くれ	「ば」に連なる
命令形	こい	命令的に言い切る

또, 「する」라는 変格動詞를 살펴보아도 활용표에서 語幹이 「○」로 되어 있는 것을 알 수 있다.

基本形	する	おもな用法
語　幹	○	
未然形	せ・さ・し	「ない」・「よう」に連なる
連用形	し	「ます」・「た」に連なる
終止形	する	言い切る
連体形	する	「とき」 に連なる
仮定形	すれ	「ば」に連なる
命令形	せよ・しろ	命令的に言い切る

2.2. 日本語文法의 경우

学校文法에서 이와 같은 모순성・불합리성이 나타나기에 현재의 日本語文法에서는 일반적으로 五段(活用)動詞를 子音語幹・母音語尾로 語

幹과 語尾를 나누고 있는데, 여기에 대해서는 다음과 같이 논하고 있다.

これは、語幹(基本語幹)が原則として子音でおわり、語尾が母音ではじまるタイプである。このタイプに属する動詞として、語幹尾に子音のないものが少数ある。(ka-u, su-u, omo-u など)[7]

書く：	**<基本語幹>**	kak
	すぎさらず	kak - u
	さそいかけ	kak - ô
	命　　令	kak - e
	第一なかどめ	kak - i
	条 件(5)	kak - eba
	<音便語幹>	kai
	すぎさり	kai - ta
	第二なかどめ	kai - te
	ならべたて	kai - tari
	条件(3)	kai - tara
	<基本語幹>	kak
	うちけし	kak - ana - i
	うけみ	kak - are - ru
	つかいだて	kak - ase - ru
	ていねい	kak - i - mas -u
	ていねいな命令	kak - i - nasai
	うちけしの命令	kak - u - na
	できるたちば	kak - e - ru

7)『日本語文法・形態論』p.265～267

다시 말해 위를 보아 알 수 있듯이, 五段(活用)動詞인「書く」라는 동사의 語幹으로 学校文法에서는「書(ka)」로 한 것에 반해, 日本語文法에서는「書く」라는 동사의 語幹으로「kak」로 하였으며, 語尾를 ア[a]・イ[i]・ウ[u]・エ[e]・オ[o] 라는 母音으로 하였기에, 語尾가 다섯 개의 段 즉, 五段에 걸쳐 活用(母音交替)하는 動詞를 五段(活用)動詞라고 한 것이다. (鈴木重幸씨는『日本語文法・形態論』에서 五段(活用)動詞를 第一変化의 動詞라고 부르고 있으며, 一段(活用)動詞를 第二変化의 動詞라고 부르고 있음.) 이에 반해 一段(活用)動詞에 대해서는

> 語幹が母音[-i]または[-e]で終わり、語尾が子音または半母音[-y]ではじまるタイプである。

라고 설명하고 있다. 즉, 日本語文法에서는 五段活用動詞는 語幹이 子音으로 끝나며, 一段活用動詞는 다음에서 보여지 듯 語幹이 母音으로 끝난다는 것이다.

起きる :	**<基本語幹>**	oki
	すぎさらず	oki - ru
	さそいかけ	oki - y ô
	命　　令	oki - ro
	第一なかどめ	oki - Ø [Øはゼロ語尾をしめす]
	条 件(5)	oki - reba
	すぎさり	oki - ta
	第二なかどめ	oki - te
	ならべたて	oki - tari
	条件(3)	oki -tara
	うちけし	oki - na - i

	うけみ	oki - rare - ru
	つかいだて	oki - sase - ru
	ていねい	oki - mas -u
	ていねいな命令	oki - nasai
	うちけしの命令	oki - ru - na
	できるたちば	oki - rare - ru
なげる :	**<基本語幹>**	nage
	すぎさらず	nage - ru
	さそいかけ	nage - yô
	命　令	nage - ro
	第一なかどめ	nage - Ø
	条 件(5)	nage - reba
	すぎさり	nage - ta
	第二なかどめ	nage - te
	ならべたて	nage - tari
	条件(3)	nage - tara
	うちけし	nage - na - i
	うけみ	nage - rare - ru
	つかいだて	nage - sase - ru
	ていねい	nage - mas -u
	ていねいな命令	nage - nasai
	うちけしの命令	nage - ru - na
	できるたちば	nage - rare - ru

이렇게 日本語文法에서 설명하고 있는 것은, 動詞의 語幹은 動詞에 있어 活用하지 않는 부분이며, 語尾란 活用하는 부분이라는 정의에 입각한 것으로, 日本語文法의 설명이 学校文法의 설명보다 논리적으로도 타당하

며 합리적으로 느껴진다. 그런데 여기에서도 日本語文法에 있어서 動詞를 분류하는 그 기준에 대하여 살펴보면, 즉 五段(活用)動詞와 一段(活用)動詞를 나누는 그 기준이라는 것이 서로 다르다는 것을 알 수 있다. 즉, 五段(活用)動詞라고 하는 것은 動詞의 語尾가 [a] [i] [u] [e] [o] 라는 다섯 개의 段에 걸쳐 활용(母音交替)하는 것이며, 一段(活用)動詞라고 하는 것은 동사의 語幹이 [i](上一段의 경우) 또는 [e](下一段의 경우)라는 母音으로 되어 있다는 것이다. 이것은 같은 기준을 가지고 動詞를 분류한 것이 아니라, 각각 서로 다른 기준에 의해(五段(活用)動詞는 語尾의 특징에 따랐으며, 一段(活用)動詞는 語幹의 특징을 따랐음.) 동사를 나누고 있다는 것이다. 이것은 마치 사람을 남자와 여자라는 두 개의 그룹으로 나눌 때, 「A는 바지를 입고 있기 때문에 남자이며, B는 머리카락이 길기 때문에 여자」라고 하는 식과 비슷하지 않는가? 이와 마찬가지로 하나의 사물을 두 종류로 나눌 때, 서로 다른 기준을 가지고 둘로 나눌 수 있는 것일까? 설령 이렇게 나눌 수 있을런지는 몰라도 여기에는 논리적으로 모순된 점이 얼마나 많은가?

만약에 「起きる」「なげる」라는 一段(活用)動詞를 五段(活用)動詞와 같은 기준을 가지고 활용시켜 본다면, 이것들은 다음에서 보여지 듯이 語尾가 「る[ru]・れ[re]・ろ[ro]」라고 하는 [u] [e] [o] 三段에 걸쳐 활용하기 때문에 「起きる」「なげる」와 같은 動詞들은, 三段(活用)動詞라고 해야만 된다.

起きる : oki -

ru

re

ro (okiyo)

なげる : nage -
ru
re
ro (nageyo)

3. 日本語의 動詞活用에 관한 試案

이와 같은 모순점이 있기에 필자는 여기에서 필자 나름대로의 試案을 제시하고자 한다. 一段(活用)動詞도 五段(活用)動詞도 모두 子音語幹으로 하자고. 구체적으로 설명해 보면 「書く」와 같은 五段(活用)動詞는 지금까지의 日本語文法과 같이 「kak」까지를 語幹으로 하고, 「起きる」「なげる」와 같은 一段(活用)動詞도 五段(活用)動詞와 같이 「ok」「nag」까지를 語幹으로 하자는 것이다.

kak - a nai
i masu
u
u
e ba
e
ô

「起きる」「なげる」와 같은 動詞는 日本語文法에서 語幹으로 넣었던 母音[i]와 [e]를, 다음에서 보여지 듯 語尾로 넣어 취급한다는 것이다.

(「起きる」의 경우)

ok - i nai
i masu
i ru
i ru
i reba
i ro
i yô

(「なげる」의 경우)

nag - e nai
e masu
e ru
e ru
e reba
e ro
e yô

이렇게 하면 「書く」와 같은 五段(活用)動詞는 語尾가 あ[a]・い[i]・う[u]・え[e]・お[o]라는 다섯 段에 걸쳐 活用하기에 五段活用이 되며, 「起きる」「なげる」와 같은 一段(活用)動詞는 語尾가 い[i] 또는 え[e]段이라는 하나의 段에서 밖에 活用하지 않기에 一段活用이 되는 것이다.

4. 마치며

지금까지 언급한 것을 여기서 간단히 요약해 보면 다음과 같다. 일본의 학교문법에서는 동사를 활용하는 부분(어미)과 활용하지 않는 부분(어간)의 특징에 따라 3종류로 나누고 있는데, 이렇게 동사를 나누는데 있어 모순점이 있다는 것이다. 즉, 동사에 있어 활용하지 않는 부분을 어간이라고 하면서 「起きる」「考える」라는 동사에 있어 「き」와 「え」라는 부분은 어떠한 형태를 취해도(형태가 어떻게 바뀌더라도) 변화하지 않는데도 어미로 취급한다는 것이다. 다시 말해 학교문법은 스스로가 내린 정의에 모순되는 설명을 하고 있다는 것이다.

게다가 「いる」「似る」「着る」「見る」와 같은 2음절 一段動詞는 語幹과 語尾를 区別할 수 없는 動詞(語幹과 語尾가 같은 動詞)라는 희한한 설명까지 하고 있다.

学校文法에서 이와 같은 모순성・불합리성을 해소하기 위해 현재의 日本語文法에서는 五段(活用)動詞를 子音語幹・母音語尾로 語幹과 語尾를 나누어, 五段(活用)動詞는 語幹이 子音으로 끝나는 動詞, 一段活用動詞는 語幹이 母音으로 끝난다는 동사로 규정하고 있다. 그러나 여기에서도, 五段(活用)動詞라고 하는 것은 動詞의 語尾가 [a] [i] [u] [e] [o] 라는 다섯 개의 段에 걸쳐 활용(母音交替)하는 것이며, 一段(活用)動詞라는 것은 동사의 語幹이 [i](上一段의 경우) 또는 [e](下一段의 경우)라는 母音으로 되어 있다는 모순점(五段(活用)動詞와 一段(活用)動詞를 나누는 그 기준이라는 것이 서로 다르다는 것)이 있다는 것이다. 이러한 모순점을 해소하기 위해 본문의 「日本語의 動詞活用에 관한 試案」이란 곳에서 필자 나름대로의 案을 제시해 보았지만, 필자의 이러한 試案에도 아무런 문제점이 없다는 것은 아니다. 왜냐하면 一段(活用)動詞에 있어서 [i] 또는 [e]

가 변화하지 않기 때문에, 종래와 같이 [i]와 [e]를 語幹으로 취급해야 되지 않느냐? 라고 질문해 오면 어떻게 해야 될지 잘 모르겠지만, 그래도 필자의 試案이 지금까지의 日本語文法에 있어서 각각의 서로 다른 기준을 가지고 動詞를 五段(活用)動詞와 一段(活用)動詞로 나누는 것보다는, 어찌 되었던 간에 同一한 기준에 의해 動詞를 분류했다는 점에서 지금까지의 방법보다는 적어도 조금은 낫지 않을까? 라고 생각해 본다.

▌인용 및 참고문헌

鈴木重幸 1972『日本語文法・形態論』むぎ書房
時枝誠記 1978『日本文法 口語篇 改版』岩波全書
西尾 実 他 1986『岩波国語辞典 第四版』岩波書店
村木新次郎 1991『日本語動詞の諸相』ひつじ書房
日栄社編集所編 昭和42年『簡明口語文法』日栄社

第7장
日本語의 可能表現의 比較研究
–「見える」「見られる」「見ることができる」를 중심으로 –

1. 들어가며

현재의 일본어의 동사에 있어서 가능의 의미를 나타내는 표현에는 다음의 예문에서 보여지 듯, 가능동사[1] (「行ける・見られる」)를 사용하는 것과「~することができる」라는 가능표현을 사용하는 방법, 그리고「~し得る」라는 단어를 사용하는 것 등, 여러 가지 형태가 있으며

・明日は行けると思います。
・混雑していてよく見られなかった。
・落着いて考えることができる。
・一人の犯行だとも考え得る。

이외에도 가능의 의미를 나타내는 자동사가 있는데, 동사「見える」「聞こえる」가 여기에 포함된다.[2]

・ここなら花火がよく見える。

---

1) 가능동사라고 하면「読める」「行ける」등을 가리키어,「見られる」「起きられる」등과 같은 것은 가능동사에 포함시키지 않은 견해도 있지만, 여기에서는 양 쪽 다 포함시키는 포괄적인 의미로 가능동사라는 용어를 썼음.
2)『日本語教育事典』大修館書店 (p.199～200), 鈴木重幸『日本語文法・形態論』(p.291)

・太郎 (に)は富士山が見える。

・太郎 (に)はたいこの音がきこえる。

그런데, 이와 같이 이 모든 것들이 가능의 의미를 나타내고 있지만, 아래에서 보여지 듯 가능의 의미를 표현하는 모든 경우에 모두 같이 사용되는 것은 아니며, 가령 같이 사용된다 하더라도 같은 의미를 나타내는 것은 아님을 알 수 있다.

・猫は夜でもものが {◯見える/×見られる} 。
・電車に間に合えば、 9時のドラマが {×見える / ◯見られる} 。
・東京タワーに登れば、富士山が {◯見える / ◯見られる}。
・モナリザはルーブル美術館へ行けば、{◯見られる (見ることができる) / ×見える}

그렇다면 이들의 차이는 무엇인지「見える」「見られる」「見ることができる」를 중심으로 작품 속에 실제로 쓰여진 예문(용례)을 통하여 그 특징(의미・용법)의 차이를 좀 더 명확하게 밝히고자 하는데, 여기에「~し得る,~しかねる」등은 이번 연구대상에서 제외하기로 한다.

2. 선행연구

이와 관련된 지금까지의 대표적인 선행연구를 간단하게 요약하여 살펴보면 다음과 같다.

2.1. 久野 暲「「レル・ラレル」と「デキル」」(『新日本文法研究』

所収・1983)

a. コノ酒ハドウモ飲メナイ。

b. *コノ酒ハドウモ飲ムコトガデキナイ。

의 예를 들면서, 동사의 가능형「レル・ラレル」는 주어의 내적능력을 나타내며,「デキル」는 외적조건에 유래하는 능력을 나타낸다.

2.2. 奥田靖雄「現実・可能・必然(上)」(『ことばの科学1』所収・1986)

「することができる」라는 가능표현의 문장을 능력가능과 조건가능으로 크게 두 가지로 나누었으며,「することができる」라는 가능표현이「することができない」라는 부정이 될 때는 [불가능]의 의미를,「することができた」라는 과거형으로 될 때는 [목적・의도하는 동작 상태의 실현]의 의미를,「することができなかった」라는 과거부정이 될 때는 [비실현]의 의미를 나타낸다. 또, 일본어에는 가능동사와「することができる」라는 가능표현의 두 형태가 가능을 나타내고 있지만, 의미적으로는 거의 같다고 하면서 차이가 있다면 가능동사는 회화에서,「することができる」라는 가능표현은 과학논문・평론・논설에서 많이 사용되어진다.

2.3. 森田良行「「富士山が見える」か「富士山が見られる」か」(『日本語の類意表現』所収・1988)

「見える」는 自発的인 것에 반해,「見られる」는 作為的이다.

2.4. 李金蓮「「見える」「見られる」「見ることができる」について」(『世界の日本語教育』所収・1994[第4号])

가능을 능력가능과 상황가능의 두 가지로 나누었으며,「見られる」「見ることができる」는 동작이 의지적인 것에 반해「見える」는 무의지적이며,「見られる」와「見ることができる」는 거의 같지만, 서로 바꾸어 쓰지 못할 때도 있으며, 바꾸어 쓴다 할지라도 의미(뉘앙스)의 변화가 일어난다.

2.5. 山内博之・清水孝司「「～が見える」「～が見られる」」(『日本文化学報』제10집所収・한국일본문화학회)

동사「見える」와「見られる」를 비교 분석함에 있어 항목으로서는 상황가능과 능력가능의 두 가지로 나누었지만, 논을 전개해 나가면서 심정가능에 대해서도 언급하였는데, 심정가능이란「観賞する」와 같은 의미를 可能文이 지닐 때 나타나며,「見られる」에서만 보이며「見える」에서는 나타나지 않는다.

3. 可能의 意味를 나타내는「見える」의 의미용법

3.1. 能力可能의 경우

能力可能이란, 다음 예문에서도 보여지 듯「ある動作・状態を実現する能力がものに備わっている」(奥田1986)라고 하는 의미를 갖는 경우를 말하는데, 多義語「見える」의 가장 기본적인 의미로서 쓰일 때의 문장의 형태가「山が見える」에서 보여지 듯, 문장의 구조를「Yが見える」(Y : 대상어)라고 한다면,「見える」가 能力可能의 의미를 나타낼 때의 일반적인 문장의 형태는「X(に)は Yが 見える」(X : 인지하는 감각의 주체)라는 문장의 구조로 일반화할 수 있다. 바꾸어 이야기하면「X(に)は Yが 見える」(X : 인지하는 감각의 주체일 경우)라는 문장 구조 속에「見える」라는 동사가 쓰일 때,「見える」는 능력가능으로서의 의미를 나타낸다는 것이다.[3] 이것은 寺村秀夫氏가 논하고 있는 가능태 (「彼ハ中国語ガ話セル」「ワタシニハ, ドウシテモソノコトガ信ジラレナイ」)의 기본적인 형태와 같은 문장 구조임을 알 수 있으며,[4] 森田良行氏는 여기에 대해 다음과 같이 말하고 있다.[5]

「…… は…… が見える」という文型は、話し手の判断を示す文型ゆえ、どうしても理屈っぽくなってしまう。さらに、見える主体を「私は」「私には」と示すと、見えるという状態がその主体に備わった特権的なものという判断に変わってしまう。これはその主体に備わった一種の能力と見てさしつかえない。「私には星が見える」は「私には星を見る能力がある」つまり、「私には星を見ることができる」能力所有の表現となってしまう。能力所有も可能の一種である。(以下省略)

[예1] 「兄は自分の死体を見て笑うでしょうか」
「笑う。きっと笑う。犬死にだと言って笑うぞ」
「中隊長殿、兄は自分の死に顔を見てほんとうに笑うでしょうか」
善次郎は同じことを繰り返した。神田大尉**には**、その長谷部善次郎

---

3) 全成龍「多義語동사「見える」의 意味의 존재양식에 대하여」
4) 寺村秀夫『日本語のシンタクスと意味 I』(くろしお出版 p.255)
5) 森田良行 「「富士山が見える」 か 「富士山が見られる」か」(『日本語類意表現』 創拓社 p.96)

の表情**が**見えるようだった。(八甲田山死の彷徨)

[예2] 倉田大尉と神田大尉が地図に見入っていたときである。

「救助隊が来たぞ」

と叫んだ者があった。隊員はその兵の指す方向を見た。

多くの隊員達の眼**には、**山の斜面を二列側面縦隊になって近づいて来る一隊**が**見えた。(八甲田山死の彷徨)

[예3] 女は、その暗がりのなかで、暗がりよりももっと暗かった。女につきそわれて、寝床のほうに足をはこびながらも、なぜか彼**には**女**が**まるで見えないのだ。(砂の女)

3.2. 状況可能의 경우

그런데, 「X(に)は Yが 見える」와 같은 문장 구조에서 X에 인지하는 감각의 주체가 오는 것이 아니라, X에 시간이나 장면을 나타내는 상황어가 와서, 그와 같은 상태를 일으키는 장면이나 환경에 시점을 두어 이야기하면, 森田氏가 이야기하고 있는 것처럼 「**夜は**星が見える」가 되어, 주어의 능력과는 상관없이, 어떤 주어진 상황 아래서만 "사물이 자연적으로 눈에 들어오는 자발적인 현상"이 가능한 것(혹은, 불가능한 것)을 나타내는 것이 된다. 여기에 대해 森田氏는 다음과 같이 설명하고 있다.[6)]

「夜は星が見える」とか「彼の別荘は海が見える」のように「見える」を成り立たせる状況を設定すると、そこに場面限定という話し手の判断が入り込むため、「見える!」という認識発見の喜びや驚きの躍動感が失われてしまう。(～中略～) もちろん可能表現は一般にもっと広い意味をもっており、「見える」や「聞こえる」なら、そのような能力の所有 (内的条件)だけでな

---

6) 森田良行「「富士山が見える」か「富士山が見られる」か」(『日本語類意表現』創拓社 p.96)

く、「夜は星が見える/見られる」のような、その状態成立に必要な外的条件として考えられる制約(この場合は “夜にかぎって”という時間的制約)も可能的判断を生み出す。

그러나 작품 속에서 森田氏가 이야기하고 있는「夜は星が見える」「彼の別荘は海が見える」와 같은 예문은 아직 발견하지 못하였으며, 작품 속에서는 다음 예문에서 보여지 듯, 일반적으로 문장 속에 때(시간)을 나타내는 상황어나 자연현상을 나타내는 상황어가 원인・이유로 작용하여 “사물이 자연적으로 눈에 들어오는 자발적인 현상”이 가능한 것(혹은, 불가능한 것)을 나타내는 것과

[예4] **暗夜で**なにも<u>見えなかった</u>。(八甲田山死の彷徨)

[예5] 進藤特務曹長はブナの方に小型提灯を向けたがブナは**吹雪にかくれて**<u>見えなかった</u>。(八甲田山死の彷徨)

[예6] 洞穴の中は**暗くて**、最初のあいだは何も<u>見えませんでした</u>が、やがて目がなれて見えてきました。(ビルマの竪琴)

다음 예에서 보여지 듯「Xから(は) Yが 見える」(X : 장소명사)와 같이「から」격으로서, 그 장소에 한해 “사물이 자연적으로 눈에 들어오는 자발적인 현상”이 가능한 것(혹은, 불가능한 것)을 나타내는 것이 있다.

[예7] 徳島大尉は地図を開いて、それに小型提灯の灯を当てて、田辺中尉と高畑少尉に言った。
「地形的に桜ノ木森付近**からは**青森湾**が**<u>見える</u>。従って海岸線を走る汽車の灯が見えるわけだ」(八甲田山死の彷徨)

[예8] 療養所**はここからは**<u>見えぬ</u>。(聞かなかった場所)

3.3. 条件可能의 경우

条件可能이란, 「条件が備わっていれば、 あるいは条件が備わっている(備わっていない)ために、ある動作・状態の実現が可能(不可能)である」라는 의미를 나타내는데, 다음 예문에서 보여지 듯, 「見える」앞에 「~と、~ば」 등에 의해 나타내어지는 조건구(절)를 수반하는 것이 일반적이다.

[예9] **笑うと**歯ぐき**が**<u>見える</u>。(とかげ)
[예10] 「その角を**まがると、**小学校が<u>見えます</u>。~」(国語二上)
[예11] 「民さん、ここまで**来れば、**清水はあすこに<u>見えます</u>。~」(野菊の墓)

4. 「見られる」의 의미용법

4.1. 能力可能의 경우

李金蓮과 森田良行가 「見られる」에는 능력가능이 없다고 한 것과는 달리 山内博之・清水孝司의 논문에서는 「見られる」가 예문 「彼は、人の手相が見られる。」에서와 같이 「理解・判断・観賞」이란 의미가 포함되었을 경우에는 能力可能으로 사용되어진다고 하고 있지만, 이에 해당하는 예문을 현재로서는 찾지 못하였으며, 선행연구에서도 山内博之・清水孝司의 논문 이외에는 「見られる」의 能力可能에 대해서는 다루고 있지 않기 때문에 能力可能을 증명하기 위해서는 더 많은 양의 용례가 필요할 듯 하여 금후의 과제로 남기기로 한다.

4.2. 状況可能의 경우

「見える」의 상황가능과 마찬가지로 「見られる」의 경우도, 주어의 능력과는 상관없이, 어떤 상황(장소) 아래서만 시각으로서의 확인이 가능한 것(혹은, 불가능한 것)을 나타내는데, 이 때 다음 예문에서 보여지 듯 일반적으로 「見える」의 상황가능과 같은 문장구조임을 알 수 있다. 그러나 이들의 차이는 「見える」는 특정한 상황아래에서 사물이 자발적으로 눈에 들어오는 것에 반해, 「見られる」는 話者의 의지가 있다는 점이다.

[예12] ぼくがこの街を最初に訪れたのは、一九六八年の夏が過ぎようとしているごろでした。その夏、プラハは急速に冷え込んで行きつつありました。街のあちこち**に**戦車や、自動小銃を持ったソ連兵の姿**が**見られました。(忘れえぬ女性たち)

[예13] ホテルのバー**には**、映画で見憶えのある俳優や、名前だけは知っている有名人の姿など**が**見られます。カウンターの椅子に腰をおろしてジントニックを飲んでいると、黒い服を着た中国人ふうの女性が横にきて、笑顔でうなずきました。(忘れえぬ女性たち)

[예14] 実は、地球上には、もう一つ、別の形をした水があるのです。それはほかでもない、氷の世界です。つまり氷河のことです。ヨーロッパのアルプスやヒマラヤのような高い山の上とか、北極や南極にちかい所**には**、現在も氷河**が**見られます。特に南極大陸は、そのほとんどすべてが厚い氷に覆われています。(国語六上)

4.3. 条件可能의 경우

「見られる」의 경우도, 「見える」와 같이 「～と、～ば」 등에 의해 나타

내어지는 조건구(절)를 수반할 때 조건가능이 된다.

[예15] 階段を**降りて行くと**、～中略～、黒人や、イタリア人たちの姿も見られます。(忘れえぬ女性たち)

[예16] モナリザはルーブル美術館へ**行けば**見られる。
(『教師用日本語教育ハンドブック ④文法Ⅱ』의 예문)

[예17] 東京タワーに**登れば**、富士山が見られる。
(『初級を教える人のための日本語文法ハンドブック』의 예문)

4.4. 心情可能의 경우

能力可能・状況可能・条件可能의 어디에도 속하지 않는 것을 본고에서는 心情可能이라고 하는데, 이 심정가능에 대해 山内博之・清水孝司 씨는 心情可能이란「見られる」에서만 사용되어지는 것으로,「観賞する」라는 의미를 갖게 된다고 논하고 있지만,[7] 다음의 예문에서 보여지 듯, 이 경우 반드시「観賞する」의 의미만을 나타내지는 않는 것 같다.

[예18]「六年生のほこりを持とう ― 歩き方にも」は、最高学年としての自覚を呼びかけ、歩き方一つにも責任を持とうという姿勢が見られます。(国語六上)

[예19] ブルガリアの女性は、もともと農産国家ですから、イタリアのように底ぬけに明るい、ラテン的な気質はもちろん持ち合わせていません。しかも、たくさんの民族の血が混じりあっていて、そのなかで、東ヨーロッパの中で唯一の親ソ的な国として、質素ながら近代化を進めてきた国ですから、決して派手でなく、また、服装や化粧の面でも、流行の先端を行くような、そういう傾向もほとんど見られないわけで

---

7)『日本文化学報』 제10권, p.113, 山内博之・清水孝司 (2001, 2)

す。(忘れえぬ女性たち)

5.「見ることができる」의 의미용법

5.1. 能力可能의 경우

李金蓮씨는「見ることができる」에 있어서의 능력가능은 나타낼 수 없다고 하고 있으며, 久野 暲씨는「することができる」는 외적 조건에 유래하는 능력을 나타낸다고 주장하고 있지만, 외적조건이 아닌 내적 능력으로서의 가능의 예문을 비록 성서 속이지만 찾을 수 있었다.

[예20] 「あなたたちは、夕方には『夕焼けだから、晴れだ』と言い、朝には『朝焼けで雲が低いから、今日は嵐だ』と言う。このように空模様を見分けることは知っているのに、時代のしるしは見ることができないのか。」(マタイによる福音書16 : 3)

5.2. 状況可能의 경우

「見られる」의 경우와 같이 주어의 능력과는 상관없이, 어떤 상황(예 23의 경우는 시대적으로) 아래서만 시각으로서의 확인이 가능한 것(혹은, 불가능한 것)을 나타낸다.

[예21] 弾がとんでくる中をあちらこちらと走り回っていたから、おそらくあの山の中で死んだものと思われる。自分たち負傷兵は洞窟の中に**収容されていて**、外の様子は見ることができなかったが、彼が弾に

当って仆(たお)れたのを見たという者もあった。(ビルマの竪琴)

[예22] 次に、プールに**しきりをつけて、**かた方にだけブザーのボタンをとりつけました。そして、二頭のイルカをべつべつにいれました。お互いに声は聞こえますが、すがたを見ることができません。(国語三上)

[예23] しかし、あなたがたの目は見ているから幸いだ。あなたがたの耳は聞いているから幸いだ。はっきり言っておく。多くの予言者や正しい人たちは、あなたがたが見ているのを見たかったが、見ることができず、あなたがたが聞いているものを聞きたかったが、聞けなかったのである。(マタイによる福音書13 : 17)

그런데 다음의 예문과 같이, 状況可能인지 条件可能인지 구분이 확실하지 않은 (두 경우가 공존한다고 생각해야 할) 것처럼 생각되는 것도 있다. 왜냐하면「見ることができなかった」의 원인을「背が低かった」에 두느냐?「群集に遮られて」에 두느냐? 에 따라 관점이 달라지기 때문이다. 즉,「見ることができなかった」의 이유를「背が低かった」로 보면 조건가능이 되며,「群集に遮られて」로 보면 상황가능이 되기 때문이다.

[예24] イエスはエリコに入り、町を通っておられた。そこにザアカイという人がいた。この人は徴税人の頭で、金持ちであった。イエスがどんな人か見ようとしたが、背が低かったので、群集に遮られて見ることができなかった。(ルカによる福音書19 : 3)

5.3. 条件可能의 경우

「見ることができる」의 경우도「見られる」와 같이,「～と、～ば」등에 의해 나타내어지는 조건구(절)를 수반할 때 조건가능이 된다.

[예25] イエスは答えて言われた。「はっきり言っておく。人は、**新たに生まれなければ**、神の国を<u>見ることができない</u>。」(ヨハネによる福音書3 : 3)

[예26] 年があけてもそれから**六ヶ月もしなければ**青いものを<u>見ることさえできません</u>。それまでの長い長い冬の間は、ただ白い雪と、嵐の叫び声と、わたくしを不安にする不可解な音ばかりで、さすがに堅固なわたくしの意志さえ、今はほとほと挫けそうに思われてくるのでした。(天の夕顔)

5.4. 心情可能의 경우

先行研究에서는 心情可能에 대해서는「見られる」만이 언급되어져 있지만, 다음 예문에서 보여지 듯이,「見ることができる」에서도「見られる」와 같이 心情可能이 나타난다는 것을 알 수 있으며, 이 때의「見ることのできる」는, 심정적으로「判断하다・把握하다」라는 의미를 지니는(나타내는) 것 같다.

[예27] 彼は、アジアの女性に対して、死ぬまで旺盛な好奇心を抱きつづけた人です。そして、彼の描く絵には、東洋についてのさまざまなイメージ、憧れや幻想を<u>見ることができます</u>。(忘れえぬ女性たち)

[예28] 事実、山の森をむやみに切り開いて道路を造ったりしたために、大規模な自然のはかいが進んでいる例は、わが国でも各地で<u>見ることができる</u>。(国語六上)

[예29] 今度は三度目で、ソフィアだけでなく、黒海の沿岸の、ヴァルナというリゾート地帯まで回ってきて、これまで知らなかったブルガリアのもうひとつの面を<u>見ることができました</u>。そのブルガリアと、フィンランドと、それからポルトガルと、それぞれに何か共通した

ものを感じるわけです。(忘れえぬ女性たち)

6. 마치며

능력가능의 경우, 「見える」는 주로 시각에 의한 파악일 경우에서 예문이 많이 보여지고, 「見られる」에서는 예문이 발견되지 않았으며, 「見ることができる」에서도 예문이 하나밖에 없어 일반론을 제시하기 어렵지만, 이 경우는 위의 예문에서 보여지 듯 心情可能의 「判断(把握)」이라는 의미와 유사함을 알 수 있다.

둘째, 状況可能의 경우를 살펴보면, 「見える」가 어떠한 상황 하에 놓여지기만 하면 저절로 대상이 눈에 들어오는 경우에 쓰여지고 있는 것에 비해, 「見られる」와 「見ることができる」는 보려고 하는 의지(노력)가 전제되는 것이 일반적이며, 또 대상을 직접 접하며 이야기하는 경우는 「見える」가 사용되며, 동작의 주체가 현장에 있고 없고와 관계없이 사용되어질 경우는 「見られる」「見ることができる」가 사용된다. 그러나 「見える」의 状況可能의 경우 「夜は星が見える」에서 보여지 듯이 동작의 주체가 현장에 있는 것과 관계없이 일반적인 사실을 이야기하는 경우에도 쓰이기 때문에 반드시 대상을 직접 접하며 이야기하는 경우에만 쓰여진다고는 할 수 없을 것 같다.

셋째로, 조건가능의 경우, 「見える」「見られる」「見ることができる」, 세 가지 모두 조건구(절)을 동반한다는 점에서는 공통된다고 할 수 있으나, 「見える」의 경우는 조건이 갖춰지기만 하면 보지 않으려고 해도 저절로 대상이 눈에 들어오는 것이고, 「見られる」「見ることができる」의 경우는 조건이 갖춰졌다고 해도 동작의 주체가 보려고 한다는 의지가 동반된다는 것이며, 「見られる」와 「見ることができる」는 그 意味・用法이 거의 비슷하지만「見られる」에서는 그 대상이 모두 구체적인 것인 반면,「見ることができる」에서는 例25에서의「神の国」와 같이 추상적인 대상도 오는 것을 알 수 있다.

마지막으로 심정가능의 경우,「見える」에서는 보이지 않으며,「見られる」「見ることができる」의 경우 모두 대상이 추상적인 것이라는 것과「判断・把握」이라는 의미라는 공통점이 있지만 현재로서 그 차이점은 찾지 못 하였다.

인용 및 참고문헌

庵功 雄 外(2000)『初級を教える人のための日本語文法ハンドブック』スリーエーネットワーク

市川 孝 外(1988)『三省堂 現代国語辞典』三省堂

奥田靖雄(1986)「現実・可能・必然(上)」言語学研究会編 (『ことばの科学1』むぎ書房)

神田寿美子(1964)「見れる・出れる — 可能表現の動き」時枝誠記 他編 (『国語文法講座3 ゆれている文法』明治書院)

久野 暲(1983)「「レル・ラレル」と「デキル」」(『新日本文法研究』大修館書店)

国際交流基金(1982)『教師用日本語教育ハンドブック ④ 文法Ⅱ』凡人社

鈴木重幸(1972)『日本語文法・形態論』むぎ書房

寺村秀夫(1982)『日本語のシンタクスと意味』第一巻 くろしお出版

西尾 実 外(1986)『岩波 国語辞典』第四版・岩波書店

日本語教育学会編『日本語教育事典』大修館書店

森田良行 (1988)「「富士山が見える」か「富士山が見られる」か」(『日本語の類意表現』創拓社)

山内博之・清水孝司 (2001)「「～が見える」「～が見られる」」(『日本文化学報』第10輯・한국일본문화학회)

李金蓮(1994)「「見える」「見られる」「見ることができる」について」(『世界の日本語教育』1994년4호・国際交流基金 日本語国際センター)

全成龍(2002)「多義語동사「見える」의 意味의 존재양식에 대하여」(『日本学報』제52집・한국일본학회)

제8장
多義語동사「見える」의 意味의 존재양식에 대하여

1. 들어가며

세계의 수많은 언어 중에, 한 단어가 여러 개의 의미를 지니고 있는, 소위 多義語라 불리우는 것이 없는 언어가 없으며, 대부분의 언어에 있어서 일반적으로 우리의 일상생활 속에서 사용 빈도수가 높은 기본적인 단어일수록 여러 개의 의미를 동시에 지니고 있고, 용법도 다양한 多義語가 많음을 알 수 있다. 예를 들면, 영어의「have」라던지「do」라는 단어가 그렇고, 우리나라 말의「먹다」「치다」라는 단어 또한 그렇다. 일본어의 경우도 마찬가지이다. 일본어에도 수많은 多義語가 존재하고 있다. 하지만 이런 多義語가 지니고 있는 여러 가지 의미는 우리들의 언어활동 속에서 그냥 아무렇게 나타나며, 쓰이는 것일까? 그렇다면 우리들의 일상생활 속에서 분명 어떠한 오해를 불러일으키거나, 의사소통의 장애를 일으킬 만도 한데, 그렇지 않는 것은 왜일까? 본인은 일본어의 수많은 多義語 중, 多義語 동사「見える」를 통하여, 多義語 동사「見える」가 지니고 있는 여러 가지 의미의, 각각의 존재 양식을 여기에서 밝히고자 한다.

먼저 논하기 전에 동사「見える」에는 어떠한 의미가 있는가를 살펴보면,『現代国語例解辞典』(小学館・第一版第十刷 p. 1173)에는 다음과 같이 쓰여져 있고

① 自然に目に入る。「海が見えてきた」

② ある状態が見てとれる。「反省の色も見えない」
③ 見ることができる。「ふくろうは夜でも目が見える」
④ 目で見て … と思われる。「とても小学生には見えない」
⑤ 文字に書かれる。「聖書に見える言葉」
⑥「人が来る」の尊敬語。「お客さんが見えました」

『岩波国語辞典』(岩波書店・第四版第4刷 p. 1066) 에는 다음과 같이 쓰여져 있다.

① (視界内にあるものの刺激で)目に感ぜられる。「山が―」
② 見ることができる。「ネコは夜でも物が―」
③ その状態がおのずとそう感じ取れる。
イ。《「 … に―」の形で》感ぜられる。「雲の形がヒツジに―」
ロ。《「 … と―」の形で》見受けられる。
「彼はほめられてもうれしくないと―」
④「来る」の敬語。おいでになる。

이렇듯, 일본어 동사「見える」는 多義語로서,「見える」안에『現代国語例解辞典』에는 6개의 의미가,『岩波国語辞典』에는 5개의 의미가 있다는 입장을 각각 취하고 있음을 알 수 있으며, 출판사에 따라 약간의 차이는 있지만, 두 사전 모두 서로 비슷한 것을 알 수 있다. 서로 다른 두 개의 사전에서 동사「見える」에 대한 견해가 서로 비슷하다면,「見える」에는 위의 5개 혹은 6개의 의미가 있다고 해도 거의 틀림이 없겠지만, 과연 이들의 의미는 어떤 때 주어지는 것일까? 이 경우에는 ①의 의미로, 저 경우에는 ②의 의미라는 식의, 그냥 아무렇게 의미를 띄는 것이 아니라, 多義語「見える」가 5~6개의 의미 중에서 특정한 어떤 의미를 나타낼 때에는 어떠한 조건이 있다고 생각해, 바꾸어 이야기하면 어떤 특정한 조건하에서 어떠한 특정의 의미를 나타낸다고 생각되어, 동사「見える」가 어떤 조건하에서 어떤 의미를 나타내는가를, 작품 속에 쓰인 실례를 통해 여기서 구체적으로 밝히고자 한다. 이러한 입장에서 보면『岩波』가『現代国語』보다 좀 더 구체적이라 할 수 있다.

2.「見える」의 의미

2.1. 기본적 의미

동사「見える」의 가장 기본적인 의미는,『現代国語』와『岩波』의 ①번 설명과 같이, 사물이 자연적으로 눈에 들어오는 자발적인 현상인데, 이것은 森田良行氏が 이야기하고 있는 것과 같이[1], 그런 상태를 일으키는 대상을 중심에 놓고 표현하면,「Yが 見える」(Y : 자발적현상을 일으키는 대상)가 된다. 바꾸어 이야기하면, 다른 아무런 조건이 없는「Yが 見える」라는 구조 속에서「見える」는, [사물이 자연적으로 눈에 들어오는 자발적인 상태] 라는 가장 기본적인 의미를 나타내게 되는데, 奥田靖雄氏는 그 존재가 문장(文) 속에서의 단어의 기능, 連語의 구조, 단어의 형태, 관용구에 얽메이지 않는 이런 語彙的 의미를 단어의 자유스런 의미(自由な意味)라 부르고 있다.[2]

[예1] 案内人が先に立って、十和田湖の方へ向って降りて行った。頂上付

1) 森田良行 「「富士山が見える」か 「富士山が見られる」か」 (『日本語類意表現』 創拓社 p.93～94)
2) 奥田靖雄「語彙的な意味のあり方」(『日本語研究の方法』むぎ書房 p.31)

近の雪は氷のように固くなっている上、風で磨きがかけられているから、下山に掛ると、滑った。

「**十和田湖が**見える」

と案内人が叫んだ。(八甲田山死の彷徨)

[예2] 「たちばな荘」はコンクリートの長い塀を持っていた。常緑樹の植込みが多い。間に梅の花が残っていた。日本家屋の二階屋根と、四階くらいの**洋館とが**見える。門は道から引っ込んでいた。(聞かなかった場所)

[예3] イエスはこの盲人の手をとって、村の外に連れ出し、その両方の目につばきをつけ、両手を彼に当てて、「何か見えるか」と尋ねられた。すると彼は顔を上げて言った。

「**人が**見えます。木のように見えます。～」

(マルコによる福音書8 : 23～24)

2.2. 가능을 나타낼 때

2.2.1. 능력 가능

그러나 위와 같은 상태를 인지하는 감각주체의 입장에 서면, 위의 예1과 같은 표현은 「**私(に)は**十和田湖**が**見える」가 된다. 이것은 「X(に)は Yが 見える」 (X : 인지하는 감각의 주체)라고 일반화할 수 있는데, 이것은 寺村秀夫氏가 논하고 있는 가능태 (「彼ハ中国語ガ話セル」「ワタシニハ, ドウシテモソノコトガ信ジラレナイ」)의 기본적인 형태와 같은 문장 구조임을 알 수 있다[3]. 바꾸어 이야기하면, 「X(に)は Yが 見える」라는 문장 구조 속에서, 「見える」는 위의 두 사전에서 말하는 가능의 의미를 나타낸다고 할 수 있다. 森田氏도 여기에 대해 다음과 같이 말하고 있다.[4]

---

3) 寺村秀夫『日本語のシンタクスと意味Ⅰ』(くろしお出版 p.255)

4) 森田良行 「「富士山が見える」か 「富士山が見られる」か」 (『日本語類意表現』創拓社 p.96)

「…… は …… が見える」という文型は、話し手の判断を示す文型ゆえ、どうしても理屈っぽくなってしまう。さらに、見える主体を 「私は」「私には」と示すと、見えるという状態がその主体に備わった特権的なものという判断に変わってしまう。これはその主体に備わった一種の能力と見てさしつかえない。「私には星が見える」は「私には星を見る能力がある」つまり、「私には星を見ることができる」能力所有の表現となってしまう。能力所有も可能の一種である。(以下省略)

[예4] 倉田大尉と神田大尉が地図に見入っていたときである。
「救助隊が来たぞ」
と叫んだ者があった。隊員はその兵の指す方向を見た。
多くの**隊員達の眼には**、山の斜面を二列側面縦隊になって近づいて来る一隊**が**見えた。(八甲田山死の彷徨)

[예5] 「兄は自分の死体を見て笑うでしょうか」
「笑う。きっと笑う。犬死にだと言って笑うぞ」
「中隊長殿、兄は自分の死に顔を見てほんとうに笑うでしょうか」
善次郎は同じことを繰り返した。**神田大尉には**、その長谷部善次郎の表情**が**見えるようだった。(八甲田山死の彷徨)

[예6] 女は、その暗がりのなかで、暗がりよりももっと暗かった。女につきそわれて、寝床のほうに足をはこびながらも、なぜか**彼には**女**が**まるで見えないのだ。(砂の女)

2.2.2. 상황 가능

그런데, 「X(に)は Yが 見える」와 같은 문장 구조에서 X에 인지하는 감각의 주체가 오는 것이 아니라, X에 시간이나 장면을 나타내는 상황어가 와서, 그와 같은 상태를 일으키는 장면이나 환경에 시점을 두어 이야기하면, 森田氏가 이야기하고 있는 것처럼 「**夜は**星が見える」가 되어, 주어

의 능력과는 상관없이, 어떤 주어진 상황 아래서만 "사물이 자연적으로 눈에 들어오는 자발적인 현상"이 가능한 것(혹은, 불가능한 것)을 나타내는 것이 된다. 여기에 대해 森田氏는 다음과 같이 설명하고 있다.[5)]

> 「夜は星が見える」とか「彼の別荘は海が見える」のように「見える」を成り立たせる状況を設定すると、そこに場面限定という話し手の判断が入り込むため、「見える!」という認識発見の喜びや驚きの躍動感が失われてしまう。(～中略～) もちろん可能表現は一般にもっと広い意味をもっており、「見える」や「聞こえる」なら、そのような能力の所有(内的条件)だけでなく、「夜は星が見える/見られる」のような、その状態成立に必要な外的条件として考えられる制約 (この場合は"夜にかぎって"という時間的制約)も可能的判断を生み出す。

그러나 작품 속에서 森田氏가 이야기하고 있는「夜は星が見える」「彼の別荘は海が見える」와 같은 예문은 아직 발견하지 못하였으며, 작품 속에서는 다음 예문에서 보여지 듯, 일반적으로 문장 속에 때(시간)를 나타내는 상황어나 자연현상을 나타내는 상황어가 원인 · 이유로 작용하여 "사물이 자연적으로 눈에 들어오는 자발적인 현상"이 가능한 것(혹은, 불가능한 것)을 나타내는 것과

[예7] **暗夜で**なにも<u>見えなかった</u>。提灯に映し出されるブナの木の一本や二本で、田代温泉へ行く道が分る筈がなかった。進藤特務曹長は地図を持っていて言っているのではなかった。(八甲田山死の彷徨)

[예8] 「よし、行け」
大尉の声を聞いて、江藤伍長は、前に出た。**暗くて**方向は<u>見えな</u>

---

5) 森田良行「「富士山が見える」か「富士山が見られる」か」(『日本語類意表現』創拓社 p.96)

かった。心だけが下山道を歩いていた。(八甲田山死の彷徨)

[예9] 進藤特務曹長はブナの方に小型提灯を向けたがブナは**吹雪にかくれて**見えなかった。(八甲田山死の彷徨)

다음 예에서 보여지 듯「Xから(は) Yが 見える」(X : 장소명사)와 같이「から」격으로서, 그 장소에 한해 "사물이 자연적으로 눈에 들어오는 자발적인 현상"이 가능한 것(혹은, 불가능한 것)을 나타내는 것이 있다.

[예10] 徳島大尉は地図を開いて、それに小型提灯の灯を当てて、田辺中尉と高畑少尉に言った。
「地形的に**桜ノ木森付近からは**青森湾**が**見える。従って海岸線を走る汽車の灯が見えるわけだ」(八甲田山死の彷徨)

[예11] 寺の門はもう閉まっていて、たたまれた露店の色とりどりのかげと、揺れる巨大な提灯の梵字**が**柵の**こちらがわから**見えた。(とかげ)

[예12] 療養所**はここからは**見えぬ。八ヶ岳の中腹が視野を塞いで黒い障壁で逼り、人家の灯がいくつも流れ落ちた稜線の裾に散らばっていた。道の一方は林で、一方が薮を隔てた畑であった。畑も斜面だ。(聞かなかった場所)

그러나, 위와 같은「Xから(は) Yが 見える」의 문장 구조 속에서, 다음과 같이 X가 장소가 아닌 사물(예 : 店の窓)을 나타내고 있는 경우도, 그 장소에 한해 "사물이 자연적으로 눈에 들어오는 자발적인 현상"이 가능한 것(혹은, 불가능한 것)을 나타낸다.

[예13] 「今度は、何の用事で?」
浅井は、近くの喫茶店に柳下を引っ張り出して訊いた。ちょうど昼の休み時間だった。**店の窓からは**公園を散歩する官庁の職員の男女

が見えた。(聞かなかった場所)

그런데, 다음 예14와 같이, 「～から」에 의해 이끌려 지는 것이 원인・이유를 나타낸다는 점에서는 위의 예 7・8・9과 비슷하여 상황가능처럼 여겨지나, 그 원인・이유가 자연현상이 아니라 사물(예 : 硝子戸) 이라는 점이 예 7・8・9와 달라, 이것도 상황가능의 예문인지 아니면 다음에서 설명하고 있는 조건가능의 예문인지, 현재 판단이 서지 않는 것도 있다.

[예14] その晩も蚊帳へ這入る前にふっと、洋灯(ランプ)を消した。雨戸は門野が立てに来たから、故障も云わずに、そのままにして置いた。**硝子戸だから、**戸越しにも空は見えた。(それから)

2.2.3. 조건 가능

다음 예문에서 보여지 듯, 「見える」앞에 「～と、～たら、～なら、～ば」 등에 의해 나타내어지는 조건절을 수반할 때, 「見える」는 그러한 조건하에서만 "사물이 자연적으로 눈에 들어오는 자발적인 현상"이 가능한 것(혹은, 불가능한 것)인 조건 가능이 되는데, 현재로서는 「～と」「～ば」에 의해 나타내어지는 조건밖에 찾을 수가 없었다.

[예15] **笑うと**歯ぐき**が**見える。頬ぼねのところにそばかすがあって、化粧も濃すぎる。でもそんなものじゃない。とかげが歩いているとそこにはそれだけで何かがあった。(とかげ)

[예16] 午前九時ごろになって、降雪がなくなり、急にあたりが**明るくなると**雲の一角が開いて青森湾**が**見えた。(八甲田山死の彷徨)

[예17] **峠に達すると**吹雪の合間に火**が**見えた。小国の村人たちが徳島小隊を迎える篝火(かがりび)であった。(八甲田山死の彷徨)

[예18] 「民さん、**ここまで来れば、**清水はあすこに<u>見えます</u>。これからぼくがひとりで行って来るから、ここに待っていなさい。ぼくが見えていたらいられるでしょう」(野菊の墓)

[예19] 「いやよ、気味が悪い」と、夫人はそっと襟を合わせたが、とっさにはなにやら呑みこめないらしく、「そんなこと初めて聞くけれど、着物の下で見えないでしょう」と、のんびり言った。
「見えないことはありませんよ」
「あら、どうして?」
「だって、**ここにあれば**<u>見える</u>でしょう」(千羽鶴)

2.3.「思われる」「感ぜられる」의 의미로 쓰일 때

다음 예에서 보여지 듯,「Xが(は) Yに 見える」라는 문장 구조 속에 동사「見える」가 쓰여질 때,「見える」는『現代国語例解辞典』④번의 의미인「…と思われる」 또는『岩波国語辞典』③의 イ인「感ぜられる」의 의미가 되는데, 이와 같이 특정한 구조적인 형태(タイプ) 속에서만 그 의미를 나타내며, 그 구조 밖에서는 의미를 나타내지 못하는 것을 奥田氏는 구조적인 것에 얽메인 의미(構造的にしばられた意味)라 부르고 있다.[6)]

[예20] 捜査本部がつかんだ情報というのは、十月二十五日午後九時半ごろ、療養所近くの県道を歩いている一人の男を、車で通りがかりの富士見農協の木戸明治さん(40)と春田次郎さん(23)とが見つけ、車に乗せ、富士見駅前付近で降ろしてやったというのである。男**は**四十歳ぐらい**に**<u>みえた</u>が、黒いサングラスをかけていたのと、暗い中だったので、人相ははっきりとわからなかったという。(聞かなかった場所)

---

6) 奥田靖雄「語彙的な意味のあり方」(『日本語研究の方法』むぎ書房 p.34)

[예21] その水っぽい鼻声は、男を、まぶしがらせた。かがみ込んで、コンロの火をいじっている、女の後ろ姿は、変におどおどとしていて、その意味を理解するのに、しばらく手間どった。黴(かび)だらけの本のページを、むりにめくっているような、まどろこしさだった。しかし、とにかく、ページをめくることは出来た。急に自分**が**、いとおしいほど、哀れなもの**に**見えてきた。(砂の女)

[예22] 浅井が、かなり離れたと思うところにふり返ると、局長はエレベーターの前に立って文字盤を見上げていた。局長もたった一人でいると、ひどく素寒貧な男**に**見える。(聞かなかった場所)

그런데, 다음 예문에서 보여지 듯, 동사「見える」앞에「～ように」「～そうに」「형용사의 연용형(～く)」「형용동사의 연용형(～に)」등의 수식어가 와서,「見える」를 수식할 때에도, 동사「見える」는「思われる」「感ぜられる」의 의미로 쓰이는 듯하다.

[예23] 浅井は坂上の道をそのまま南にとった。夜空に「みどり荘」の赤いネオン文字が華やかに輝いている。光は、男と女の官能的な気分を沸き立たせ、道徳に対して麻痺的な享楽を誘い寄せている**ように**見えた。(聞かなかった場所)

[예24] 「人魂だ、五聯隊の人魂だ」
という声が続いた。五聯隊の人魂だと思うと、眼の前に現れた**ように**見えた。ほんとうにこっちに向って飛んで来る**ように**見えた。
(八甲田山死の彷徨)

[예25] いつも私がプールからあがってくるとちょうど、スタジオで彼女がエアロビクスを教えている時刻だった。おばさんとおばさんとおばさんの肉体の海の向こうに細すぎる彼女の身体(からだ)がまるでダリの彫刻みたいに無理な姿勢で静止している**ように**見える。あまりに

しなやかに動いているので、どのポーズも止まって見えるのだ。どんなに激しい音楽が鳴っていても、彼女だけが音のない世界にいる**ように**見えた。(とかげ)

[예26] 背後で女の叫び声がおこった。全身の重みをかけて、スコップをつきだした。スコップは、あっけなく、板壁をつきとおしてしまう。まるで、しっけた煎餅(せんべい)のような手応えだ。砂に洗われ、外見はいかにも**新しそうに**見えるのだが、実質はすでに腐りかけているらしい。(砂の女)

[예27] 下士官と兵卒が担いでいる銃は、彼等が何(いず)れも立派な体格をしているので、少しも**重そうには**見えなかったが、ただ村民たちの目には、将校とも下士官ともつかない、見習い士官が多いのがいささか異様に映った。(八甲田山死の彷徨)

[예28] 大原伍長はひとりごとを言った。雪が黄色く見え出したのは、何時(いつ)からだったか覚えてはいないが、大原伍長には雪が**黄色く**見えた。(八甲田山死の彷徨)

[예29] そんなことで、ずいぶん気を揉(も)んだあげくに英子を迎え入れることができた。もちろん浅井は英子を愛した。再婚の経験から、どうしても二度目の妻が**稚(おさな)く**みえて、愛するというよりも可愛がるといった気持ちが強くなる。(聞かなかった場所)

[예30] ふとそう思って、そっと民子のほうを見ると、お増(ます)が枝豆(えだまめ)をあさっている後ろに、民子はうつむいて、ひざの上にたすきをこねくりつつ、沈黙している。いかにも元気のないふうで夜のせいか、顔色も**青白く**見えた。(野菊の墓)

[예31] 民子の美しい手で持っていると、いちょうの葉もことに**きれいに**見える。(野菊の墓)

[예32] 『一人暮らしのあの、大好きだった部屋。くつろいで、TVの音がし

ていた。明かりのこうこうとついた室内の暖かい空気の中、ひとりで不倫の記事を、平気な顔して読んでいた』 自分がいちばん**あわれに**見える。(とかげ)

[예33] 「納得がいかなかったんだ …… まあいずれ、人生なんて、納得ずくで行くものじゃないだろうが …… しかし、あの生活や、この生活があって、向うの方が、ちょっぴり**ましに**見えたりする …… このまま暮していって、それで何(ど)うなるんだと思うが、～」(砂の女)

2.4.「見受けられる」의 의미로 쓰일 때

또,「見える」앞에, 내용 혹은 인용을 나타내는「～と」라는 격조사를 취할 때,『岩波国語辞典』③의 ロ에서 설명하고 있는 것과 같이 多義語「見える」는「見受けられる」의 의미로 나타나게 된다.

[예34] 「案内人を立てる?」
津村聯隊長が聞き返した。雪中行軍予定表にはそんなこまかいことは書いてはなかった。
「神田大尉が徳島大尉に会って聞いて来たところによると、徳島大尉は、すべて案内人にたよる方針だそうです」
「それで神田大尉は、その案内人についてはなんと言っておる」
「彼は徳島大尉によほど吹きこまれたもの**と**見えて、やはり案内人説を唱えています。～」(八甲田山死の彷徨)

[예35] 案外といえば、対手があっさり英子との間を認める態度に出たことだった。浅井は、久保がしらを切って、どこまでも事実を否認するものと予想していた。狡猾な男だから、容易なことでは白状はしないと思い、いろいろと攻略の言葉を用意してきていたのだが、その必要はなくなった。肩すかしされたともいえるが、これもこっちが不意に彼の眼前に現われたため、向こうは虚をつかれ、咄嗟に防御

の方法がなかった**と**<u>みえる</u>。(聞かなかった場所)

[예36] 久保は夜寒がしみたように肩をかすかに慄(ふる)わせた。
「ただ、ぼくにわからんことがひとつある。あんたはどうして英子と親しくなったんですか? それだけは日記についていない。英子もはじめのほうはこわかった**と**<u>みえ</u>、そこは省略している。~」
(聞かなかった場所)

2.5. 존경어로 쓰일 때

이것은 『現代国語例解辞典』과 『岩波国語辞典』에서 설명하고 있는 것과 같이, 동사「来る」의 존경어로 쓰이는 것으로서, 이 때의 문장(文)의 구조는 2.1의 기본적인 의미와 같은「Yが 見える」의 구조를 지닌다. 그러나, 기본적인 의미를 나타낼 때와 다른 것은,「見える」가 기본적인 의미로 쓰일 때의 Y는, 일반적으로 사물(사람을 포함함) 인 것에 반해,「見える」가「来る」의 존경어로 쓰일 때는 다음 예에서 보여지 듯, Y는 사람에게 한정되며, 그것도 경어를 써야하는 대상으로서의 인물인 것이다.

[예37] **お客さん**が<u>見えました</u>。(『現代国語例解辞典』の例文)

[예38] **お医者さん**が<u>見えたら</u>、洗面器にお湯をとってください。
(『基本語用例辞典』の例文)

이와 같이「見える」그 자체만으로도「来る」의 존경어로서 쓰이지만, 다음 예39, 40과 같이「お~になる」의 형태를 취하던지, 또는 예41과 같이 존경을 나타내는 조동사「れる・られる」를 함께 써서 2중 경어 표현과 같이 쓰이는 경우도 있다.

[예39] 浅井は、ちょっと間を置いてそのあとからはいった。左側の掛け茶屋のようなところだけに明るい灯がはいっていた。その明かりの下から、「いらっしゃいませ」と、女の声がとんできた。そこが帳場だとわかったのは女中が迎えに出てきてからである。
「あの、**お伴れさま**は、あとからおみえになるのでしょうか?」
(聞かなかった場所)

[예40] 眼が覚めた時は、高い日が緑に黄金色の震動を射込んでいた。枕元には新聞が二枚揃えてあった。代助は、門野が何時、雨戸を引いて、何時新聞を持って来たか、まるで知らなかった。代助は長い伸(のび)を一つして起き上った。風呂場で身体を拭いていると、門野が少し狼狽(うろた)えた容子で遣(や)って来て、「青山から**御兄さん**が御見えになりました」と云った。(それから)

[예41] 「明日の午後**侍従武官**が見えられるそうだ。いかに病床にある身であっても、失礼があってはならぬ。この身で軍服を着用してお迎えはできないから、せめて枕元に軍装を整えて置きたい。それが軍人としての心構えである」(八甲田山死の彷徨)

3. 마치며

지금까지 일본어의 多義語 동사「見える」가 지니고 있는 여러 가지 의미의 존재 양식에 대하여 実例를 들어가며 살펴보았다. 즉, 多義語란 두 개 이상의 의미를 지닌 말이지만, 그 각각의 의미가 그냥 아무렇게 주어지며 쓰이는 것이 아니라, 여러 가지 의미를 지닌 어떠한 단어가, 어떠한 하나의 특정한 의미를 나타내며, 그 의미로 쓰일 때에는 거기에는 일반적으로 특정한 문장 구조가 존재한다는 것이다. 즉, 바꾸어 이야기하면, 多義語

의 경우, 어떤 특정한 문장 구조 속에서 그 단어가 쓰여질 때, 그 단어는 그 단어가 지니고 있는 여러 가지 의미 중에서 어떠한 특정한 하나의 의미를 나타낸다는 것이다.

즉, 「見える」의 경우, 「Yが 見える」 (Y : 사물)의 구조에서 [사물이 자연적으로 눈에 들어오는 자발적인 상태] 라는 가장 기본적인 의미를 띄게 되지만, 「X(に)は Yが 見える」 (X : 인지하는 감각의 주체)와 같이 가능태와 같은 구조 속에서는 「見える」는 [능력가능]을 나타내게 된다는 것이다. 그러나 「X(に)は Yが 見える」의 구조라 할지라도 X가 인지하는 감각의 주체가 아니라, X에 시간이나 장면을 나타내는 상황어가 와서, 그와 같은 상태를 일으키는 장면이나 환경에 시점을 두어 이야기 하면, 주어의 능력과는 상관없이, 어떤 주어진 상황 아래서만 "사물이 자연적으로 눈에 들어오는 자발적인 현상"이 가능한 것(혹은, 불가능한 것)을 나타내는 [상황가능]이 된다. 이 뿐 아니라, 문장 속에 때(시간)를 나타내는 상황어나 자연현상을 나타내는 상황어가 원인・이유로 작용하여 "사물이 자연적으로 눈에 들어오는 자발적인 현상"이 가능한 것(혹은, 불가능한 것)을 나타낼 때도 「見える」는 [상황가능]으로 쓰이며, 「Xから(は) Yが 見える」 (X : 장소명사・사물)의 구조 속에서도 「見える」는 [상황가능]을 나타내게 된다.

그리고, 본문에서 보여지 듯 「見える」가 접속조사 「～と」 「～ば」에 의해 이끌어지는 조건절을 동반하게 되면 [조건가능]으로 변하며, 또, 「Xが(は) Yに 見える」 (Y : 사물・사람)의 구조 속에서의 「見える」는 「思われる・感ぜられる」의 의미와 같게 쓰인다. 동사 「見える」앞에 「～ように・～そうに・형용사의 연용형(～く)・형용동사의 연용형(～に)」 등의 수식어가 와서, 「見える」를 수식할 때에도, 동사 「見える」는 「思われる・感ぜられる」의 의미로 쓰이는 듯하다.

또, 「見える」앞에, 내용 혹은 인용을 나타내는 「～と」라는 격조사를 취할 때는, 「見える」는 「見受けられる」의 의미와 같게 쓰이며, 多義語 동사「見える」가「Yが 見える」구조 속에서 가장 기본적인 의미를 나타내지만, 이 구조 속에서도 Y가 사람으로서 그것도 경어를 써야하는 대상의 사람을 나타내는 경우에는,「見える」는「来る」의 존경어로서「おいでになる」또는「いらっしゃる」와 같은 의미로 쓰인다.

▌인용 및 참고문헌

奥田靖雄(1978)「語彙的な意味のあり方」,『日本語研究の方法』所収(むぎ書房)

寺村秀夫(1982)『日本語のシンタクスと意味Ⅰ』(くろしお出版)

森田良行(1988)「「富士山が見える」か「富士山が見られる」か」,『日本語類意表現』所収 (創拓社)

『現代国語例解辞典』(小学館)

『岩波国語辞典』(岩波書店)

『外国人のための基本語用例辞典』(文化庁)

『엣센스영한사전』(민중서림)

『동아새국어사전』(동아출판사)

제9장
「명사＋の＋명사」의 고찰

1. 들어가며

우리나라의 일본어 교재를 보면 일반적으로 첫 도입단계에서부터 조사 「の」에 대하여 가르친다. 보통 이 조사 「の」에 대하여 가르칠 때 일반적으로 「これは わたしの 本です」와 같은 문장을 언급하며 여기에서의 「の」를 소유의 「の」라고 설명하며, 그 다음에 「わたしの ともだち<u>**の**</u> ゆうこ」와 같은 문장을 들며 이때의 「の」를 동격의 「の」라고 설명하기도 하고, 교재(저자)에 따라 「わたしのです」와 같은 문장을 들며 여기에서의 「の」에 대해 가르치기도 한다. 실지로 『e-뱅크 일본어(기초1)』(일본어뱅크) 에서는 제 4과 「はじめまして」에서 처음으로 조사 「の」에 대하여 언급하며 (제 1과는 50音図 / 清音, 제 2과는 濁音 / 半濁音 / 拗音, 제 3과는 長音 / 促音 / 撥音이므로 제 4과가 실질적인 본문의 시작이라 할 수 있음) 「～の～」에 대하여 「私の友達、金さんの恋人、大学の先生、私の本、田中さんの家族」의 예문을 들고, 제 5과 「わたしのです。」에서 두 번째로 「の」에 대해 언급하며 「わたしのです。学校のです。日本のです。」를 들고 제 7과에서 「の」의 세 번째 설명으로 「～の(3)」이란 타이틀 아래에 「兄のひろし、友達のたろう、社長のはやしさん」과 같은 예문을 들고 있다.

또 『20문형으로 배우는 와이즈 일본어문법1』(사람in) 에서는 제 7의 문형으로 p.40～41에서 조사 「の」를 언급하며 이에 대해 다음과 같이 설명하고 있다.

1. 명사와 명사를 연결하는 경우
   机の上、英語の本、日本語の先生、ソウルの大学
2. 「동격」을 나타내는 경우
   中国人の王さん、医者の兄、友達の田中
3. 소유격
   先輩の車、友達のお母さん
4. 명사상당
   これは鈴木さんのかばんですか。はい、私<u>の</u>です。(→ <のかばん>)

그런데 이들의 설명을 보면 『e-뱅크 일본어(기초1)』(일본어뱅크)에서는 「日本語の本」과 같은 경우에 대해서는 (제 7과에서 「それは何の本ですか。日本語の本です」의 문답으로 예문을 들고 있음) 전혀 언급하지 않고 있으며, 또 『20문형으로 배우는 와이즈 일본어문법1』(사람in) 에서는 조사 「の」에 대해 4종류로 나누어 설명하고 있지만, 이것을 자세히 살펴보면 4번을 제외한 1번 2번 3번 모두 다 「명사＋の＋명사」 즉, 『20문형으로 배우는 와이즈 일본어문법1』(사람in)의 설명으로 하자면 명사와 명사를 연결하는 경우라는 것이다. 「동격」을 나타내는 「中国人の王さん」「医者の兄」 이건, 소유격을 나타내는 「先輩の車」「友達のお母さん」이건, 이들 모두 형태적으로 「명사＋の＋명사」로서 명사와 명사를 연결하고 있다는 것이다. 그런데도 어떤 것은 「명사와 명사를 연결하는 경우」로서 설명하고, 어떤 것은 「동격」이니 「소유격」이니 하며 문법적인 설명을 하는 것은 논리에 어긋난다고 밖에 할 수 없다. 「私のです」와 같은 경우 또는 「私の書いた本」과 같은 경우의 「の」를 제외한다면, 일반적으로 조사 「の」는 형태적으로는 「명사＋の＋명사」로서, 명사와 명사를 연결하는 기능을 하기에, 조사「の」에 대한 문법적인 설명은「명사＋の＋명사」에 대한 하위 분류가 되어야 한다. 이러한 관점에 의해 쓰여 진 일본어 교재로서『다락원 다이나믹 일본어 Step1』(다락원) 이 있는데, 조사「の」에 대해 제4과(p.45)에서 다음과 같이 설명하고 있다.

④ 명사＋の
　私**の** コップ [소유]
　世界大学**の** 学生 [소속]
　日本**の** お酒 [출처]
　英語**の** 本 [내용]
　留学生**の** 李さん [동격]

그러나 여기에서도 예문만 들었을 뿐 이들에 대해 구체적으로 자세히 설명하지 않고 있으며, 그 다음 과인 제 5과에서「先週の 土曜日は 休みでは ありませんでした。」를 설명하면서도 여기「先週の 土曜日」에서의「の」에 대해선 아무런 언급을 하지 않고 있다. 또 여기에서는「留学生**の** 李さん」을 동격으로 설명하고 있고,『20문형으로 배우는 와이즈 일본어문법1』에서도「中国人の王さん」을 동격으로 설명하고 있지만, 여기에 대해 의문을 가지지 않을 수 없다. 왜냐하면, 李さん이 留学生이라 할지라도 모든 留学生이 李さん이 아니기 때문이며, 王さん이 中国人이라 할지라도 모든 중국인이 王さん이 아니기 때문이다.

사실「명사＋の＋명사」를 설명하기가 쉬운 문제가 아니다. 왜냐하면 조사「の」에 대한 설명을 하기 위해서는「명사＋の＋명사」에 있어「の」의 앞과 뒤에 오는 명사의 성격을 규정해야만 논리적이고 문법적인 설명이 가능하기 때문이다.

「명사＋の＋명사」를「AのB」로 나타내기로 가정한다고 할 때, 일반론적으로 대강 이야기 해보면, 「**先輩**の 車」「**私**の コップ」「**先生**の 本」와 같이, A자리에 사람을 나타내는 명사(사람명사)가 오고 B자리에 사물을 나타내는 명사(사물명사)가 올 때, 이 때 A자리의 사람명사는 「소유자」를 나타내며 B자리의 사물명사는 「소유물」을 나타내게 되어 조사 「の」는 「소유」를 나타내게 된다. (이러한 관점에서 볼 때 『20문형으로 배우는 와이즈 일본어문법1』에서 설명하는 「友達の お母さん」은 소유가 아님.) 또, 「**日本**の お酒」「**ドイツ**の 車」「**アメリカ**の テレビ」와 같이 A자리에 국가명이 오고 B자리에 사물명사가 올 때 A자리의 국가명은 「생산지」가 되며 B자리의 사물명사는 「생산물」이 된다. (이러한 관점에서 볼 때 『다락원 다이나믹 일본어 Step1』에서 설명하는 「日本の お酒」는 출처가 아님.)

이렇듯 「AのB」의 조사 「の」에 대해 설명할 때 먼저 A명사의 특징과 B명사의 특징을 밝혀야 함에도 불구하고 그렇지 못한 것이 현실이며, A명사의 특징과 B명사의 특징을 밝히는 것이 간단히 될 작업이 아닌 것을 알기에 여러 오류가 범람하고 있는 것 같다.

그런데 앞에서 「사람명사＋の＋사물명사」인 경우, 사람명사는 「소유자」를 나타내며 사물명사는 「소유물」을 나타내게 되어 이 때의 「の」는 「소유」를 나타낸다고 하였고, 다른 대부분의 일본어 서적들도 대부분 그렇게 설명하고 있지만, 살펴보면 반드시 그렇지만은 않다는 것을 알 수 있다. 「先生の 本」에서 이 때의 「の」를 「소유」로 해석을 해서 「선생님이 소유하고 있는 책」으로 해석할 수도 있지만, 「先生の 本」을 「작가」와 「작품」으로 해석해 「선생님이 쓴 책」으로도 해석이 가능하며 (「ピカソの 絵」등이 여기에 해당됨), 또 「선생님에 대해 쓴 책」의 의미로도 해석이 가능하다는 것이다.[1)]

이렇듯, 형태적으로 단순히 「사람명사＋の＋사물명사」라 할지라도 A

---

1) 『日本語概説』 (桜楓社・1989) p.102～103에 「夏目漱石の本」에 대하여 다음과 같이 설명하고 있다.
夏目漱石の本となると、漱石の書いた本か、漱石の所有する本か、漱石について書かれた本か、はっきりしない。

와 B 두 명사 사이의 관계는 문맥에 따라 다양하게 결정되는데, 이렇게 다양하게 결정되는 두 명사 사이의 관계를 작품 속의 예문을 통해 살펴보기로 한다. 여기에서는「Aの B」에 관한 연구로「사람명사+の+사람명사」「사람명사+の+사물명사」「사물명사+の+사물명사」, 그리고「사물명사+の+사람명사」의 경우에 한정해서 살펴보기로 한다.

2. 선행연구

2.1. 鈴木重幸씨의『日本語文法・形態論』(むぎ書房・1972年)

(1) ものの属性の規定

1. ものの種類の指定 …… ばらの 花びら、かきの たね、自転車のベル
2. 道具の用途の指定 …… 汽車の きっぷ、くだものの ナイフ、ごはんの 茶わん
3. ものの材料の指定 …… 紙の 飛行機、ねんどの お面、フロックのへい
4. もの、人の状態の指定 …… あからがおの 男、でこぼこの 道、和服すがたの おかあさん

(2) ものの所属先、もちぬしの指定

図書館の 本、妹の くつ下、学級の 花だん

(3) ものの数量、ねだんの指定

一ぱいの 水、三びきの こぶた、十円の えんぴつ

(4) 人間関係の規準の指定

わたしの おじさん、にいさんの ともだち

(5) 動き、状態の種類の指定

1. 動き、状態の主体の指定 …… 火山の ばくはつ、しかの なき声、こびとの おどり
2. 動きの対象の指定 …… 文法の 学習、自転車の 運転、庭の そうじ

(6) 状況的なことがらの指定
1. 場所の指定 …… 横浜の 港、学校の 運動場、奈良の 大仏
2. 時の指定 …… 今週の こんだて、三時の おやつ、夏の あらし

さらに、「映画の 話」「チューリップの 絵」のように内容を指定するもの、「ピカソの 絵」「漱石の 小説」のように作家をしめすもの、「次郎は おにいさんの 太郎と せみとりに いった」のように、意味的に同格をあわわす用法もある。

2.2.「ノ格の名詞と名詞との連語」(『現代日本語の名詞的な連語の研究』所収・1994年)

이것은「명사＋の＋명사」의 형태를 連語論적 관점에서 연구되었다는 점에서 특징적인 논문이다. 앞의『日本語文法・形態論』의 내용도, 鈴木康之씨의 것을 인용한 것이라고 鈴木重幸씨 스스로 p.225에서 밝히고 있듯이,「명사＋の＋명사」에 관한 연구는 1957년부터 鈴木康之씨에 의해 진행되었다. 하지만 1957년부터 쓰여진 논문들은 너무 오래되어 구하지 못하였으며, 1994년 이전에 쓰여진 논문들을 모아 집대성한 서적인 이것을 여기에서 선행연구라는 형태로 몇 줄로 요약하기에는 너무나도 무리가 있기에 생략하기로 한다. 다만, カザリ名詞(전항명사를 鈴木康之씨는 이렇게 명명하고 있음)와 カザラレ名詞(후항명사를 鈴木康之씨는 이렇게 명명하고 있음)의 관계를 [関係的なむすびつき] [状況的なむすびつき] [規定的なむすびつき]로 3분류하고, 각각의 むすびつき 안에서 구체적으

로 전항명사를 連語論적 입장에서 역할에 따라 하위분류하고 있는 것이 특징적이다.

2.3. 오현정씨의 連体修飾句の語順 ―名詞同士の語順を中心に― (『日本学報 제49집』2001년)

이것은 새로운 관점에서 쓰여진 논문이라기보다 鈴木康之씨의 연구[2]를 모방・인용하였다고 밖에 볼 수 없다. 그 이유는 오현정씨 스스로도 논문에서 언급하고 있듯이, 鈴木康之씨의 분류기준을 그대로 적용하고 있으며, 또 사용하고 있는 용어 또한 동일하기 때문이다. 오현정씨는 또 다른 논문을 2006년에 발표하였는데, 2006년에 발표된 논문은 일본어와 한국어를 대조하였다는 것, 그리고 2001년 논문은 일본어로 쓰였지만 2006년의 논문은 한국어로 쓰였다는 것 외에는 논문의 내용적인 면은 2001년 논문과 거의 동일하다. 다시 말해 대조연구를 한 2006년 논문에서 한국어의 예문을 설명한 부분을 제외한 일본어만을 본다면, 2001년 논문과 거의 동일하다는 것이다.[3]

그런데 이들 선행연구를 살펴보면 이것은「명사+の+명사」에 있어 두 명사 사이의 관계를 밝힌「の」에 관한 연구가 아니라,「の」에 선행하는

---

2) 계간지인『教育国語』(むぎ書房)에 여러 번에 걸쳐 씨리즈로 발표한 것을 1994년『現代日本語の名詞的な連語の研究』(日本語文法研究会)에 의해 집대성되었음.

3)「일본어와 한국어의 연체수식어의 어순 -명사간의 어순을 중심으로-」(『日語日文学研究』제58집, 2006년)
두 논문이 거의 동일하다고 논하는 이유는 두 논문의 제목과 목차 그리고 논문의 서술내용(본문 중의 도표와 결론은 동일함)까지 너무나도 비슷하기 때문이며, (참고로 목차를 비교해보면 다음과 같다. [( )는 2006년의 목차임] 1. はじめに(1.머리말) 2. 考察方法(2.명사분류) 3. 名詞の分類(3.수식명사 분류) 4. 修飾名詞の分類(4.명사간 어순의 고찰대상) 5. 名詞同士の語順(5.명사간의 어순) 6. まとめ(6.마무리)) 또 논문에 사용된 일본어 예문의 상당수(73개중 58개)가 동 2001년 논문에서 사용된 예문과 동일하기 때문이다.

명사의 역할을 분석한 것이라 할 수 있다. 앞에서도 언급한 것처럼「명사+の+명사」라는 형태에서 조사「の」에 대한 설명을 하기 위해서는 조사「の」의 앞과 뒤에 오는 명사의 성격을 규정해야만 논리적이고 문법적인 설명이 가능하기 때문에, 여기에서는 이러한 관점에서「명사+の+명사」의 형태에 있어서 두 명사 사이의 관계를 일본어 작품 속에 실지로 쓰인 예문을 통하여 구체적으로 살펴보기로 한다.

3. A와 B 모두 사람명사인 경우

A가 사람명사이고 B도 사람명사일 경우는 다음 예에서 보여지 듯 일반적으로「(인간)관계」를 나타낸다.

[예1] 「ほら、和歌山の明子おばさん知ってるでしょ。その明子おばさん**の**旦那さんの高志(たかし)さんのいちばんうえのお兄さん**の**娘さんの朝美ちゃん」奈美子が早口で話し出した。(君といた夏)

[예2] わたし**の**お父っつぁんが十二月に死んで、四人の小さいきょうだいと、母親に、どうしても食べさせてやろうと思っていたのに、~(母)

[예3] アンジェラが帰国して、ちょうど一年たつ。一年間で三通の手紙をくれた。どれもアンジェラらしい、短いけれど心のこもったものだった。私は恋人**の**姉を好きだなと思う。(冷静と情熱のあいだ Rosso)

[예4] 涼一の部屋で、朝美は涼一と話をした。容子と名のる涼一**の**恋人がお茶を淹(い)れてくれた。(君といた夏)

[예5] 「作文を読み終わったとき、先生が、淳くん**の**お兄さんが、お母さんにかわって来てくださってますので、ここであいさつをしていただきましょうって……」
「まぁ。それで、お兄ちゃんどうしたの」(一杯のかけそば)

A와 B가 사람명사일 때 일반적으로 「인간관계」를 나타낸다는 것은 다음 예문으로 더욱 확실하게 알 수 있다. 왜냐하면 다음 예문은 남자주인공이 자신의 선생님에게 여자를 소개하는 과정에서 여자를 「恋人」이 아닌 「友達」로 소개를 함으로써 언쟁이 되는 과정을 잘 나타내고 있기 때문이다.

[예6] 「どうして君はそんなに子供なんだい」
追いかけ、彼女の横顔に向かって説得するように告げると、芽美は勢いよく振り返り声を浴びせた。
「子供なのは、君じゃない。どうして<u>**ぼくの**恋人</u>ですってちゃんと紹介できないのよ。なによ友達って、わたしはいつから君のただの友達になったの、ねえ、いつから。ここはイタリアなんだからね。気を遣う必要ないじゃない。いくら先生だからって、本人を前に友達よばわりは失礼だわ。君が逆の立場だったら、どうかしら。順正は私のただの友達なんですよって ……。酷すぎる。最低。君がそんな卑怯な男だとは思わなかった。」(冷静と情熱のあいだ Blu)

이러한 관점에서 볼 때 『20문형으로 배우는 와이즈 일본어문법1』에서 3번의 소유격으로 설명하고 있는 「友達のお母さん」은 오류라고 밖에 말할 수 없다. 왜냐하면 사람과 사람의 관계는 특별한 경우를 제외하고는 일반적으로 사회적 통념상 소유의 관계가 될 수 없기 때문이다. 「友達のお母さん」을 友達가 소유하고 있는 お母さん이라고 이해하기에는 너무나도 무리한 해석이라 생각된다.

그러나 다음과 같은 경우는 문맥상 「소유」라는 개념으로 사용되었다고 생각되는 예문이다.

[예7] 「やめてよ! 陰でこそこそ …… そうよ。体売ったわよ。何が悪いのよ」
アキは思わず大声を出していた。周りにいた学生たちが一斉にふた

りを見る。アキは再び、ズンズン歩いていった。夏目ももう一度、後を追う。
「誰にも迷惑かけてないわ。自分で稼いで使ってるだけよ」
「納得、してるの?」
「誰が?」
「自分だよ」
「難しいこと言わないでよ。してるわよ。楽しいわよ。別に何でもないわよ!」
「嘘だよ」
「何であんたにわかるの? 私のことよ」
「とにかく……賛成はできないよ」
「賛成? 何であんたの賛成がいるの? 私、あなた**の**女でも何でもないわよ」(最後の恋)

다음 예도 예문 속의 「もの」라는 단어가 「物」가 아닌 「者」의 의미로 사용되었다고 판단되기에 여기서도 「소유」로 해석하였다.

[예8] わだしはまたも驚いて多喜二を見た。多喜二は普通の男とはちがうと思った。普通、男は、金で自由にした女ば妾(めかけ)にして囲うとか、嫁にするとか、とにかく自分**の**ものにしてしまう。ところが、多喜二は、そんな気はないという。(母)

그리고 B가 사람명사인 경우는 A와 B가 동일한 사람(동격)을 나타내기도 한다. 다음의 예문들이 동격이라고 하는 이유는, A와 B가 나타내는 사람명사가 구체적이고 개별적인 사람을 나타내고 있으며, 또 예문 9로 설명하자면 多喜二の兄貴의 이름은 多喜郎이며, 多喜郎는 多喜二の兄貴이기 때문이기에 동격이라는 것이다.

[예9] 多喜二の兄貴の多喜郎が秋田から一人で小樽にやって来て、可哀想にどれほども経たんうちに死んでしまった。(母)

[예10] 「沢井憬子さん、いるかな?」そこに、憬子の元婚約者の村上が入ってきた。(君といた夏)

[예11] 下士官はその家の主人を起しに行った。幾人かの兵が眼を覚ました。気の利いた下士官が、五聯隊の遭難救助隊長の木宮少佐のところへ報告に走った。(八甲田山死の彷徨)

[예12] 「ほら、和歌山の明子おばさん知ってるでしょ。その明子おばさんの旦那さんの高志(たかし)さんのいちばんうえのお兄さんの娘さんの朝美ちゃん」奈美子が早口で話し出した。(君といた夏)

[예13] 「ほら、和歌山の明子おばさん知ってるでしょ。その明子おばさんの旦那さんの高志(たかし)さんのいちばんうえのお兄さんの娘さんの朝美ちゃん」奈美子が早口で話し出した。(君といた夏)

또, 다음 예문에서 보이는 것과 같이, B가 사람명사인 경우, A가 B의 「속성」 또는 「특징」 혹은 「직업」 등을 나타내기도 한다.

[예14] 抱きしめられたことのない母親の思い出を探すように、子供の僕はいつも小さな窓から顔をのぞかせては、切り絵のような空を見あげていた。週三度手伝いにやってくる中国人の老婆は、戦争中に覚えたという片言の日本語でカアサンガヨナベヲシテ、と歌ってくれた。(冷静と情熱のあいだ Blu)

[예15] だって、秋田にいた時、わだしんちの前にいた駐在さんは、貧乏人のわだしに飴ばくれたり、煎餅ばくれたりして、可愛がってくれたもんだ。だからわだしは、警察って貧乏人を可愛がるもんだと思っていたもんね。(母)

[예16] 中学生の時、僕は自分がサイーボーグだと信じて疑わない時があっ

た。それを裏付ける一つの事実として僕はそれまで手術というものをしたことがなかった。だから骨は超金属で作られていると信じていた。
「俺は、本当はサイーボーグなんだよね」
そのころとても仲良しだった小沢君に言った。
「辻がサイーボーグだとは知らなかったな」
と優等生**の**小沢君は笑った。(そこに君がいた)

[예17] 「今年だけは小作料は勘弁してくれ」
って、小樽まで頼みに来た。それの応援に小樽の労働者が加わった。ところが地主**の**浜野が巡査や在郷軍人に頼んで邪魔ばした。何でもそれが始まりだって聞いたような気がする。(母)

[예18] 「姫はアキって子より、自分の方が数段、女としても人間としても上だと思ってるだろ」
美紗子は黙っていたが、それは図星だった。さっきぱったり会った時、ヘルパー**の**アキは山盛りの汚れたシーツを運んでいた。彼女は患者のお使いをしたり、おむつを替えたり、病院内の雑用は何でもやるのだ。(最後の恋)

이러한 관점에서 보면,『20문형으로 배우는 와이즈 일본어문법1』에서「동격」이라고 설명하고 있는「中国人の王さん」이라든지, 또『다락원 다이나믹 일본어 Step1』에서「동격」이라고 설명하는「留学生の李さん」과 같은 경우는,「동격」이라기보다 여기에서와 같이 A(中国人・留学生)가 B(王さん・李さん)의「속성」또는「특징」을 나타내고 있다고 보는 것이 더 적절하다고 느껴진다. 그 이유는 앞에서도 언급하였지만 李さん이 留学生이라 할지라도 모든 留学生이 李さん이 아니기 때문이며, 王さん이 中国人이라 할지라도 모든 중국인이 王さん이 아니기 때문이다.

4. A가 사람명사이고 B가 사물명사인 경우

다음 예에서 보여지 듯 A가 사람명사이고 B가 사물명사이면 A는 [소유자]를 나타내고 B는 [소유물]을 나타낸다.

[예19] 「…… 死んだんだ。三年前、俺**の**バイクの後ろ乗ってて。初めてこの世には取り返しのつかないことってあるんだなって、思ったよ。だから、妹大事にしてやれよ」(君といた夏)

[예20] そのとき、強い風が吹いてきて朝美**の**麦わら帽子が飛んでいった。(君といた夏)

[예21] 松原と憬子がなんでもないのはわかっている。それでも、松原**の**車から憬子が降りてきたとき、自分でも表情が硬くなっているのがわかった。(君といた夏)

그러나 문맥에 따라서는 소유자와 소유물이 아니라, [사용자]와 [사용물]을 나타내기도 한다.

[예22] 看護婦は首をひねりながら病室を出ていった。夏目はひとり、潤**の**ベッドをじっと見つめた。白いベッドは、窓から差し込んでくる夕焼けに赤く染まっている。(最後の恋)

[예23] 「なにを考えてるの？」
目の前に、深い茶色をしたマーヴの瞳があった。私のと自分**の**グラスにそれぞれワインを注ぎ足して、「今夜はあまりのまないね」と言う。(冷静と情熱のあいだ Rosso)

[예24] ふざける朝美をいさめようとした杉矢だったが、「あ、男と一緒の加奈子ちゃんだ！」という言葉に本気で驚く。冗談だと分かると朝美の

頭を叩いた。
「代ろうか」後部座席から入江が朝美のマイクを受け取り、代りに飲んでいた缶ジュースを何気なく手渡した。(君といた夏)

그런데 다음과 같은 경우는 위의 예22～24와 같이 [사용자]와 [사용물]과 같이 해석이 불가능한 것도 아니지만, A와 B의 관계가 [사용자]와 [사용물]이라기보다는, 문맥상 B의 [(용도의) 대상]이 A라고 해석도 가능하다는 면에서 위의 예22～24와는 조금 다른 것 같다.

[예25] 「引き込まれる出だしですね。字が大きくて読みやすい」
その本は子供の絵本以上におそろしく大きな文字で印刷されていた。(トリック2)

또, A가 사람명사이고 B가 사물명사라 할지라도 문맥에 따라서는 A가 [작가]를, B가 [작품]을 나타내기도 하며,

[예26] 宛名の几帳面に書かれた懐かしい文字を見て、裏をひっくり返すと、やはり差出人は村上だった。
その場で封筒を開けてみるとワープロで清書した研究論文が入っていて、『新しい僕の論文です。新たな試みです。ぜひとも君に読んでもらいたくて、送ります』とメモが添えられていた。(君といた夏)

[예27] いつの頃からだったかなあ、多喜二の死んだ二月二十日に、人が集まってくるようになった。集まってくる人は、多喜二の小説を読んで、多喜二の死んだことも詳しく知っていて、わだしば大事にしてくれる。で、わだしは、ちらしずしだの、ぼた餅だの作って来た人に食べてもらうの。(母)

[예28] カナ子が裏庭で菊を採って、花瓶にいけ、二階に上がっていくと、

川崎は窓に腰を下ろして、遠くの山を眺めていた。室は、それほど上等なつくりではないが、美保子の丹精でよく磨かれており、住心地がわるくなさそうだった。その中に、机、本箱など学生道具が置かれ、ゴッホの絵や仏像の写真などが、壁に掲げられてあった。(若い娘)

문맥의 내용에 따라서는 다음 예문에서 보여지 듯, 사람명사를 나타내는 A가 B의 [내용]을 나타내기도 한다. 즉, 예 29로 설명하면, 문맥상 예 29의 [潤の写真]이란 潤이 찍은 写真(작가와 작품)도 아니며, 潤이 소유하고 있는 写真(소유자와 소유물)도 아닌, 사진 속의 인물이 潤(내용)인 것이다. 다시 말해 B가 나타내는 사물명사의 내용이 A가 나타내는 사람명사인 것이다.

[예29] 「潤、姉ちゃん、取り返しのつかないことしたのかな？」病院介護の本を読んでいたアキは、結局集中出来ずに、潤の写真に向かって話しかけていた。(最後の恋)

[예30] クリップで留めたそれらの詩篇に混じって、あおいの顔写真が一枚ある。自動車の免許取得の時に使った残りを貰ったもので、髪を短く切る前のもの、唯一長い髪をしている。(冷静と情熱のあいだ Blu)

[예31] 勇気がなかった。会いたい。一目だけでいいから今の彼女を見てみたい。毎晩、ぼくは彼女を思っている。思いながらも、この思いが過去を覆すことができないような気がして、弱気になる。あおいの絵を描いた。一人きりの夜、真っ白な画用紙の上、彼女の記憶の線を無数になぞった。(冷静と情熱のあいだ Blu)

또 다음과 같이 사물명사인 B의 [卵]가 사람을 나타내는 비유적 의미로 [修業中の人・まだ、その事で一人前にならない人][4]를 나타내는 경우도 있다.

[예32] 五年前に亡くなった曾祖父もそうだった。まったく血のつながらないH子を本当の孫たちより贔屓した。
一年前から臥(ふ)せりながら曾祖母はすこし耄(ぼ)けてきたのか、孫たちの見舞いの品を皆、H子が贈ってくれたものと思い込んでいるらしい。
H子は小さなプロダクションに所属している<u>女優**の**卵</u>だ。
(家族の標本)

[예33] 「余計なお世話よ。ポリクリだか何だか知らないけど、まだ<u>医者**の**卵</u>なんでしょ。卵のままつぶれちゃうかもしれないんでしょ。そんな人にお説教されたくないわね」アキは精一杯つっぱって言い返す。
(最後の恋)

그리고 다음 예문에서 보여지 듯 B가 신체의 일부분을 나타낼 때에는 [전체]와 [부분]의 관계를 나타내게 되지만,

[예34] 私は、あまりの恥ずかしさに、その手紙、千々に引き裂いて、<u>自分**の**髪</u>をくしゃくしゃ引きむしってしまいたく思いました。(葉桜と魔笛)

[예35] ふざける朝美をいさめようとした杉矢だったが、「あ、男と一緒の加奈子ちゃんだ！」という言葉に本気で驚く。冗談だと分かると<u>朝美**の**頭</u>を叩いた。(君といた夏)

[예36] 一瞬沈黙した後、芽美は、なんてことというのよ、と言いながら目を大きく開いて<u>ぼく**の**首</u>に力強く手を回してきた。
しがみついて離れようとしない。芽美は寝ぼけながら<u>ぼく**の**顔</u>にまるで犬のようにキスをしてくる。頬が濡れて、思わず顔を背けた。

4) 林 巨樹『現代国語例解辞典』(小学館) p.772

(冷静と情熱のあいだ Blu)

다음 예문 37과 같이 B가 나타내는 신체의 일부분이 [最も信頼できる補佐役]라는 의미[5]로 사람을 나타내는 경우도 있으며, 예문 38과 같이 B가 나타내는 신체의 일부분이 방향을 나타내는 경우도 있다.

[예37] 中野たちはズカズかと部屋に侵入し、二人を取り囲む。そこへ、長部が止めに入るが、長部も奈緒子の仲間として扱われてしまう。奈緒子、上田、長部、あわや磔か、と思ったところへ、清水が現れた。
「お待ち下さい。この人たちのやったことは確かに許せません。しかし、みなさんを人殺しにするわけにはいきません。どうでしょう、この者たちの処分は私に任せていただけないでしょうか」
吉子**の**片腕である清水の言葉には逆らえない。中野たちは、渋々引き上げていった。(トリック2)

[예38] 「吉子様の代わりに、この山田奈緒子様は、八掛けの寄付金でみなさんの未来を占ってさしあげると言っておられます」
矢部が奈緒子**の**左手に立ち、清水のように言った。(トリック2)

그러나 B가 신체의 일부분이라 할지라도, 다음과 같이 신체의 일부분에 특징짓는 요소가 포함될 때도 A와 B의 관계를, 위의 [전체]와 [부분]으로 보아도 될지에 대해서는 현재로서는 해결해야 할 과제이기도 하다.

[예39] 二人きりになると芽美はぼくをそこにおいて、先生とは反対の方向へ歩きだしてしまった。
「どうして君はそんなに子供なんだい」
追いかけ、彼女**の**横顔に向かって説得するように告げると、芽美は

---

5) 林 巨樹『現代国語例解辞典』(小学館) p.215

勢いよく振り返り声を浴びせた。(冷静と情熱のあいだ Blu)

[예40] 光の中で、あおいの顔を見たことはなかった。あおい**の**寝顔には月明かりの印象しかなかった。青い影が顔の表面を包み込んでいる、静かな印象だけがあった。(冷静と情熱のあいだ Blu)

[예41] あおい**の**泣き顔がいつまでも消えない。それが芽美と重なり、胸の奥をいっそう切なくさせた。思い出したくない記憶だった。(冷静と情熱のあいだ Blu)

또, B가 신체의 특정한 일부분이 아니라 신체의 전부를 나타내는 다음과 같은 경우도 현재로서는 해결해야 할 또 하나의 과제이며,

[예42] 先生はぼく**の**裸体を時々描く。仕事が早く終わった時などに、
「ジュンセイ、きょう体あいてるの?」
と小声で、他の弟子たちに聞かれないよう、誘ってくる。
ぼくは先生の部屋で、言われた通りにポーズを作る。アトリエの天窓から差し込む灰(ほの)かな光の中、動くことのない静まり返った空気を皮膚呼吸しながら、ぼくはぼく**の**肉体が彼女に見つめられていることを喜ぶ。(冷静と情熱のあいだ Blu)

[예43] 「無理なんかしてない」
そう言ってぼくは芽美**の**体にゆっくり覆いかぶさった。芽美の手が伸びてきてぼくの頬を包み込む。(冷静と情熱のあいだ Blu)

[예44] もう何度も見たことがある景色の中にいた。そこが冬のセントラルパークだと認識できた瞬間、自分が夢の中にいることが分かった。目の前に母**の**死体が横たわっていた。雪が舞い、母は半ばそこに埋もれそうになっていた。(冷静と情熱のあいだ Blu)

다음 예문과 같이 B가 사람의 체내에서 밖으로 나오는 것일 경우도 현재로서는 해결해야 할 또 하나의 과제이다.

[예45] 朝美は静かに首を振った。シーツに<u>朝美**の**涙</u>がこぼれおちた。
入江はそっと左手を伸ばし、朝美の手を握った。朝美も可能なかぎりの力を込め、入江の手を握り返した。(君といた夏)

[예46] 過去は苦痛や憎悪さえも美しく見せた。だからぼくはあおいを抱きしめながら流れ出る涙を止めることができなかった。<u>ぼく**の**涙</u>はあおいの肩を濡らしたが、彼女が泣いていたかどうかは分からない。
(冷静と情熱のあいだ Blu)

[예47] 怪我はつきものであった。僕はしょっちゅう怪我をしていた。一番酷かったのは社宅の隣を流れる下水を飛びきれず、コンクリで頭を切り、血だらけになって病院に担ぎ込まれた時であった。額から流れ落ちる血で前が見えなくなった。目も開かないし、顔は血でぬるぬるだった。生まれてはじめてみる<u>自分**の**血</u>に驚いて僕は気絶した。
(そこに君がいた)

그러나 B가 신체의 일부분이라 할지라도, 다음 예문과 같은 경우는 A가 B의 특징 또는 속성을 나타내고 있는 것 같으며,

[예48] 芽美は半身を起こすと、いやだな、と呟いた。
「この街に雨は似合わない。ミラノの方で降ってればいいのよ」
ぼくのところまでやって来ると、背後から抱きついてきた。その胸の膨らみとぼくの背中の間に彼女の硬い髪を感じる。彼女の波うつ黒髪は母親譲りなのだろう。大きな茶色い瞳も、つんと高い鼻も、東洋人顔の僕とは異なる。だれがどう見ても<u>イタリア人**の**顔</u>だ。
(冷静と情熱のあいだ Blu)

또 다음과 같은 경우도 A가 B의 특징을 나타내고 있는 것 같다.

[예49] イタリア人と<u>日本人**の**血</u>が混じりあって、彼女の骨格は僕のそれとは微妙に異なっていた。上品な鼻は小さくて形のよい唇の上にあった。大きく輪郭のはっきりした瞳は電球の明かりを受けて底の方からいっそう輝いて見えた。(冷静と情熱のあいだ Blu)

[예50] 芽美は<u>イタリア人**の**血</u>を引きながら、全くイタリア語が話せない。小さい頃に母親と離婚したイタリア人の父親のことが心にずっと引っ掛かっていた。父親のことを聞こうとすると急に不機嫌になる。(冷静と情熱のあいだ Blu)

5. A가 사물명사이고 B가 사람명사인 경우

이 경우는, A가 사람명사이고 B가 사물명사인 경우와 A도 B도 사물명사인 경우에 비해 작품 속에서 나타나는 용례가 상당히 적은 것이 특징적이다. 그러나 적은 용례 속에서도 A와 B의 관계를 살펴보면 다음과 같은 것들이 있는데, 가장 두드러지는 것이 A의 사물명사가 B의 [외견상의 특징]을 나타내고 있는 경우이다.

[예51] 「朝美、そっちに戻ってるか?」入江は電話ボックスから杉矢に電話をかけたが、やはり朝美は帰っていない。
「あんな置き手紙残した以上、こっちには帰らないんじゃないですか?」
杉矢の言う通りだ。入江は「探してみるよ」と言って電話を切った。
「<u>麦わら帽子**の**お姉さん</u>、見なかった？」
入江は電話ボックスを出たところにいた子どもに尋ねてみる。
(君といた夏)

[예52] お重の中を見て、中野の顔色が変わった。中には、おかずの代わり

に千円札と十円玉がぎっしり入っている。
「お前がやったのか!?」
中野は逆上して叫んだ。
「違いますよ。第一、あなたがどれを取るか、私にわかるはずないじゃありませんか」
見ると、他のお重には普通におかずが入っている。
オレンジ・ジャージの男が、御飯をよそおうとして、大きな炊飯釜(がま)を開けると、また驚きの声をあげた。炊いたはずの御飯が米になっている。(トリック2)

또, 다음 예는 B의 사람명사가 [직업]을 나타내고, A가 B의 직업에 대한 [구체적 사물(내용)]을 나타내고 있다.

[예53] Hの父親はトラックの運転手だった。一ヶ月近く留守にすることも稀ではなかった。(家族の標本)

그러나 다음 예는 이와는 반대로 B가 [A의 내용]을 나타내고 있는 경우이다.

[예54] 「ほら。」
と嵐が示したそのグラビアには不器用に微笑む変に固いポーズの女性が黒いドレスを着て写っていた。下手くそなモデル …… と思ってよくよく見ると、母だった。
「うわ、お母さんだ。」
私はびっくりして言った。
「若いだろう。」 嵐はげらげら笑った。「モデルにむいてないのが丸見えな上に、生活能力もなさそうで、このままいくと田舎に帰るのは目に見えているからあわれで囲んでやったんだって。親父(おやじ)が言ってたよ。」
「優しいんだかなんだかわからないわね。」私は言った。「じゃあ、どうして結婚してあげないのかしら」
写真の若い母はおっとりと美しかった。(うたかた)

그런데 다음 예는 B가 A의 내용을 나타내고 있다기보다는 B가 [A의 대상]이라고 하는 것이 더 적절할 것 같은 경우인 듯하다.

[예55] 先生にスケッチされながら、あおいのことを時々考えてしまう。衣服を纏っていないせいで、心が大胆になればなるほど、その解放感の中、ぼくは過去を飛行し、あおいを思い出す。先生の絵のモデルをぼくが喜んでいる理由はそこにある。(冷静と情熱のあいだ Blu)

그리고 다음 예는 A가 나타내는 사물이, 사물=장소(テレビ=放送局)로 쓰인 경우이며,

[예56] 翌日、パラサイコロジーアカデミーに、奈緒子、上田、深見、岡本、小早川、矢部、石原と主要メンバーが集結した。『ワイドスクランブル』の撮影スタッフもいる。奈緒子たちは、テレビのADから、中継のために、各自胸に名前と肩書きの書かれたプラカードをつけさせられた。(トリック2)

다음 예는 A가 [소지품]을 B가 [소유자(주인)]를 나타내는 경우이다. 사람을 나타내는 단어가 「持ち主」로서, 단어 자체가 지닌 어휘적인 의미가 [소유자(주인)]를 나타내고도 있지만, 그렇지 않은 예문 속의 「お財布のあなた」에서의 「あなた」도 문맥상의 의미가 [소유자(주인)]를 나타내고 있다.

[예57] 上田は声の主を確かめるために、電話の主が告げた池袋の『グリル』という喫茶店に向かった。
奈緒子もいっしょだ。ドアを開けると、窓際の席に、髭(ひげ)が上に向いた袴姿(はかますがた)の老人が、食事をしていた。先日、上田が拾った財布**の**持ち主、ヤクザの組長ではないか。向こうも、上田に気づいて呼びかける。
「オマエは上田！」
奈緒子も気づいて声を上げる。
「あ! 江戸っ子! 深見がサイ・トレイリングで見つけたお財布**の**持ち主!」
上田は作り笑顔で、江戸っ子組長に近づいていく。
「あれぇ、お財布**の**あなたでしたか! 名前まで覚えていてくださって」
上田は空いている組長の前の席に座る。(トリック2)

그러나 동일한 예문 속의「電話の主」에서의「主」는 [상대(방)]을 나타낸다.

[예58] 上田は声の主を確かめるために、電話**の**主が告げた池袋の『グリル』という喫茶店に向かった。(トリック2)

6. A도 B도 사물명사인 경우

A도 B도 모두 사물명사인 경우는 다음에서 보여지 듯, A는 B의 [재료] 또는 [재질]을 나타낸다.

[예59] 観光場所として、必ずバスが止り、新婚客が記念撮影する展望台の「三段壁」の手前、観光客のいかない崖の、木の繁みに、サッちゃんの赤いビニール**の**ハンドバックが、ひっかかっていたそうだ。死体は海まで落ちないで、岩に砕かれてひっかかっていたんだって。二人、ばらばらに。(夜あけのさよなら)

[예60] 御殿の前にいた大勢の鬼は、杜子春の姿を見るや否や、すぐにそのまわりを取り捲いて、階(きざはし)の前へ引き据えました。階の上には一人の王様が、まっ黒な袍(きもの)に金**の**冠をかぶって、いかめしくあたりを睨んでいます。(杜子春)

[예61] 父と母が結婚したころハンメは現れた。男に捨てられたのだそうだ。しばらく「せまい、きたない」と文句をいいながらも家にいたが、ある日ふっといなくなった。母の鏡台の引き出しの中にあったダイヤ**の**指輪やプラチナ**の**ネックレスとともにー。(家族の標本)

그러나 다음 예는 A가 B의 재료 또는 재질을 나타내는 것이 아니라, A는 [원래의 사물]을 나타내고 B는 [변화된 뒤의 사물]을 나타내고 있다고 생각된다. 이렇게 설명하는 이유는 문맥에서 A와 B의 의미적인 관계를 알 수 있기 때문이 아니라, 다음 예문의 [カボチャの馬車]는, 신데렐라가 타는 것이 호박이 마차로 변한 것이기에, 아마도 여기에서 유추되어 쓰이지 않았나라고 추측되기 때문이다.

[예62] 確かに僕は思い込みが激しかった。思い込んだら最後、誰がなんと言おうと、そうならないと我慢ならなかった。

大体、僕はずっと橋の下で拾われたと思い込んでいた。どこかの王国の王子なのだが、何かの事情で日本に捨てられた、と。だからいつかカボチャ**の**馬車に乗った侍従さんたちが僕を探しにやってくる、と思い込んでいたのである。(そこに君がいた)

또, 문맥에 따라서는 다음 예문과 같이 A가 사물의 전체를 나타내며, B는 A의 일부분을 나타내어 A와 B의 관계가 [전체]와 [부분]이 되기도 한다.

[예63] 「え……?」私は思わず訊き返した。
「わたしの子どもです」Sさんはきっぱりいい、「私は妻のY子と若いころに結婚して二年まえ離婚し、今年になって再婚したんです」
「結婚したのも、再婚したのもY子さん?」
Sさんは眼鏡のフレームをひとさし指でずり上げて、「Y子は妊娠したから、いやいやに結婚に承諾したんです。ぼくは結婚したかったんですけどね。彼女はまだ家庭に落ち着きたくなかったんですよ」
(家族の標本)

[예64] 目をあけるとはだしの爪先がみえた。寒そうな白い爪先。人形の足、とマーヴの呼ぶ小さすぎる足だ。(冷静と情熱のあいだ Rosso)

[예65] さらに、今度は、一人の男が驚いて指をさした方向を一同が見ると、大広間の舞台の幕の上に掛けてある時計の針が勢いよく逆回転をはじめた。(トリック2)

그러나 다음 예문은 A의 사물명사가 [악기]를 나타내며, B는 A를 연주하기 위한 [도구=부(속)품]을 나타내는데, 이와 같은 것들도 A와 B의 관계가 위와 같이 [전체]와 [부분]으로 성립하는지는 현재로서 불확실하며,

[예66] U子の思い出のなかに登場する父親の顔はいつも怒りといらだちで歪んでいる。
小学校の二年の夏休み、夕食を済ませてU子は木琴の棒でテーブルの縁(ふち)を叩いて遊んでいた。(家族の標本)

다음 예도 B가 A의 [부(속)품]인 것 같은데, 이것도 A와 B의 관계가 [전체]와 [부분]으로 해석이 가능한지, 아니면 다음 예 68~70과 같이 B가 있는 [장소(ありか)]를 A가 나타낸다고 판단해야 할지 현재로서는 좀 더 고민해봐야 할 용례이다.

[예67] 夏目は興奮してしゃべり続けているアキの目の前に立ち、頬を両手で軽くパンパンパンと三回叩いた。
「何すんのよ?」アキは驚いて目を丸くする。
「病気なんだ」 夏目はアキの前に跪(ひざまず)き、ほどけていたスニーカーの紐(ひも)を結んでやりながらゆっくりと言った。(最後の恋)

그리고 문맥에 따라서는 A는 B가 있는 [장소(ありか)]를 나타내기도 한다.

[예68] 坂の上からギプスを躰中にはめた少年を載せた手押車を押して、中年の看護婦が下りて来、僕を追いぬいて行った。僕はズボンの埃をはらってから躰を起した。僕は看護婦の肩が静かに上下するのを見、少年のよくブラシをかけた頭髪が、淡い金色に光るのを見た。(死者の奢り)

[예69] わたしはポッと顔がほてった。壁の鏡をちょっとのぞいて、髪の乱れをなおしてから受話器をとった。そのわたしをパパとママが見ている。わたしは二人に背を向けて、受話器に耳を当てた。(石の森)

[예70] 駅員室に入っても、男はあたりをうろつきまわりながら怒鳴り散らしていた。
「おれは一発も殴っていないのに、このきちがい女がよぉー、おれ、明日結婚式なんだぜ」男は机の電話を取ってダイヤルをまわした。
(家族の標本)

그런데 다음과 같은 경우는 위의 예 68～70과 같이 B가 있는 [장소]를 A가 나타낸다고 해석이 불가능한 것도 아니지만, B가 있는 [장소]를 A가 나타낸다기보다는, B가 나오는 장소(でどころ)를 A(이때 A는 신체의 일부분을 나타냄)가 나타낸다고도 해석이 가능하다는 면에서 위의 예 68～70과는 다른 것 같다.

[예71] 当日、父親は遅刻してきた。約束の十時半過ぎても現れない。家で眠っているのかもしれないと思って額の冷汗を拭(ぬぐ)いながら電話したが、いなかった。(家族の標本)

[예72] 私は肩と耳の間に受話器を挟みこんでてのひらの汗をTシャツの裾(すそ)で拭った。(家族の標本)

그러나 다음 예는 B가 나오는 장소(でどころ)를 A가 나타낸다는 점에서는 위의 예문과 동일하지만, A가 신체의 일부분이 아니라는 점이 위의 예문과 다르다.

[예73] 荷物を抱えておもてにでる。陽気のせいか、街は人が多く、賑やかだった。バスや車の排気ガス、横切る人々、トラムの警笛。ドゥオモ広場には、色とりどりの屋台がでている。
(冷静と情熱のあいだ Rosso)

그리고 다음과 같은 경우는 A가 [用器]를 나타내고, B는 A 안에 있는 [내용물]을 나타낸다.

[예74] 吉子に促されて、奈緒子はおそるおそるコップの水を飲んでみる。その水は、塩辛かった。(トリック２)

[예75] 「ママがあなたにすごく会いたがってるの」
ダニエラが言う。鳶色(とびいろ)の瞳、ゆるくウェーブのかかったおなじ色の髪。
「勿論パパも弟もよ。最近ちっとも顔をみせてくれないんですもの」
「ごめんなさい。アンジェラのことでばたばたしてたから」
私は言い、小さな<u>カップ**の**コーヒー</u>を啜(すす)る。
(冷静と情熱のあいだ Rosso)

[예76] 奇妙な夕食だった。
ベランダで夕方の風にふかれながら、私はからからと涼しい音をたてて<u>グラス**の**氷</u>を揺らす。(冷静と情熱のあいだ Rosso)

그러나 이와는 반대로 다음 예는 B가 [用器]를 나타내고, A가 [용도]를 나타내는 것 같다.

[예77] 「はい、お待ち!」
しかし、着いたところは小汚い飲み屋だった。店の主人がアキの前に<u>焼酎**の**グラス</u>を置く。いかにも近所のなじみ客ばかりの店で、またもやアキの恰好は完全に浮いていた。(最後の恋)

그러나 다음 예는 B가 [用器]는 아니지만, A가 [용도]를 나타낸다는 점에서는 이와 동일하다.

[예78] 朝になったらペディキュアを塗ろうと思った。私は髪をかきあげ、立ち上がって食器棚をあけた。直径が十五センチほどある、大きなガラスの壜(びん)をとりだす。パスタ用の広口壜で、白いふたがついている。<u>ワイン**の**コルク</u>を入れてあり、コルクは壜の三分の一ほどをみたしていて、ふるとことことといい音がする。(冷静と情熱のあいだ Rosso)

또, 다음 예도 B가 A의 내용(물)을 나타낸다는 점에서는 예 74～76과 동일하다. 그러나 A가 [用器]가 아니라는 점과, 또 한편으론 예 63～65와 같이 [전체]와 [부분]으로 해석이 가능할 것 같기도 하기에 현재로서는 어떻게 처리해야 할지 좀 더 고민을 해야 하는 부분이기도 하다.

[예79] 「おれ、父親とお袋そろってどっかに行って遊んだり、旅行したって記憶がないんだ」Tがいった。Tの父親は、母親にいわせれば、「あんなに冷たいひとはいない」のだそうだ。「もしあなたがいなければ、とっくに離婚してたんだけど」というのが母親の口癖だった。
「海ぐらい行ったろ? 夏休み」
「いや、とにかく、父親は家にいなかったんだ」Tは配られた弁当**の**鮭を箸でつつきながらいった。(家族の標本)

그러나 다음과 같은 경우는 A가 B의 [내용(물)]을 나타내고 있다.

[예80] カナ子が裏庭で菊を採って、花瓶にいけ、二階に上がっていくと、川崎は窓に腰を下ろして、遠くの山を眺めていた。室は、それほど上等なつくりではないが、美保子の丹精でよく磨かれており、住心地がわるくなさそうだった。その中に、机、本箱など学生道具が置かれ、ゴッホの絵や仏像**の**写真などが、壁に掲げられてあった。(若い娘)

[예81] あたたかい日だ。お昼はセンピオーネ公園でサンドイッチを食べた。玉子**の**サンドイッチ。日本風の、マヨネーズで和(あ)えたゆで玉子だけのサンドイッチだ。これはマーヴも好きで、ときどきおやつに食べたがる。(冷静と情熱のあいだ Rosso)

[예82] 老猫は私が箸でつまんだからあげを前脚ではたき落とし、ウーッと唸(うな)りながら食べはじめた。そして私が鮭**の**おにぎりに手をのばすと、まだからあげが残っているのに飛びかかってきた。(家族の標本)

또, 다음 예문은 B가 나타내는 사물의 [종류(이름)]를 A가 나타내고 있다.

[예83] 僕たち、寂しく無力なのだから、ほかになんにもできないのだから、せめて言葉だけでも、誠実こめてお贈りするのが、まことの、謙譲の美しい生き方である、と僕は今では信じています。常に、自身にできる限りの範囲で、それを成し遂げるように努力すべきだと思います。どんなに小さいことでもよい。タンポポ**の**花一輪の贈り物でも、決して恥じずに差しだすのが、最も勇気ある、男らしい態度であると信じます。(葉桜と魔笛)

[예84] よく晴れた晩秋の午後で、川崎が腰を下ろしている窓のすぐ外には、葉が落ちつくした柿**の**木の枝が、黒い強いデッサンで中空に浮かび上がっており、赤い実が二つ、まるくつやつやと光って生(な)っていた。裏庭つづきの隣家の軒下には、冬の漬物用の大根が、縄につるされて下がっていたが、陽を浴びてるせいか、耀(かがや)くように白かった。(若い娘)

[예85] 唇をすぼめ、煙草**の**煙をまっすぐに吐く。私は微笑んだ。
(冷静と情熱のあいだ Rosso)

그러나 다음과 같은 예문은 현재로서는 해결해야 할 과제이다. 왜냐하면 눈에서 흘리는 액체를 눈물이라고 하면, 「血の涙」라는 것은 실지로 눈에서 흘린 것이 [피]라는 의미인지, [피와 같은 눈물]인지, 아니면 [피가 섞인 눈물]인지를 알 수 없기 때문이다. 「血の涙」를 흘리는 것이 예문처럼 「絵の中の武者」가 아니라 살아 있는 사람이라 하더라도, 「血の涙」에서의 「血」와 「涙」의 관계가 어떠한 관계인지는 해결해야 할 과제인 것이다.

[예86] 「毎年、一月十一日が来ると、この絵の中の武者が血**の**涙を流すの

です」
奈緒子には信じられなかった。
「これ、ただ塗料が溶けて流れているだけですよ。誰かのいたずらです」
「おいたずらではございません。～」(トリック2)

7. 마치며

우리나라의 일본어 교재를 보면 일반적으로 첫 도입단계에서부터 조사「の」에 대하여 가르치고 있는데, 이들을 살펴보면 분류기준을 서로 다르게 적용하고 있기도 하며, 또는 아무런 언급이 없이 지나쳐버리기도 하고, 분류에서 오류가 있기도 하는데, 이것은「명사+の+명사」에 대해 깊게 생각하지 않고 너무나도 쉽게 정의를 내리고 있기 때문인 것 같다.

앞에서도 언급하였지만, 사실「명사＋の＋명사」를 설명하기가 그리 쉬운 문제가 아니다. 왜냐하면 조사「の」에 대한 설명을 하기 위해서는「명사＋の＋명사」에 있어「の」의 앞과 뒤에 오는 명사의 성격을 규정해야만 논리적이고 문법적인 설명이 가능하기 때문이다.

이러한 이유로 여기에서는「명사＋の＋명사」를「Aの B」로 나타내기로 가정하여, A와 B 양쪽 모두에 사람명사가 오는 경우, A에 사람명사가 오고 B에 사물명사가 오는 경우, A에 사물명사가 오고 B에 사람명사가 오는 경우, 그리고 A와 B 양쪽 모두에 사물명사가 오는 네 가지 경우를 작품 속에 실지로 쓰인 예문을 중심으로 A와 B의 두 명사 사이의 관계를 문맥을 통해 분석하였다. 왜냐하면, A와 B에 오는 명사가 같다할지라도 문맥에 따라 A와 B의 의미적인 관계가 다르다는 것은, 앞의 본문을 통해 구체적으로 증명되었기 때문이다.

그러나 아무리 작품 속의 예문을 통해 [사람명사+の+사람명사]인 경우와 [사람명사+の+사물명사]인 경우, [사물명사+の+사물명사]인 경우, 그리고 [사물명사+の+사람명사]인 경우를 분석해 앞 뒤 두 명사 사이의 관계를 밝혔다고 하더라도, 지금까지 논한 필자의 설명으로 이 네 경우의 두 명사 간의 의미적인 관계가 모두 밝혀졌다는 것을 의미하는 것은 아니다. 왜냐하면 하나의 예로, 작품 속에서는 발견되지 않았지만 「あっ、アイスクリーム**の**おじいさんだ!」와 같은 경우도 생각할 수 있기 때문이다. 이 때의 「アイスクリームのおじいさん」이란, 문맥에 따라 [생산자]와 [생산물]의 관계가 되어 「アイスクリームのおじいさん」의 의미가 アイスクリーム를 만드는 おじいさん도 될 수 있지만, 문맥에 따라서는 [판매자]와 [상품]이 되어 アイスクリーム를 파는 おじいさん이라고도 해석이 가능하기 때문이다. 또 「バスの乗客」「飛行機の乗客」와 같은 예문도 작품 속에서는 발견되지 않았지만, 이런 경우도 생각할 수 있는데, 이때는 두 명사 간의 의미적인 관계가 예 53의 「トラックの運転手」와는 분명히 다르기 때문이다. 이와 같이 앞으로 해결해야 될 과제가 없는 것이 아니다. 다양한 장르의 작품 속의 더 많은 용례를 수집해, 여기에서 언급되지 않은 두 명사 간의 다양한 의미적인 관계를 문맥을 통하여 구체적으로 더욱더 밝혀야 할 것은 금후의 과제이기도 하다.

▌인용 및 참고문헌

이미숙 김옥임 남득현 공저 (2007)『20문형으로 배우는 와이즈 일본어문법1』(사람in)
오현정 하스이케 이즈미 박행자 외 (2006)『다락원 다이나믹 일본어 Step1』(다락원)
오현정 (2001)「連修飾句の語順」(『日本学報』 第49輯)
오현정 (2006)「일본어와 한국어의 연체수식어의 어순」(『日語日文学研究』第58輯)
임창규 이누이히로시 (2003)『e-뱅크 일본어(기초1)』(일본어뱅크)
加藤彰彦 佐冶圭三 森田良行 (1989)『日本語概説』(桜楓社)
鈴木重幸 (1972)『日本語文法 形態論』(むぎ書房)
鈴木康之 (1994)『現代日本語の名詞的な連語の研究』(日本語文法研究会)
林 巨樹『現代国語例解辞典 第一版 第十刷』(小学館)

제2부
한 · 일 대조연구편

제10장
인칭에 따른 「~しよう」와 「~하자」의 비교연구

1. 들어가며

일본어에 있어서 「~しよう」(정중체는 「~しましょう」)라는 동사의 형태와 한국어에 있어서의 「~하자」(정중체는 「~합시다」)라는 동사의 형태가 각각의 문장에서 文末述語로 쓰일 때 「~しよう」와 「~하자」의 모달리티적 의미가 인칭에 따라 변하는데, 모달리티적 의미가 각 인칭에 따라 어떻게 변화하며, 또 일본어의 「~しよう」와 한국어 「~하자」의 대응관계는 어떠한지를 비교해 살펴보기로 한다.

2. 인칭변화에 따른 모달리티적 의미의 변화

2.1. 1인칭의 경우

일본어에 있어서 「~しよう」라는 동사의 형태가 1인칭 문장에서 文末述語로 쓰이는 경우에는, 다음에서 보여지 듯 話者의 意志를 나타낸다.

[예1] 花嫁は、夢見心地でうなずいた。メロスは、それから花婿の肩をたたいて、「支度のないのはお互いさまさ。わたしの家にも、宝といっては、妹と羊だけだ。ほかには何もない。全部**あげよう。**もう 一つ、メロスの弟になったことを誇ってくれ。」(走れメロス)

[예2] 目が覚めたのは明くる日の薄明のころである。メロスははね起き、南無三、寝すごしたか、いや、まだまだ大丈夫、これからすぐに出発すれば、約束の刻限までには十分まにあう。今日はぜひとも、あの王に、人の信実の存するところを**見せてやろう**。(走れメロス)

[예3] よろよろ起き上がって、見ると、岩の裂け目から滾々(こんこん)と、何か小さくささやきながら清水がわき出ているのである。その泉に吸いこまれるようにメロスは身をかがめた。水を両手ですくって、ひと口飲んだ。ほうと長いため息が出て、夢から覚めたような気がした。歩ける。**行こう**。(走れメロス)

[예4] 「願いを、聞いた。その身代わりを呼ぶがよい。三日目には日没までに帰って来い。遅れたら、その身代わりをきっと殺すぞ。ちょっと遅れて来るがいい。おまえの罪は、永遠に**許してやろう**ぞ。」(走れメロス)

일본어에 있어서「~しよう」라는 동사의 형태가 1인칭 문장에서 文末述語로 쓰일 때는, 話者의 意志를 나타내는 것과 마찬가지로, 한국어에 있어서「~하자」라는 동사의 형태도 1인칭 문장에서 文末述語로 쓰일 때는 話者의 意志를 나타내지만, 이렇게 話者의 意志를 나타내는「~하자」라는 例文을 작품 속에서 실지로 찾기란 일본어의「~しよう」처럼 그리 쉽지 않았다.

[예5] 흔히들 하수상한 세월이니만큼 사랑이 없이는 살아도 가진 것이 없이는 살 수 없다는 요즘이지만 언제나 말없이 곁에 있어준, 진실로 사랑하는 사람은 바로 남편이었음을 깨달았으니 죽는 날까지 그를 위해 **웃어보자**.
온몸을 쇠사슬로 감고 있으면 어떤가.
그는 가족을 지키기 위해 방법이야 옳지 않더라도 나름의 최선을 다한 영웅인 것을. (너의 가슴에 나의 사랑을 묻을 수 있다면)

[예6] 8월 27일 오후 2시. 결국 족집게를 찾았다. 엄마는 내가 아빠의 넥타이 서랍에 있는 족집게를 못 찾아낼 거라고 생각했겠지. 그런데 넥타이 서랍에서 족집게 말고도 이상한 물건을 찾아냈다. 그것은 상자에 들어있는 앞치마였다. 부디 아빠가 특이한 복장 도착자(倒錯者)가 아니길 빈다. (중략) 8월 30일 오후 1시. 나는 아직 아빠의 앞치마에 대한 의문을 풀지 못했다. 9월 1일 오후 7시. 엄마가 말했다. "그건 아빠에게 특별한 앞치마야. '정신 차리고 **살자'** 뭐 그런 의미가 담긴 일종의 단복이지. 자, 이제 가는 정이 있으면 오는 정도 있겠지?" (나는 조지아의 미친 고양이)

[예7] (혼자서 미니 채소를 먹으며) "으음 맛있다. 하나 더 **먹자**." (2006.3.3 (금) SBS 투데이「미니 채소가 뜬다」에서)

그런데 일본어는「～しよう」의 정중체인「～しましょう」도 1인칭 문장에서 文末述語로 쓰일 때는 다음 예 8·예 9에서 보여지 듯 話者의 意志를 나타내지만, 한국어의 경우「～하자」의 정중체인「～합시다」라는 형태는 1인칭 문장에서 사용되지 못한다.

[예8] 「なるほどねえ。貴女だったら、御亭主の首根ッこをグッと抑えつけた家庭をつくっていくでしょうからね。そういう気の毒な男の面を見たいものだ。いや、人間なにかとり柄があるもンだな。…… それじゃあ、僕は二階に**引き上げましょう。**そして、僕の炬燵にもぐりこんで、勝手な妄想にふけることに**しましょう**」(若い娘)

[예9] 僕たち、寂しく無力なのだから、ほかになんにもできないのだから、せめて言葉だけでも、誠実こめてお贈りするのが、まことの、謙譲の美しい生き方である、と僕は今では信じています。常に、自身にできる限りの範囲で、それを成し遂げるように努力すべきだと思います。どんなに小さいことでもよい。
タンポポの花一輪の贈り物でも、決して恥じずに差しだすのが、最も

勇気ある、男らしい態度であると信じます。僕は、もう逃げません。僕は、あなたを愛しています。毎日、毎日、歌を作ってお送りします。それから、毎日、毎日、あなたのお庭の塀の外で、口笛吹いて、**お聞かせしましょう。**あしたの晩の六時には、早速口笛、軍艦マーチ吹いてあげます。僕の口笛は、うまいですよ。(葉桜と魔笛)

또 일본어는 다음에서 보여지는 것과 같이「～しよう」라는 형태든지,「～しましょう」의 형태든지 형태론적으로 이들 뒤에 의문조사「か」를 붙여 의문형을 만들 수 있지만 한국어는 그렇지 못하다.

[예10] わたしは、永遠に裏切り者だ。地上で最も、不名誉の人種だ。セリヌンティウスよ、わたしも死ぬぞ。きみといっしょに死なせてくれ。きみだけはわたしを信じてくれるに違いない。いや、それもわたしの、独りよがりか? ああ、もういっそ、悪徳者として**生き延びてやろうか。**(走れメロス)

[예11] 今は、— 年取って、もろもろの物欲が出てきて、お恥ずかしゅうございます。信仰とやらも少し薄らいでまいったので**ございましょうか、**あの口笛も、ひょっとしたら、父の仕業ではなかったろうかと、なんだかそんな疑いを持つこともございます。(葉桜と魔笛)

2.2. 1・2인칭의 경우[1)]

일본어에 있어서「～しよう」라는 동사의 형태가 1인칭 문장에서 文末述語로 쓰일 때는 話者의 意志를 나타내는 것에 반해 1・2인칭의 문장에서 文末述語로 쓰일 때는 권유를 나타내는데, 의지냐 권유냐에 대해 鈴木

1) 이것은 鈴木重幸씨의 용어로 鈴木重幸씨는 話者와 聴者를 포함한 개념으로『日本語文法・形態論』에서는 一＝二人称라고 표기하고 있음. p.54

重幸씨는 다음과 같이 논하고 있다.[2)]

さそいかける形は、テキストにあるように、二つの意味（さそいかけ、意志）にもちいられる。さそいかけと意志のちがいは、動作の主体が、さそいかけでは話し手とあい手であるのに対し、意志では話し手だけである点である。この二つの意味のちがいは、主語、修飾語、独立語や文脈、場面などで区別される。

[예12] 「いま、皮を研究班に渡してきました。それをとかすビールスを作らせています」
「それはいい。やつらの皮膚がビールスにおかされ、どろどろにとけるのを、われわれはここから見物できるわけだな。早く見たいものだ」
彼らは期待でわくわくしながら待った。そのうち研究班が完成を知らせに来る。
「できました」
「よし、さっそく**ばらまこう**」(ねらわれた星)

[예13] 「ええ、ほんとうよ。お兄ちゃんは新聞配達をしてがんばってくれてるし、淳ちゃんがお買い物や夕飯のしたくを毎日してくれたおかげで、お母さん安心して働くことができたの。よくがんばったからって、会社から特別手当をいただいたの。それで支払いをぜんぶ終わらすことができたの」
「お母さん! お兄ちゃん! よかったね! でも、これからも、夕飯のしたくはボクがするよ」
「ボクも新聞配達、続けるよ。淳! **がんばろうな!**」(一杯のかけそば)

[예14] 「こんどは、あの星の連中をやっつけて**楽しもうぜ**」
金属質のウロコで全身をおおわれた生物は、彼らの宇宙船のなかで、仲間にこう言った。

2) 鈴木重幸『日本語文法・形態論』(p.316)・むぎ書房

「よかろう」(ねらわれた星)

[예15] 「さあ、もうすぐ、やつらののたうち回って苦しむところが見られるぞ」
「そら、効いてきた」
しかし 彼らは不満げな声で話しあった。
「おかしいぞ。やつらはあわてているが、だれも死なないじゃいか。死なないどころか、なかにはむしろ喜んでいるやつもいるようだ」
「変ですね。なんだか薄気味わるくなってきた。もうやめて引きあげましょう」
「ああ、べつの星に**いこう**」(ねらわれた星)

일본어에 있어서「~しよう」라는 동사의 형태가 1・2인칭 문장에서 文末述語로 쓰일 때는, 권유를 나타내는 것과 마찬가지로, 한국어에 있어서「~하자」라는 동사의 형태도 1・2인칭 문장에서 文末述語로 쓰일 때는 권유를 나타낸다.

[예16] "엄마, 이게 무슨 냄새야?"
어머니는 말없이 걸었다. 나는 다시 물었다.
"엄마, 이게 무슨 냄새지?"
어머니는 나의 손을 잡았다. 어머니는 걸음을 빨리 하면서 말했다.
"고기 굽는 냄새란다. 우리도 나중에 **해먹자**."
"나중에 언제?"
"자, 빨리 **가자**."
어머니는 말했다.
"너도 공부를 열심히 하면 좋은 집에 살 수 있고, 고기도 날마다 먹을 수 있단다." (난장이가 쏘아올린 작은 공)

[예17] "이사간 델 아시죠?"
"암, 알잖구."
"사무장님을 만났어요."

잠이 들 듯 말 듯한 상태에서 나는 말했다.
"아주머니가 다 말씀해주실 거라고 했어요."
"다른 말은 없었지?"
"무슨 일이 있었어요?"
"한잠 자라. 자구 나서 우리 **얘기하자**."
"말씀을 듣기 전엔 못 잘 것 같아요." (난장이가 쏘아올린 작은 공)

[예18] "영희를 보았다는 사람은 주정뱅이 아저씨밖에 없었어."
변명하듯 내가 말했다.
"비행접시가 내렸다는 곳이 여기야."
"그래 밤새도록 뭘 봤니?"
"형은 내가 그 아저씨 말을 믿었던 것 같아?"
"아니."
"찾아나설 데가 있어야지."
"그만 **들어가자**."
"형은 영희가 왜 집을 나간 것 같아?"
"너희들 때문이야."
어머니는 말했다. (난장이가 쏘아올린 작은 공)

그리고 일본어에 있어「~しましょう」라는 형태도 1・2인칭에서 文末述語로 쓰일 때는 권유를 나타내며,

[예19]「あいすみません。…… ところで、僕が婦人科を専攻にしたのは、天使や女神のようにすばらしく思われる婦人でも、動物のメスとしての、素朴で原始的な生理から脱却できないでいるのだということを、しょっちゅう自分に確かめさせておきたかったからです。つまり、女性というものを、高からず低からず、正確に理解したかったからです……」
「なんだか意味ありげですのね。私はまた女の身体をのぞきたいから

ではなかったのかしら — と思ったりしていましたわ」
「失礼!」
「失礼。…… さあ、はじめにこれだけ諒解しあっておいて、このあと私たちは仲良く暮らすことに**いたしましょう**……」(若い娘)

[예20] 彼らの宇宙船はその星を一周し、ビールスをまんべんなく、まきちらした。
「さあ、もう すぐ、やつらののたうち回って苦しむところが見られるぞ」
「そら、効いてきた」
しかし、彼らは不満げな声で話しあった。
「おかしいぞ。やつらはあわてているが、だれも死なないじゃいか。死なないどころか、なかにはむしろ喜んでいるやつもいるようだ」
「変ですね。なんだか薄気味わるくなってきた。もう**やめて引きあげましょう**」
「ああ、べつの星にいこう」(ねらわれた星)

[예21] 「お母さん、頭のいい人間は、三月おつき合いをすると、よその人たちが三年間おつき合いしたよりも、深く理解し合うものなのよ。お母さん、私といっしょに暮らす?」
「ああ、暮らしますよ、お前となら……」
「そう**しましょう**ね。…… 足自慢の孫悟空が何千万里を飛び駈けたと思っても、仏様の掌から脱(ぬ)け出すことができなかったそうだけど、私もそれに似ていたわ。人間なんて …… 女なんて …… 弱いものね」
「弱いことを知りながら、気をつけて、強く生きるようにするんだよ……」(若い娘)

일본어와 동일하게 한국어에 있어「~합시다」라는 형태도 1・2인칭 문장에서 文末述語로 쓰일 때는 권유를 나타낸다.

[예22] 현금이 많이 있을 줄 알았는데 낮에 은행에 입금을 시킨 모양이오. 귀금속을 처리하는 곳을 내가 알고 있으니 상관없소. 금방 현금이 될 테니까. 나중에 몫을 **나누도록 합시다**. (너의 가슴에 나의 사랑을 묻을 수 있다면)

[예23] 황홀해져 있으면 괴로움이 찾아 들지요.
어느새 보니, 이게 소설이 되어 있더란 말입니다.
연극도 그런 식으로 **해 봅시다**요!
생생한 인간 생활 속에 손을 푹 **넣어봅시다** !
누구나 하고 있는 일이지만, 본인은 모릅니다. (파우스트)

[예24] 준비할 필요도 없습니다.
모두 모였으니, 자, **시작합시다**! (파우스트)

그런데 「~しましょう」와 「~합시다」의 차이점은 일본어의 「~しましょう」라는 형태는 위의 예 20・예 21에서 보여지 듯 손윗사람(예20 : 상관 / 예21 : 어머니)에게 사용할 수 있지만, 한국어의 「~합시다」라는 형태는 손윗사람에게는 사용하지 않는다는 것이다.

2.3. 2인칭의 경우

앞의 1・2인칭의 경우에서 보았듯이 話者가 聽者에게 어떤 동작(행위)을 요구하는데 있어 그 동작(행위)을 話者가 함께 하면 「~しよう」라는 형태는 권유의 의미가 되었다. 그런데 話者가 聽者에게 어떤 동작(행위)을 요구하면서 話者는 행하지 않고 오로지 聽者에게만 그 동작(행위)을 하기를 바라고 요구할 때, 즉 「~しよう」라는 동사의 형태가 2인칭 문장의 文末述語로 쓰일 때는 다음 예문에서 보여지 듯 「~しよう」라는 형태는 명령의 의미를 지니게 된다. 여기에 대해 仁田義雄씨는 다음과 같이 논하고 있다.[3)]

さらに、「シヨウ」の形は、誘いかけの形を取りながら、機能的には命令相当としても使われる。たとえば、小学校の一年生の教室で先生が子供達に、「さあ、静かにしましょう。」と言えば、これは静かにすることの中に話し手の先生が含まれているわけではなく、結果的に静かにする動作主体は聞き手である子供達だけに限られており、動作主体が二人称者であるところの命令と機能的に等価であることになる。

[예25] 「あのー …… かけそば …… 一人前なのですが …… よろしいでしょうか」
「どうぞどうぞ。こちらへ」
女将は、昨年と同じ二番テーブルへ案内しながら、
「かけ一丁!」
と大きな声をかける。
「あいよっ! かけ一丁」
と主人はこたえながら、消したばかりのコンロに火を入れる。
「ねえお前さん、サービスということで三人前、**出してあげようよ**」
そっと耳打ちする女将に、「だめだ。そんな事したら、かえって気をつかうべ」(一杯のかけそば)

예 25를 보면 부인인 女将은 홀에서 안내를 하는 입장이며 남편은 주방에서 요리하는 사람인 것을 알 수 있다. 부인인 女将이 남편에게 「ねえお前さん、サービスということで三人前、出してあげようよ」라고 살짝 귀엣말을 했을 때, 부인도 주방에 있었기에 [권유]라고 볼 수도 있겠지만, 음식을 만들어 내는 사람은 남편이기에(부인인 女将은 음식을 만드는데 동참하지 않음) 「ねえお前さん、サービスということで三人前、出して

3) 仁田義雄『日本語のモダリティと人称』(p.33)・ひつじ書房

あげようよ」에서의 「出してあげようよ」의 의미를 「出してあげなさいよ」로 보아도 무관하다고 할 수 있다. 이와 같은 현상은 다음 예문에서 보여지 듯 한국어의 「～하자」도 동일하다.

[예26] (교실에서 선생님이 아이들에게)
얘들아 조금 **조용히 하자**. 알았지?

다음의 예27도 [살펴보다]라는 동작(행위)에 話者가 포함되냐 포함되지 않냐에 따라 달라지겠지만, 만일 [살펴보다]라는 동작(행위)에 話者가 자신을 포함하지 않는다면 명령으로 해석이 가능할 것이다.

[예27] 현재 인간 사회를 **살펴보자**. 현대 산업사회에서 대부분의 과잉 생산은 기업에 의해 이루어지고 있다. 이런 차원에서 최근 기업의 사회 환원운동은 공동체에 의해 주어진 의무를 다하는 지극히 당연한 일이라 할 수 있을 것이다. (2005·4·11 조선일보의 아침논단)

이와 같이 話者를 포함하지 않는 경우라고 판단하여 명령의 의미로 鈴木重幸씨는 「交通道徳を**まもりましょう!**」라는 例文을 들고 있으며,[4] 仁田義雄씨는 「こどもにいたずらをしないように**しましょう**。茨城市立中津小学校」라는 例文을 들고 있다.[5] 그런데 한국어에 있어서도 예 28과 같이「～하자」의 정중체인「～합시다」도 2인칭 문장의 文末述語로 쓰일 때는 話者를 포함하지 않기에 명령으로 해석이 가능한 경우도 있다.

4) 鈴木重幸『日本語文法・形態論』(p.58)・むぎ書房
5) 仁田義雄『日本語のモダリティと人称』(p.213)・ひつじ書房

[예28] 울퉁불퉁한 시골길로 버스 한 대가 들어섰습니다. 읍내에서 하루에 꼭 한번 들르는 시외버스였습니다. 몇 년을 한결같이 이 버스만 몰아 온 기사는 구석구석 들어앉은 동네며, 장날 누가 읍내를 가는지까지 훤히 꿸 정도였습니다.

"아이구 우짠댜. 버스 놓치겄네."

한 할머니가 헉헉대며 달려오고 있었습니다. 정류장에서 한참을 서 있던 버스가 막 출발하려고 할 때 한 승객이 소리쳤습니다.

"아, 잠깐만요. 저기 할머니가……."

기사의 눈에 멀리서 보따리를 이고지고 달려오는 할머니 한 분이 들어왔습니다. 할머니는 행여 버스를 놓칠세라 종종걸음을 쳤지만 버스 꽁무니가 멀게만 보였습니다.

"에이. 이거 나 원 참……."

마음이 급한 승객들은 불평을 늘어놓았습니다.

"아 **출발합시다**. 대체 언제까지 기다릴거요?"

참을성 없는 승객이 울그락불그락 바쁘다고 재촉하자 기사가 말했습니다.

"죄송합니다 손님. 저기 우리 어머님이 오고 계셔서요."(느림보 버스)

2.4. 3인칭의 경우

「~しよう」라는 형태가 다음 예문에서 보여지는 것과 같이 3인칭 문장에서 文末述語로 쓰일 때는 추측의 의미가 된다. 여기에 대해 鈴木重幸씨는 「文語的な文体では、 さそいかける形がおしはかりの意味をあらわすことがある。 とくに無意志動詞では、 さそいかける形は、 おしはかりの意味でしかもちいられない」라고 논하면서 「そんな ことも あろう。」「あすは 雨が ふりましょう。」라는 예문을 들고 있으며,[6] 仁田義雄

6) 鈴木重幸『日本語文法・形態論』(p.318)・むぎ書房

씨는「明日は全国的に晴天に恵まれましょう」라는 예문을 들고 있다.[7)]

[예29] メロスも、満面に喜色をたたえ、しばらくは、王とのあの約束をさえ忘れていた。祝宴は、夜に入っていよいよ乱れ華やかになり、人々は、外の豪雨を全く気にしなくなった。メロスは、一生このままここにいたい、と思った。このよい人たちと生涯暮らしていきたいと願ったが、今は、自分の体で、自分のものではない。ままならぬことである。メロスは、わが身にむち打ち、ついに出発を決意した。明日の日没までには、まだ十分の時がある。ちょっとひと眠りして、それからすぐに出発しよう、と考えた。そのころには、雨も小降りに**なっていよう。**(走れメロス)

[예30] 前に書いたように、この附近で水のあるのは、まず私の分隊小屋のあった谷である。が、そこへ行くには、今は米軍の占拠する中隊本部の山を越えねばならない。第二はやや遠いがこの谷川についてどこまでも下って、その注ぐ別の大きな川に達することである。しかしそれにはさっき二人の軍曹の語らった地点を通らねばならず、それはこの谷を横切る主要道路の一つであるから、なお米軍のいる公算大である。少なくとも日暮れまで彼等はそこを**去らないであろう。**(俘虜記)

예29・30에서 보여지 듯 일본어에서는「〜しよう」라는 형태가 3인칭 문장에서 文末述語로 쓰이지만, 한국어의「〜하자」라는 형태는 3인칭 문장에서 文末述語로 쓰이지 못하며, 또 다음 예문에서 보여지 듯 일본어는「〜しましょう」가 3인칭 문장에서 文末述語로 쓰일 때도「〜しよう」와 동일하게 추측의 의미가 되지만 한국어의「〜합시다」라는 형태는「〜하자」와 동일하게 3인칭 문장에서 文末述語로 쓰이지 못한다.

7) 仁田義雄『日本語のモダリティと人称』(p.212)・ひつじ書房

[예31] 神様は、在る。きっと、いる。私は、それを信じました。妹は、それから三日目に死にました。医者は、首をかしげておりました。あまりに静かに、早く息を引き取ったからで**ございましょう。**けれども、私は、その時、驚かなかった。何もかも神様の、おぼしめしと信じていました。(葉桜と魔笛)

[예32] 学校のお勤めからお帰りになって、隣りのお部屋で、私たちの話を立ち聞きして、ふびんに思い、厳酷の父としては一世一代の狂言したのではなかろうか、と思うことも、ございますが、まさか、そんなこともないでしょうね。父が在世中なれば、問いただすこともできるのですが、父が亡くなって、もう、かれこれ十五年にもなりますものね。いや、やっぱり神様のお恵みで**ございましょう。**(葉桜と魔笛)

3. 마치며

지금까지 언급한 것을 여기에서 간단히 요약해 보면 다음과 같다.

① 일본어의 1인칭 문장에서 동사의 「~しよう」라는 형태가 文末述語로 쓰일 때는, 話者의 意志를 나타내는 것과 마찬가지로, 한국어의 「~하자」라는 동사의 형태도 文末述語로 쓰일 때는 話者의 意志를 나타낸다. 그런데 일본어는 「~しましょう」도 1인칭 문장에서 文末述語로 쓰일 때는 話者의 意志를 나타내지만, 한국어의 「~합시다」라는 형태는 1인칭 문장에서 사용되지 않는 차이가 있으며, 또 일본어는 「~しよう」라는 형태든지, 「~しましょう」의 형태든지 형태론적으로 이들 뒤에 의문조사 「か」를 붙여 의문형을 만들 수 있지만 한국어는 그렇지 못하다.

② 1・2인칭 문장에서는 일본어의 「~しよう」라는 형태나 「~しましょう」라는 형태나 文末述語로 쓰일 때는, 권유를 나타내며, 이와 동일

하게 한국어의「~하자」라는 형태도「~합시다」라는 형태도 文末述語로 쓰일 때는 권유를 나타내지만, 일본어의「~しましょう」라는 형태는 손윗사람에게 쓸 수 있는 것에 반해 한국어의「~합시다」라는 형태는 손윗사람에게 쓸 수 없는 차이가 있다.

③ 2인칭 문장에서는 일본어의「~しよう」라는 형태나「~しましょう」라는 형태나 文末述語로 쓰일 때는 명령을 나타내며, 이와 동일하게 한국어의「~하자」라는 형태도「~합시다」라는 형태도 文末述語로 쓰일 때는 명령을 나타낸다.

④ 3인칭 문장에서는 일본어의「~しよう」라는 형태나「~しましょう」라는 형태나 모두 文末述語로 쓰이지만, 한국어의「~하자」와「~합시다」라는 형태는 쓰이지 못하며, 이 때 일본어의「~しよう」와「~しましょう」는 추측의 의미를 나타내게 된다.

▌인용 및 참고문헌

鈴木重幸 (1972)『日本語文法・形態論』(むぎ書房)
高橋太郎 外 (1994)『日本語の文法』講義テキスト
高橋太郎 (1994)『動詞の研究』(むぎ書房)
仁田義雄 (1991)『日本語のモダリティと人称』(ひつじ書房)
松村 明編『大辞林』(三省堂)
宮島達夫 (1994)『語彙論研究』(むぎ書房)

제11장
한 · 일간에 있어서의 「着点명사+이동동사」의 고찰

1. 들어가며

단어의 어휘적인 의미가 사람과 동물 또는 사물의 移動을 나타내는 動詞(移動動詞라고 칭함)가 명사와 결합할 때, 어떤 경우에는 한국어와 일본어에 있어서 그 표현되는 방법이 동일하지만, 어떤 경우에 있어서는 그 표현되는 방법에 있어 차이가 나타나는데, 여기에서는 여러 명사가 이동동사의 着点을 나타내는 경우를 대상으로 하여 한국어와 일본어간의 특징을 살펴보기로 한다.

2. 장소를 나타내는 名詞(場所名詞)와의 결합

한국어와 일본어에 있어서 移動動詞가 着点을 나타내는 場所名詞와 결합할 때에는, 다음 예문에서 보여지 듯 한국어와 일본어는 그 표현방법이 모두 동일하게 「場所名詞+助詞+移動動詞」라는 것을 알 수 있다.

[예1] "학교 기숙사로 **가서** 잘텐데, 문 닫을 시간이 지나서 걱정이야요. 여간 규칙이 엄해야죠. 시간이 급해서 사감한텐 말도 못 하고 나왔는데요." (상록수)

[예2] "정란아! 나 물 좀 줘. 정말 오늘 이 병원에 **오느라** 발에 불이 나도록

뛰어 다녔다."
"점심도 못 먹었니?"
"점심이 다 뭐니? 물 한 모금 제대로 못 마셨다니까!"
"그래?" (국화꽃 향기)

[예3] 의사 선생님들이 달려왔고, 성호는 곧바로 중환자실로 실려갔어요. 나도 중환자실에 두번 들어간 적이 있습니다. 갑자기 정신을 잃었는데 눈을 떠보니 벌거벗은 채 중환자실에 누워 있었어요. 하지만 하룻밤과 이틀밤을 지내고 다시 일반 병실로 **돌아왔죠**. (가시고기)

[예4] 이때로부터 예수 그리스도께서 자기가 예루살렘에 **올라가** 장로들과 대제사장들과 서기관들에게 많은 고난을 받고 죽임을 당하고 제 삼일에 살아나야 할 것을 제자들에게 비로서 가르치시니 (마태복음 16장21절)

[예5] 헤롯 왕 때에 예수께서 유대 베들레헴에서 나시매 동방으로부터 박사들이 예루살렘에 **이르러** 말하되 유대인의 왕으로 나신 이가 어디 계시뇨 우리가 동방에서 그의 별을 보고 그에게 경배하러 왔노라 하니
(마태복음 2장 1～2절)

[예6] 「そうよ。それで二人が切れたら、いいじゃないの」
「そう簡単じゃないわ。一度約束の場所に来なかったぐらいで、やめるなんて……」
「相手はどんな男?」
「梶川真治。四十四歳。K商事常務」
「― 調べたの? 凄い!」
「日曜日にね、もう一度Pホテルに**行った**の。あのレジの女の人がいたから、昨日の方にお礼を言いたいけど、何という方か分かりますか、って訊いたわけ」
「年齢まで分かったの?」(早春物語)

[예7] (さあ、存じません。お義兄(にい)さまは姉から何か聞いてらっしゃると思ってましたわ)
(なにも聞いてないな。英子が家を出かけるとき、美弥ちゃんはもう

うちに来てくれていたんだね。そのとき、英子はどこに行くと言って出たの?)

(どこといって別に。ちょっと銀座に**行って**買いものをするけど、それから知った先に寄ってくると言ってましたわ。それがどこだか姉も言わなかったし、わたしもべつに訊きませんでしたから)

(聞かなかった場所)

[예8] このときから、イエスは御自分が必ずエルサレムに**行って、**長老、祭司長、律法学者たちから多くの苦しみを受けて殺され、三日目に復活することになっていると、弟子たちに打ち明け始められた。

(マタイによる福音書16章21節)

[예9] イエスは、ヘロデ王の時代にユダヤのベツレヘムでお生まれになった。そのとき、占星術の学者たちが東の方からエルサレムに**来て、**言った。「ユダヤ人の王としてお生まれになった方は、どこにおられますか。わたしたちは東方でその方の星を見たので、拝みに来たのです。」(マタイによる福音書2章1～2節)

[예10] 「局長がその気なら実現できないことはないね」

「どうだす、浅井さんが今度もお供して神戸に**来やはったら**?」

「ぼくがね? しかし、この前に随行したばかりだからな。次は違う人が行くだろう。あとはほかの係長もいるし、課長補佐もいるし、課長もいるし …… 多士済々だね」(聞かなかった場所)

3. 사람을 나타내는 名詞(사람名詞)와의 결합

한국어와 일본어에 있어서 移動動詞가 着点을 나타내는 사람名詞와 결합할 때에는, 다음 예문에서 보여지 듯 한국어는 그 표현 방법이 「사람名詞＋助詞＋移動動詞」로서, 移動動詞가 場所名詞와 결합할 때와 동일하지만, 일본어는 그 표현방법이 「사람名詞＋(場所를 나타내는) 形式名詞

+助詞+移動動詞」로서, 移動動詞가 場所名詞와 결합할 때와는 같지 않음을 알 수 있다.

[예11] "태어나서 지금까지 29년 동안 삼순이 취급받는 거 정말 싫증났는데, 만난 지 얼마 안 된 남자에게서까지 삼순이 취급받곤 못 살아요! 이 계약 내 쪽에서 파기하겠어요. 돈이 너무 급해서 그 때는 댁한테 꾸는 것 이외의 방법이 생각나지 않았지만, 요며칠 다시 생각해 보니까 수단과 방법만 가리지 않으면 그 정도의 금액은 얼마든지 구할 수 있을 것 같더라구요. 내 장기라도 팔아서 그 5천만원 댁한테 **돌려드리죠**. 내가 그렇게 못할 것 같아요?" (내 이름은 김삼순)

[예12] "엄마한테 얘기하지 그랬어."
"엄만 그 사람을 무척 사랑했어요. 그래서 나는 학교를 다니다 말고 아버지한테로 **갔어요**.～"(소돔같은 거리에도)

[예13] 내일 프레이드가 LA로 떠나고 멕시코 가정부도 온다면 나는 내 할 일을 찾아서 그리운 최자실 목사님에게로 **가리라**.(소돔같은 거리에도)

[예14] 저물었을 때에 아리마대 부자 요셉이라 하는 사람이 왔으니 그도 예수의 제자라. 빌라도에게 **가서** 예수의 시체를 달라고 하니 이에 빌라도가 내어주라 분부하거늘～(마태복음27장57～58절)

[예15] '설마 또 학교 종이 땡땡땡…… 이러진 않겠지?'
그러나 이 요괴라면 모르는 일이다. 만약 그렇게 된다면…….
사, 상상하기도 두렵다. 그래서 삼순은 재빨리 남자에게 **다가갔다**.
(내 이름은 김삼순)

[예16] 그 때에 바리새인과 서기관들이 예루살렘으로부터 예수께 **나아와** 가로되 당신의 제자들이 어찌하여 장로들의 유전을 범하나이까 떡 먹을 때에 손을 씻지 아니하나이다.(마태복음15장1～2절)

[예17] 「どちらにしても、あたしそのうち、必ず専務さん**の**所に、あなたのことをいいに**行くわ**。あたし、自分があなたの慰みものになったなんて思

うの、耐えられないの。結婚するっていったからゆるしたのに……」(広き迷路)

[예18] そのころ、ファリサイ派の人々と律法学者たちが、エルサレムから<u>イエス**のもとへ**</u>**来て**言った。「なぜ、あなたの弟子たちは、昔の人の言い伝えを破るのですか。彼らは食事の前に手を洗いません。」(マタイによる福音書15章1～2節)

[예19] それでも洪作は母が滞在している間、学校を引けると、すぐ<u>おぬい婆**のところへ**</u>は**帰らないで**、母のいる上の家の方へ行った。(しろばんば)

[예20] 「夢の中の女」「秘密の女」朦朧とした、現実とも幻覚とも区別の附かない Love adventure の面白さに、私はそれから毎晩のように<u>女**の許**に</u>**通い**、夜半(よなか)の二時頃まで遊んでは、また眼かくしをして、雷門まで送り返された。(秘密)

[예21] 少し進んで行って、うつ伏せになり、祈って言われた。「父よ、できることなら、この杯を私から過ぎ去らせてください。しかし、わたしの願いどおりではなく、御心のままに。」それから、<u>弟子たち**のところに**</u>**戻って**御覧になると、彼らは眠っていたので、ペテロに言われた。～ (マタイによる福音書26章39～40節)

[예22] 吾輩は新年来多少有名になったので、猫ながら一寸(ちょっと)鼻が高く感ぜらるるのは有難い。
元朝早々主人<u>**の許へ**</u>一枚の絵端書(えはがき)が**来た**。(吾輩は猫である)

즉, 일본어는,「行く」「来る」「帰る」「通う」「戻る」과 같은 移動動詞(「行く」類 동사)가 사람名詞와 결합할 때에는 場所名詞가 着点을 나타내는 경우와 같이 직접 결합하지 못하며, 위의 예문에서 보이는 것과 같이 着点을 나타내는 사람名詞 뒤에「もと」「ところ」등과 같은, 場所를 나타내는 形式名詞를 넣어서 표현해야 한다는 것이다. (이러한 일본어의 특징에 반해 한국어는 명사의 종류에 따라 名詞 뒤에 붙는 助詞가 달라지는데, 移動動詞가 着点을 나타내는 場所名詞와 결합할 경우, 위의 예 1～5

에서 보여지 듯「~(으)로」「~에」라는 助詞가 사용되고, 移動動詞가 着点을 나타내는 사람名詞와 결합할 경우는 위의 예 11~16에서 보여지 듯「~한테(로)」「~에게(로)」「~께(로)」라는 助詞가 사용된다.)

日本語의 이러한 사실에 대해 鈴木重幸氏는『日本語文法・形態論』의 p.101에서 다음과 같이 논하고 있으며,

> ものや人をあらわす名詞が、場所をあらわす状況語になるためには、「一のなかに」「一のうえに」「一のしたに」「一のそばに」「一のまわりに」のような空間的な関係をしめす形式名詞をそえて、空間化する必要がある。

또, 같은 사실에 대하여 奥田靖雄氏는「を格の名詞と動詞とのくみあわせ」[1)]에서 다음과 같이 논하고 있다.

> [空間的なむすびつきをあらわす連語では]
> かざりになる名詞は場所をしめすものにかぎられるが、そうでない名詞がかざりの位置にくるときは、「…のなかを」「…のうえを」「…のあいだを」「…のもとを」というふうに、いちど空間化の手づつきをうけなければならない。

즉, 여기에서 鈴木重幸氏와 奥田靖雄氏가 논한 것을 요약해 보면, 사람名詞는 場所가 아니기에 移動動詞가 직접 結合할 수 있는 空間이 아니라는 것이다. 실지로 위의 예 17~22를 보면「専務さん」「イエス」「おぬい婆」「女」「弟子たち」「主人」이라는 사람名詞가「ところ」「もと」등

1)『日本語文法・連語論(資料編)』所収 p.140

의 形式名詞에 의해 空間化되었음을 알 수 있다.

그런데, 다음 예문에서 보여지 듯 移動動詞가 着点을 나타내는 사람名詞와 결합할지라도, 移動動詞가「近づく」「近づける」「近寄る」「歩みよる」「寄り添う」등과 같은 動詞(「近づく」類동사)일 때는 着点을 나타내는 사람名詞를 空間化하지 않아도 된다.

[예23] 僕は、あなたを、どうしてあげることもできない。それが、つらさに、僕は、あなたと、おわかれしようと思ったのです。あなたの不幸が大きくなればなるほど、そうして僕の愛情が深くなればなるほど、僕はあなたに**近づきにくくなる**のです。(葉桜と魔笛)

[예24] 群衆からも歔欷(きょき)の声が聞えた。暴君ディオニスは、群衆の背後から二人の様を、まじまじと見つめていたが、やがて静かに二人に**近づき**、顔をあからめて、こう言った。(走れメロス)

[예25] 相手は何か孤独そうな、刈りそろえたヒゲのある黒い顔を彼に**近づけて**、聞こうとした。(アメリカン・スクール)

[예26] 一同が群衆のところへ行くと、ある人がイエスに**近寄り**、ひざまずいて、言った。「主よ、息子を憐れんでください。てんかんでひどく苦しんでいます。」(マタイによる福音書17章14節)

[예27] 私は身をかがめて、彼女の絵具箱を拾い上げた。蓋が開いて、絵具のチューブが二つ三つ、砂利道のうえにこぼれ出ていた。私は絵具箱をぶらさげて、彼女に**歩みよった**。(鳥獣虫魚)

[예28] 「証明すればいいんでしょう? じゃあ、証明しますよ……」
そう言うと、健助は、いきなりみさ子に**寄り添って**、両腕の上から相手の身体を強引に抱えこんで、抵抗してのけぞらせるみさ子の顔の上に、自分の顔を無理に押しかぶせていった。(若い川の流れ)

이와 같이「近づく」類의 동사 (近づく・近づける・近寄る・歩みよる・寄り添う 등)는 着点을 나타내는 사람名詞와 결합할 때, 사람名詞를

空間化하지 않아도 되지만,「行く」類의 동사 (行く・来る・帰る・通う・戻る 등)는 사람名詞를 空間化하지 않으면 안 되는데, 鈴木重幸氏는『日本語文法・形態論』p.379의「動詞のすがた」라는 곳에서 日本語의 移動動詞인「いく」「くる」의 성격에 대하여 다음과 같이 논하고 있다.

> 「いく」「くる」という移動動作は、動作としては持続的な部分をふくむが、持続的な部分だけあって、目的地に到着するという側面(おわりの部分)がなければ、「いく」「くる」という動きはなりたたないので、これらは継続動詞ではない。

다시 말해,「行く」「来る」 등과 같은「行く」類의 동사는 動詞가 지니는 어휘적인 의미상 반드시 목적지를 필요로 한다는 것이다. 이것을 뒤집어 이야기해 보면「近づく」「近寄る」 등과 같은「近づく」類의 動詞는 그 나타내는 의미가 移動動作을 나타낸다 하더라도 어휘적인 의미가 목적지를 필요로 하지 않는다는 것이다. 그렇기 때문에 여기에 관련시켜 유추해서 생각해 보면 일본어에 있어 移動動詞가 着点을 나타내는 사람名詞와 결합할 때, 그 어휘적인 의미가 移動의 목적지를 필요로 하는 移動動詞는 着点을 나타내는 사람名詞를 반드시 空間化해야 하지만, 어휘적인 의미가 目的地를 필요로 하지 않는 移動動詞가 着点을 나타내는 사람名詞와 결합할 때는, 사람名詞를 空間化하지 않아도 된다는 것이다.

그런데, 이동동사가 着点을 나타내는 사람名詞와 결합할 때, 着点을 나타내는 사람名詞를 반드시 空間化해야 하는 일본어의「行く」라는 動詞가「医者」라는 단어와 결합할 때는, 다음 예에서 보여지 듯「医者」라는 사람名詞를 空間化하지 않고 사용되는데, 이것은「医者 = 病院」이라는 의미로 사용되었기 때문이라 생각이 되지만, 현재로서는 확실하지 않다. 만일「医者」라는 단어와 같이 사람이 직업을 나타내고, 그래서 그 직업을 나타내는 단어가 그 사람이 있는 場所를 나타내기 때문이라면, 이와 비슷한 단어로 「検事」「教師」 등이 있다. 하지만 이 들 단어는 「行く」라는 移動動詞와 결합할 때 일반적으로 空間化하지 않으면 안 되기에, 다음 예와 같이 「医者」라는 단어가 移動動詞와 결합할 때 空間化하지 않고 사용되는 그 이유에 대해서는 현재로선 불분명하다.

[예29] 「ああ、潤子さん」
と、武平はあえぐような声を出した。
「なによ、幽霊みたいな声をして。え、なんですって?」
彼女は武平のとぎれとぎれの報告を聞くと、
「まさか! だってガンって、四十歳過ぎの病気でしょう?」
「いや、ぼくもいろいろ調べたんだが、最近、ガン年齢はどんどん下がっているのだ。子供のガンだって稀じゃないそうだ」
「それであなた、まだ<u>医者に</u>**行ってないの**?」
「行ってない。行くのがこわい」(奇病連盟)

[예30] ガンというものは、それほど怖ろしがられている。
まして武平は悟りなんてひらいていないから、その恐怖たるや大変なものであった。
すぐにも<u>医者に</u>とんで**いきたい**が、反面、診察されて宣告を受けるのがこわい。そんなことで、武平は<u>医者にも</u>**行かず、**暗澹たる思いで数日を過した。(奇病連盟)

[예31] 半年程前、うがいをしていたら奥歯の詰め物がコロリととれた。私は驚き、「おお、二十年も前に詰めた物がこうして役目を終えて遂に出てきたか。よしよし、よくがんばった」等とひと通り詰め物に感謝した後、次第に痛みを覚えてきた。
やはり<u>歯医者に</u>**行く**べきであろう。行くべきなのは分かっているが、心は嫌(いや)だと言っている。しばらく放っておいたらさぞ痛くなるであろう。

そう思いつつしばらく放っておいたので、案の定"さぞ痛く"なってきた。
冷たい物を食べれば「ひぃぃ」と叫び、熱い物を食べれば、「おぉぉ」と叫ぶ。そのような生活を三週間余り続けてみたが、どうにもこうにも面白くない。私は主人に「歯医者に**行こう**と思うのだが怖くてなかなか行けない。一体どうすれば良いか」と相談してみた。
(たいのおかしら)

또 다른 경우는, 「行く」라는 移動動詞와 着点을 나타내는 사람名詞 사이에, 移動動作의 目的을 나타내는 말이 들어가는 다음 예와 같은 경우에도 사람名詞를 空間化하지 않아도 되는 듯하다.

[예32] ひたすら『永』を練習し、夕方になった。最後にいよいよ先生のところに見せに行ってマルをつけてもらったりするのだ。
そんな折、一人の初々しい少女がやってきた。少し古い言い回しをすれば『フレッシュさん』と言ったところか。そのフレッシュさんは、今日は入門の申し込みにだけ来たらしいが私と一緒に先生に**あいさつに**行くことになった。
師範の女性に連れられて、私とフレッシュさんは先生のいらっしゃる部屋へ案内された。(たいのおかしら)

[예33] 母が病気で死ぬ二、三日前台所で宙返りをしてへっついの角で肋骨(あばらぼね)を撲(う)って大いに痛かった。母が大層怒って、お前のようなものの顔は見たくないと言うから、親類へ**泊りに**行っていた。(坊っちゃん)

4. 사물을 나타내는 名詞(사물名詞)와의 결합

移動動詞가 着点을 나타내는 사물名詞와 결합할 경우, 다음에서 보여지 듯 한국어는 場所名詞와 사람名詞일 때와 같이 그대로 결합을 하여 표현되지만, 일본어는 사람名詞가 着点을 나타내는 경우와 같이 着点을 나타내는 사물名詞를 空間化해야 하는 것을 알 수 있다.

[예34] "얘, 축하한다!"
"……그럼?"
"그래, 임신이야. 놀랍게도 벌써 3개월이 넘었는데? 어떻게 그러고도 몰랐냐? 네가 망아지처럼 들뛰며 돌아다니는 데도 아기가 용케 자리를 잡았다 얘. 안심해도 돼!"
"버……벌써? 난 입덧도 안 했는데."
<u>책상으로</u> **돌아가** 기록 카드를 작성하는 정란 앞에 옷을 수습하고 앉은 미주의 얼굴은 기쁨으로 터질 것 같았다. (국화꽃 향기)

[예35] 미주는 비틀거리며 일어섰다.
"미주야, 정신차려!"
"왜? 난 네 말대로 하려는 거야. 좀전에 네가 개랑 술 마시랬잖아."
"그만 <u>텐트로</u> **돌아가자**. 회장인 네가 흐트러진 모습을 보이면 어떡하니?" (국화꽃 향기)

[예36] 승우는 침대 모포를 미주의 어깨까지 다독거려 잘 덮어 준 다음 스탠드 하나만을 켜 놓고 큰 불을 껐다. 그리고 더블침대 반대편에 놓인 한 장의 모포를 들고 <u>소파로</u> **가서** 앉았다. 승우는 앉은 채로 모포를 덮고 등과 머리를 등받이에 기댔다. (국화꽃 향기)

[예37] 그들의 베는 밭을 보고 그들을 따르라. 내가 그 소년들에게 명하여 너를 건드리지 말라 하였느니라. 목이 마르거든 <u>그릇에</u> **가서** 소년들의 길어 온 것을 마실찌니라. (룻기 2장 9절)

[예38] 「～刈り入れをする畑を確かめておいて、女たちについて行きなさい。若い者には邪魔をしないように命じておこう。喉が渇いたら、水がめの所へ**行って**、若い者がくんでおいた水を飲みなさい。」(ルツ記２章９節)

[예39] 「ちょっと、うちに電話を入れておきます」
「うん、それがええ」
梨絵は立ちあがって、部屋を出、廊下の公衆電話のところへ**行った。**十円玉を入れて、ちょっと震える指でダイヤルを回した。(水中花)

[예40] 暗い湖のへりを、急ぎ足で辿って行くと、あのスーパーマーケットが見えて来る。
もちろんもう閉まっているけれど、そのわきに、二台並んだ赤電話の所だけが、明るい。
私は、スラックスのポケットを探った。確か、小銭が入っていたはずだ。十円玉が一つ。—— かけそこなったら、おしまいだ。
まだ、あのメモはくしゃくしゃになって、ポケットに入っていた。私は、赤電話の所へ**行って、**メモを開げた。(早春物語)

[예41] 大塚が笑っているときに、径子が、前の椅子に坐るために近づいてきた。が、ふと、大塚の投げ出している素足を見ると、「爪が延びていますわ」と自分のスーツ・ケースのところに**引っ返した。**径子のすらりとした姿は、宿の着物を着ていてもよく似合った。径子は、大塚の足許にしゃがんで、紙をひろげ、爪をきりはじめた。(霧の旗)

[예42] 「はい、たしか、そこにあるブナの大木は田代温泉へ行く道の右側にあったものだと覚えています」
進藤特務曹長はブナの方に小型提灯を向けたがブナは吹雪にかくれて見えなかった。
「行って確かめて来い。もしそのブナが田代温泉へ行く道の途中にあったものならば、田代までお前が案内しろ」
進藤特務曹長は深雪の中をブナの木のところまで**戻って**、木に小型提灯の光を当てた。積雪は数メートルあるから、ブナの大木の幹は雪に埋まっていたが、枝が何本か雪の中から出ていた。
(八甲田山死の彷徨)

그러나 일본어의 경우, 着点을 나타내는 사물名詞가 移動動詞와 결합한다 할지라도, 移動動詞가「近づく」類의 動詞일 때는, 다음 예문에서 보여지 듯 着点을 나타내는 사물名詞를 空間化하지 않아도 되는데 이것은 이들 動詞가 사람名詞와 결합할 때와 동일하다.

[예43] 僕は管理人の言葉が聞えないふりをして、水槽に**近づいた。**タイルが淡く変色している水槽の縁に両手を支えて、僕はアルコール溶液に浸っている死体の群がりを見た。(死者の奢り)

[예44] ＜えぞっこ＞　と白く染めぬいたのれんと、赤や青のステンドグラスの引戸が、妙にアンバランスでいて、結構バランスのとれているのがおもしろいと洋吉は思った。
「おでんがうまいですよ」
教頭が先に立って戸に**近づく**と、ステンドグラスの引戸は、自動ドアですっと片側に開いた。(残像)

[예45] 不意にドアが開き、検温器を幾本も入れた筒を手にして、看護婦が部屋にはいって来た。彼の表情が少し動いた。看護婦は一本の検温器を取って彼に渡し、彼のその同じ手を軽く握って脈を診た。この看護婦はいつも怒ったような顔をしていて、余分な口を利かなかった。それでも彼の脈を取り終って表に記入すると、窓に**近づいて**それを開き、それから素早く部屋を出て行った。(飛ぶ男)

[예46]「しようがない。とにかくやるよ」
私は苦笑しながら言った。江口君子の使っていた机に**近寄り**、引出しをあけてみた。しかし、そこはもちろん、警察が調べたあとなのだろう。変わったものは何もなかった。(二人で殺人を)

그런데, 日本語에 있어서 着点을 나타내는 사물名詞가 「行く」類의 動詞와 결합할 때는 사물名詞를 空間化해야 함에도 불구하고, 다음 예에서 보여지 듯 着点을 나타내는 사물名詞를 空間化하지 않은 경우도 있다.

[예47] 「あのときはどうも……」
本川はてれたように言った。「予想以上に謝礼をもらって……」
謝礼がいくらだったかを、私は知らない。私の関係したのは、最初にフィルムを受けとり、名刺を渡したことだけだった。しかし、それにしても、私を知っている人物に、こんなところで会うとは……。
「弱ったなあ」
と私は言った。「正体を見破られるとは、考えてもみなかった」
「すると、やめたんではないんですね? どうもおかしいと思った」
私は、ゆっくり部屋の中を歩いた。<u>ドアまで</u>**行って**、誰かに立聞きされていないかを、念のために調べた。(二人で殺人を)

[예48] 「君はまた早起きなんだね。」
「昨夜(ゆうべ)眠れなかったのよ。」
「時雨があったの知ってる?」
「そう? あすこの熊笹 (くまざき)が濡れてたの、それでなのね。帰るわね。もう一寝入り、お休みなさいね。」
「起きるよ。」と、島村は女の手を握ったまま、勢いよく寝床を出た。そのまま<u>窓へ</u>**行って**、女が掻き登って来たというあたりを見下すと、潅木類の茂りの裾に熊笹が猛々しく拡がっていた。(雪国)

[예49] 学芸欄に目をやりながら、弘子は肩すかしをくわされたような気がした。摩理のところにいるとばかり思っていたが、あれからすぐに帰ったのだろうか。しかし、階段をあがる足音も、不二夫の部屋の前を通る足音も聞かなかった。
その時、バスタオルを肩にかけ、パンツ一つの栄介が風呂から出て

きた。

「おや、お風呂だったのかい」

勝江はちらりと栄介を見た。ぐいと、冷蔵庫のドアをあけ、ビールを一本ぶらさげた栄介は、ソファに**きて**すわった。(残像)

[예50] 準次は、思ったより早く役目が終ったので、ほっとしながら部屋へ入った。だが、壁のところでは、相変わらず先刻の人々がいて、無言で忙しげに手を動かしていた。

「もうええんや」と善やんは、準次の視線を制するようにいまいましげに云った。「あんなやつら、放っといた方がええんや」

そして善やんは、打ちしおれた恰好で、準次を振り返りもせず、自分のベッドの方へ歩いて行った。

準次は、何かから解放されたように、自分のベッドへ**帰った。**

(神の道化師)

5. 마치며

지금까지 논한 것을 간단히 요약해 보면 다음과 같다.

일본어의 경우 모든 移動動詞가 着点을 나타내는 場所名詞와 결합할 때는, 그 표현 방법이 「場所名詞+助詞+移動動詞」로서 장소명사를 공간화할 필요가 없지만, 移動動詞가 着点을 나타내는 사람名詞와 결합할 때는, 「行く」類의 이동動詞와 결합되는 사람명사는 「もと / ところ」와 같은 장소를 나타내는 形式名詞를 사용하여 着点을 나타내는 사람명사를 반드시 공간화를 해야 한다는 것이다. 이에 반해 「近づく」類의 이동動詞는 着点을 나타내는 사람명사를 공간화해도 되고 하지 않아도 되는데, 이와 같은 「近づく」類의 이동動詞의 특징은 사물명사가 着点을 나타낼 때도 동일하며, 「行く」類의 이동動詞가 着点을 나타내는 사물명사와 결합할

때는 사물명사를 공간화해도 공간화를 하지 않아도 좋다는 것이다.

이에 반해 한국어의 경우는 着点을 나타내는 것이 장소명사이던 사람명사이던 사물명사이던지 간에 이들 명사가 이동동사와 결합할 경우 이들 명사를 공간화할 필요가 없다는 것이다. 다만 한국어는 일본어와는 달리 이동동사가 着点을 나타내는 명사와 결합될 때, 着点을 나타내는 명사가 어떤 명사냐에 따라 명사 뒤에 붙는 조사가 달라진다. 즉, 장소명사일 경우는「~에 / ~(으)로」이고, 사람명사일 경우는「~에게(로) / ~한테(로) /~께(로)」이며, 사물명사일 경우는「~(으)로 」「~에」이다. 이것을 간단히 표로 나타내 보면 다음과 같다.

▶ 일본어의 경우

이동동사의 종류 / 着点 명사의 종류 / 뒤에 붙는 조사		移動動詞	
		【「行く」類　動詞】 行く・来る・帰る・通う・戻る・引き返す 등	【「近づく」類　動詞】 近づく・近づける・近寄る・歩み寄る・寄り添う　등
場所名詞	~へ/ ~に	공간화를 할 필요가 없음	공간화를 할 필요가 없음
사람名詞		반드시 공간화를 해야 함	공간화를 해도, 하지 않아도 됨
사물名詞		공간화를 해도, 하지 않아도 됨	

▶ 한국어의 경우

着点명사의 종류	뒤에 붙는 조사	移動動詞
場所名詞	~에 / ~(으)로	어떠한 명사가 되었던지 간에 모든 이동동사와 결합할 때 명사를 공간화를 할 필요가 없음.
사람名詞	~에게(로) / ~한테(로) /~께(로)	
사물名詞	~(으)로 / ~에	

▮ 인용 및 참고문헌

言語学研究会編(1983)『日本語文法・連語論(資料編)』,むぎ書房, p.140
鈴木重幸(1972)『日本語文法・形態論』,むぎ書房, p.101, p.379
高橋太郎(1994)『動詞の研究』,むぎ書房,

제12장
「名詞+まで」에 관한 日·韓의 比較

1. 들어가며

한국어와 일본어는 語順이 같고 형태론적인 입장에서 너무나도 비슷한 점이 많다. 그러나 이렇게 비슷한 가운데서도, 한국어와 일본어에 있어서 동일한 단어가 서로 다른 의미를 나타내는 것도 있고[1] 동일한 단어로서 비슷한 의미이지만 방향성이 서로 다른 것도 있으며[2] 일반적으로 같은 기능을 담당하고 있다는 조사에서조차 그 차이가 보이는 것이 있는데, 이번 논문에서는 이 중의 하나로 한국어와 일본어에 있어서 「명사+まで(까지)」가 나타내는 의미(범위)의 공통점과 차이점을 구체적인 예문을 통해 살펴, 비교·분석해 보기로 한다.

2. 「명사+まで(까지)」의 사전적 의미

우선, 한국어와 일본어의 「名詞+まで(까지)」를 논하기에 앞서 일본어에 있어서 「~まで」의 사전적 의미를 찾아보면, 『大辞林』(松村 明編·三省堂) 에는 다음과 같이 설명하고 있으며,

1) 미팅(ミーティング), 生徒, 真面目, 愛人, 学院 등
2) 촌지(寸志)

【まで】
① 場所や時間などに関して、動作・作用が至り及ぶ限度・到達点を示す。
② 動作・作用の至り及ぶ程度を表す。
③ 事態の及ぶ範囲がある限界にまで達することを表す。
④ それ以上には及ばず、それに限られる意を表す。

일본어「～まで」에 해당되는 한국어「～까지」의 사전적 의미를 찾아보면『국어대사전』(이희승편・민중서림) 에는 다음과 같이 설명하고 있고,

【까지】
① 동작이나 상태가 계속하여 미침을 나타내는 말
② 시각(時刻)의 한도를 나타내는 말
③「다시 그 위에 첨가하여」의 뜻

『朝鮮語大辞典』(大阪外国語大学 朝鮮語研究室編・角川書店)에서는 다음과 같이 설명하고 있다.

【까지】
① (到達する場所・地点を表して) まで
② (時間の限度を表して) まで(に)
③ さらに加えて、そのうえ
④ (及ぶ範囲を表して) まで

이것을 보면『大辞林』에서의 일본어「～まで」의 사전적 의미나,『국어대사전』혹은『朝鮮語大辞典』에서의 한국어「～까지」에 대한 사전적 의

미가 거의 비슷한 것을 알 수 있다.

3. 「명사+まで(까지)」의 문법적 의미

또「～まで」에 관하여 쓰여진 대표적인 논문을 통해,「～まで」의 문법적 의미를 살펴보면『日本語文法・形態論』(鈴木重幸・むぎ書房)에는 다음과 같이 설명하고 있으며 (p.216),

1. ゆくさき
(動作のおよぶ空間的な範囲、限界をしめすもの)
・ゆみ子は 駅まで おとうさんを おくった。
2. うごきや状態がおわるとき
(動きや状態のつづく時間の範囲を、そのおわりの面からしめすもの)
・きょうは 土曜日だから、九時まで テレビを みて いよう。
※ 相手を表す用法
・係まで 申しこんで ください。

寺村秀夫氏は『日本語のシンタクスと意味Ⅰ』(くろしお出版)에서「～まで」를 다음과 같이 논하고 있다 (p.180).

・駅まで走った。
・札幌まで飛行機で行く。
・3時まで休憩します。
・県知事までなって、70才で引退した。
このような「～マデ」の付く述語は、一定の時間的、空間的拡がり、あるいは展開を示すようなものだろう。その到達点を明らかにすると同時に、そこまで動作、状態が継続することを表わしている。

上のような「～マデ」は、いずれもコトの内部の要素であるが、

・雑草まで食べた。

・子どもまで長征軍に加わった。

などの「～マデ」は、コトの外にあって、話し手の主観的な見方、態度を表わすムードを構成するものである。

또, 寺村秀夫氏는『日本語のシンタクスと意味Ⅲ』(p.115～117)에서「XマデP」의 기본적 의미에 대해 다음과 같이도 논하고 있다.

「XマデP」の基本的な意味は、Pで表される事態が、Xを限界として継続的、連続的に存在・生起するということである。Xが、時間・空間の延長線上の一点を表わす名詞であるときは、Pで表わされる事態がその点を限界点として継続することを表わす。また、「20グラムまで百円」のように、数量を表わす名詞に付いて同様に限度を表わすこともある。このような場合、「XマデP」は、客観的事実を表わすにとどまり、のちに見るような強調的な意味は全く、または、ほとんど感じられない。(～중략～) 「Nマデ」が強調的な表現効果を発揮するのは、上のようにNが、時間・空間上の一点を示すという意味特徴を元来もたないものである場合である。

例：犬までおれをバカにする。

16歳の子どもまで兵隊にとられた。

これらはいずれも、「Nマデ」のNに、Pとの関連で常識的に考えられる或る序列のなかの最下位にあるものをもってくることによって、その他のもの(序列で上に位するもの)については言うまでもないという含みをもたせ、結局、事態の異常なことを強調しようとする言いかたである。

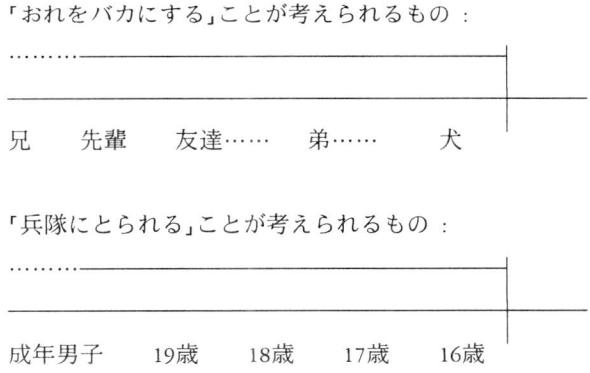

「おれをバカにする」ことが考えられるもの：

………

兄　先輩　友達……　弟……　犬

「兵隊にとられる」ことが考えられるもの：

………

成年男子　19歳　18歳　17歳　16歳

지금까지「～まで」의 사전적 의미와 문법적 의미를 살펴보았는데, 여기에서는「～まで」앞에 오는 명사를 특징(의미)별로 구분하여 분석하면서, 한국어「～까지」와도 비교해 보기로 한다.

4. 명사별 분류

4.1. 場所名詞+まで

이것은 조사「～まで」앞에 오는 명사가 일정한 공간을 차지하고 있는 장소명사가 올 경우인데, 이 때의 장소명사는 鈴木重幸氏가 말한대로「동작이 미치는 공간적 범위・한계」를 나타내거나 寺村秀夫氏가 이야기한 대로「도달점」을 나타내고 있다. 그러기에 다음의 예에서 보여지는 것처럼「～まで」앞에 오는 장소명사는,「～まで」뒤에 오는 동사에 의해 나타내어지는 동작이나 상태의 장소에 포함된다.

[예1] 木戸と春田とは律義な人間だった。二人はわざわざ神戸まで出むき、柳下ハム社長に面会して好意に対する礼を述べた。(聞かなかった場所)

[예2] ダイヤのいたずらか、それとも都会のスキーヤーのために用意された演出なのか、特急の車窓には乗客が鈴なりになって、朱い旧国鉄色の単行ジーゼルを見物にしている。やがて幌舞線が左に大きくカーブを切る分岐まで来ると、特急の広いガラスごしにはいくつものフラッシュが焚(た)かれるのだった。(鉄道員)

[예3]「中隊長殿、昼食が済んだら、大峠まで足を延ばしましょう、大峠を越えた向うの雪の状態を調べて帰ることは来たるべき雪中行軍に際して大いに参考になると思います」 伊藤中尉は餅を食べながら言った。(八甲田山死の彷徨)

그런데 한국어의「～까지」도, 위의 조선어대사전에서 언급하고 있는 것처럼「～까지」앞에 장소명사가 올 경우, 그 장소명사는「도달하는 장소」혹은「지점」을 나타내고 있기에, 한국어의 경우도 일본어와 마찬가지로「～

까지」앞에 장소명사가 올 경우, 다음의 예에서 보여지 듯 이 장소명사는 뒤에 오는 동사에 의해 나타내어지는 동작이나 상태의 장소에 포함되기에 이 점에 대해서는 한국어의 경우나 일본어의 경우나 동일하다고 볼 수 있다.

[예4] 여진희와의 약속 장소로 향하면서, 버스와 전철을 갈아타고 시청 앞에서 광화문까지 걸으며, 그는 줄기차게 그 생각에 매달렸다. (가시고기)

[예5] 그러나 건배는 군청에도, 거기서 멀지 않은 사글세로 들어 있는 그의 집에도 없었다. 건배의 아내와 아이들은 반겼으나, "엊그제 한곡리까지 다녀올 일이 있다고 자전거를 타고 가서 여태 안 들어왔어요."하는 것이 그의 대답이었다. (상록수)

[예6] "참 정말 미안하군요. 이렇게 여기꺼정 출장을 하셔서……"하고 영신이가 일어나며 상을 받아들었다. 동혁의 어머니가 문 밖까지 따라와 눈을 찌긋하고 영신의 얼굴을 들여다보면서, "숫제 찬 없는 밥을 대접한답시구…… 온, 시골 구석이라 뭐 있어야지. 늙은 사람이 한거라구 숭을랑 보지 말구 많이 자슈."한다. (상록수)

4.2. 時間名詞＋まで

이것은 조사「～まで」앞에 오는 명사가 시간을 나타내는 시간명사가 올 경우인데, 이 때의 시간명사는 鈴木重幸氏가 말한대로「움직임(동작)이나 상태가 끝날 때」를 나타내기에, 다음의 예에서 보여지는 것처럼「～まで」앞에 오는 시간명사는「～まで」뒤에 오는 동사에 의해 나타내어지는 동작이나 상태의 시간에 포함된다.

[예7] 「先日は、妻が庭先にてお目にかかったと申しておりましたが、失礼をいたしました」
「いやいや、こちらこそ」

不意に宗易の胸が波立った。顔のほてる思いであった。おりきを見かけて以来、今日まで五日間、宗易の心の世界は新しく彩られた。(千利休とその妻たち)

[예8] さりとてだれにこの苦悶を話しようもなく、民子の写真などを取り出して見ておったけれど、ちっとも気が晴れない。またあのやつ、民子がいないから考えこんでいやがると思われるのもくやしく、ようやく心をとりなおし、母の枕もとへ行って夜おそくまで学校の話をして聞かせた。(野菊の墓)

[예9] しかし、彼はまず多くの苦しみを受け、またこの時代の人々に捨てられねばならない。そして、ノアの時にあったように、人の子の時にも同様なことが起るであろう。ノアが箱船にはいる日まで、人々は食い、飲み、めとり、とつぎなどをしたが、そこへ洪水が襲ってきて、彼らをことごとく滅ぼした。(新約聖書・ルカによる福音書17章25～27節)

그런데 한국어의「～까지」도, 위의 국어대사전이나 조선어대사전에서 언급하고 있는 것처럼「～까지」앞에 시간명사가 올 경우, 그 시간명사는「시각(시간)의 한계」를 나타내기에, 한국어의 경우도 일본어와 마찬가지로「～까지」앞에 시간명사가 올 경우, 다음의 예에서 보여지 듯 이 시간명사는 뒤에 오는 동사에 의해 나타내어지는 동작・행위의 시간에 포함된다. 이 점에 대해서도 한국어의 경우나 일본어의 경우나 별 다를 바 없다.

[예10] 문씨는 98년 3월부터 작년 8월까지 무기 도입을 총괄하는 국방부 획득실장을 지냈으며, 작년 8월부터 지난 1일까지 국방부 차관으로 근무했다. (2001년 4월 21일 조선일보 31면)

[예11] 내가 바보가 된 건 순전히 방사선 탓입니다. 그제와 어제, 그리고 오늘까지 계속해서 방사선 치료를 받았지요. 하루에 두 번씩 모두 여섯 번. 방사선은 내 몸의 나쁜 병균들만 죽인 게 아니라, 내 머릿속 생각 주머니에 뻥 구멍을 뚫어놓아 줄줄줄 생각들을 새어나가게 만든 모양예요. (가시고기)

[예12] "하나, 둘, 셋, 넷!"
"둘, 둘, 셋, 넷!"
정말(丁末)체조가 시작되는 것이다.
동혁이가 서울서 강습을 해 가지고 시작한 뒤에 이 체조를 금년까지 줄곧 계속해 왔다. (상록수)

4.3. モノ名詞+まで

이것은 조사「~まで」앞에 오는 명사가 물건이나 사물(사람을 포함)을 나타내는 사물명사가 올 경우인데, 이 때의 사물명사는 寺村秀夫氏가『日本語のシンタクスと意味Ⅰ』에서 이야기한대로 화자의 주관적인 태도를 나타내는 무드를 구성하는 것이며, 또『日本語のシンタクスと意味Ⅲ』에서 논하고도 있는 것처럼「상식적으로 생각할 수 있는 어떤 서열중의 최하위의 것을 가져오는 것에 의해, 그 외 다른 것(서열에서 위에 있는 것)에 대해서는 말 할 것도 없다라는 의미를 갖게 해, 결국 사태가 이상한 것을 강조하려고 하는 것이다.

[예13] ~。まねてみて、かれらは、はじめて、美保子のとった方法が、楽なものではないことがわかったのである。学生が東京の大学にはいると、それぎり娘が捨てられたり、中には妊娠させられてうっちゃられる者もできたりした。それが、美保子の家では、二人どころか、四人までうまく縁がまとまったのだから、蔭で糸をひく美保子はもちろん、娘たちもその薫陶を受けて、それぞれ人間が利口だったと言わなければならない。(若い娘)

[예14]『私はこの重荷を、ただひとりの、血をわけた息子の明にだけは負わせ

まいと、まちがって生きた。自分自身の重荷を負うこともできないヒョロヒョロの意気地なしに、私はおまえを育ててしまった。ほんとうの愛が私にあったなら、いかなる重荷をも負うばかりか、他の人の重荷まで負って、がっちりと自分の足であゆんでいく、たくましい生き方こそ教えるべきであった。明、おまえは私をじじいだというが、～』(この重きバトンを)

[예15] 恥かしかった。下手な歌みたいなものまで書いて、恥ずかしゅうございました。身も世も、あらぬ思いで、私は、すぐには返事も、できませんでした。(葉桜と魔笛)

즉, 이것을 寺村秀夫氏와 같이 표로서 [예13]의「四人までうまく縁がまとまった」를 그려보면 다음과 같이 된다.

「うまく縁がまとまる」と考えられる人 :

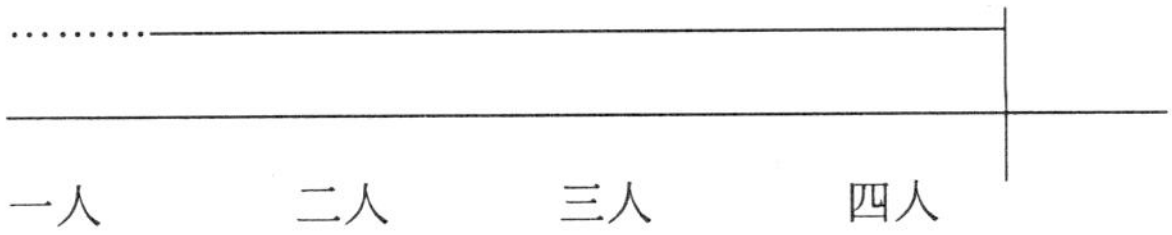

그런데 한국어의「～까지」도,「～까지」앞에 사물명사가 올 경우, 다음의 예에서 보여지듯 일본어의 경우나 별 다를 바 없으며, 다음의 [예16]「눈동자까지 노랗게 변할 정도로 황달이 심했다」를 寺村秀夫氏식으로 나타내보면 다음과 같다.

「황달이 심하다」라고 생각되는 것:

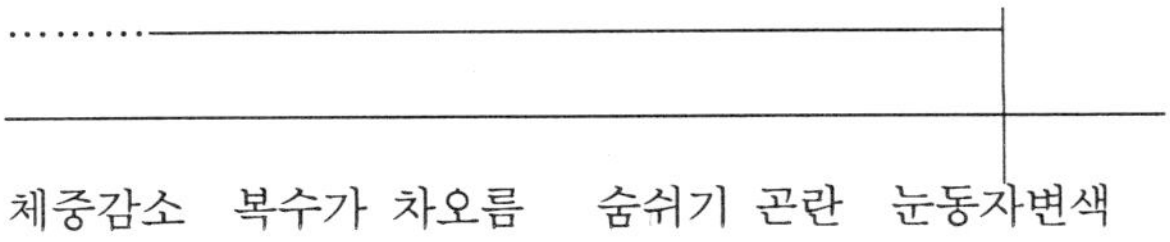

[예16] 그리고 무엇보다 아이 앞에 나설 수 없을 지경으로 몸뚱이가 망가져 있었다. 65킬로그램이었던 체중이 40킬로그램으로 줄었다. 복수가 차 올라 숨쉬기조차 만만치 않았고, 눈동자까지 노랗게 변할 정도로 황달이 심했다. (가시고기)

[예17] 그런 속에서 한국정부의 존재감은 미약하기만 하다. 11일 김대중(金大中) 대통령의 '재수정 요구'발언도 상당수 일본언론은 그저 "선처를 요구했다"고 해석해 보도했다. 대사 소환 카드까지 던진 한국이지만, 일본에 별 충격파를 주지 못했다. (2001년 4월 13일 조선일보)

[예18] 그 뒤로 기만이는 영신을 청하려고 몇 번이나 동혁의 집으로 행랑아범을 보내고 머슴을 시켜 청좌하는 편지까지 보내곤 하였다. (상록수)

이렇게 보면 일본어의 「～まで」나 한국어의 「～까지」의 용법이 앞에 장소명사가 올 때나, 시간명사가 올 때나, 사물명사가 올 때나 별 다를 바가 없어, 똑같다고 생각하기 쉬우나 다음과 같은 경우를 보면 그렇지 않다. 예를 들어, 일본어의

「テストまで、この部屋を使ってもいいですよ。」

의 경우, 「テストまで」가 나타내고 있는 것은 일반적으로 「시험 전까지」로서, テスト(시험기간)을 포함하지 않는 것이 일반적이지만(「テストの前まで」의 뜻), 한국어의

「시험 (때)까지 이 방을 사용해도 좋습니다.」

에서 「시험 때까지」는 「시험이 끝날 때까지」의 의미로서, 시험기간을 포함하는 것이 일반적이다. 여기에서 한국어와 일본어에서의 「명사+まで

(까지)」의 차이가 나타나는데, 좀더 구체적으로 실지로 사용된 예문을 보면 다음과 같다. 이것은 時事日本語社에서 출판된『日本語能力試験 級別聴解問題集 3級対策』(比田井牧子・香取文子共著) 에 나와 있는 실제 문제이다.

・自動車の運転は何歳からできますか。

A：運転は何歳からできますか。

B：オートバイは16歳から運転できますが、自動車は18歳まで運転できません。

① オートバイも自動車も16歳からです。

② オートバイも自動車も18歳からです。

③ オートバイは18歳からです。

④ 自動車は18歳からです。

일본어 청해의 문제로서 우리나라 말로 바꾸어 보면,「오토바이는 16세부터 운전 할 수 있습니다만, 자동차는 18세까지 운전할 수 없습니다.」「자동차의 운전은 몇 살부터 할 수 있습니까?」인데, 정답은 4번으로, 운전할 수 있는 것은 18세부터인 것이다. 우리나라 말에서는「18세까지 운전할 수 없습니다」라고 할 때, 운전 할 수 있는 것은 19세부터라고 하는 것이 일반적인 생각인 것이다.

이런 예들에 대해 현재로서는 어떠한 조건 하에서 한・일 간의 차이가 생기는 가는 구체적으로 말하지 못하지만, 예문에서 보이듯「명사+まで(까지)」에서 한・일간에 차이가 있는 것만은 확실한 것 같다. 그리고 또, 寺村秀夫氏는『日本語のシンタクスと意味Ⅲ』の p.114에서

肯定・否定ということからいうと、「～マデ」を承けて結ぶのは肯定的な述語にかぎるといってよい。つまり、「～マデ」という取り立て方をするときは、或る事態の存在を積極的に伝えようとする形の叙述がふつうだということである。

例 : そんな馬鹿なことを言う者までいた。

＊ そんな馬鹿なことを言う者までいなかった。

釘までを上方から入れた。

＊ 釘までを上方から入れなかった。

しかし、「マデ」も、「マデハ」と　「ハ」を付けると、否定の述語とつながることができる。

例 : そんな馬鹿なことを言う者まではいなかった。

라고 이야기하면서 「～までは」뒤에는 부정 술어가 와도 「～まで」뒤에는 부정 술어가 오지 못한다고 하고 있지만, 다음의 실례에서 보여지 듯 「～まで」뒤에도 부정 술어가 온다는 것을 알 수 있다.

[예19] 「局長がですか」

「あなたは局長に申し出たそうじゃありませんか。去年の十二月に局長といっしょに長野県に行く予定だったのが、風邪をひいて行けなかったのは残念だった、今度はぜひ行きたいということを」

「あ、しかし、それは……」

行きたいからそう言ったのではない、行けなかったことに挨拶しただけなのだ。局長は勘違いをしている。が、課長にはそこまで**言えなかった。**(聞かなかった場所)

[예20] ── ちかごろは新聞が続報をあまり出さない代わり、週刊誌が追跡記事を掲げる傾向になっている。

表紙を見ると、その週刊誌は一週遅れのものであった。週刊誌までは眼を通さないので、浅井は今日までこれを**知らなかったのであ**

る。(聞かなかった場所)

[예21] 私は、祖母の葬式までほとんど彼を**知らなかった。**葬式の日、突然田辺雄一がやってきた時、本気で祖母の愛人だったのかと思った。(キッチン)

[예22] 「私は約束を守ります。私を三日間だけ許して下さい。妹が、私の帰りを待っているのだ。そんなに私を信じられないならば、よろしい、この市にセリヌンティウスという石工がいます。私の無二の友人だ。あれを、人質としてここに置いて行こう。私が逃げてしまって、三日目の日暮れまで、ここに**帰って来なかったら、**あの友人を絞め殺して下さい。～」(走れメロス)

5. 마치며

지금까지 한국어와 일본어에 있어서의 「명사+まで(까지)」의 의미(범위)를, 조사 「まで(까지)」앞에 오는 명사의 특징에 따라, 장소명사가 오는 경우와 시간 명사가 오는 경우와 モノ명사(사물・사람을 포함)가 오는 경우로 나누어 살펴보았지만, 별 차이가 보이지 않았다. 별 차이가 보이지 않았다기보다 거의 같다는 것을 알 수 있었다. 그러나 「テストまで、この部屋を使ってもいいですよ。」라든지, 『日本語能力試験 級別聴解問題集 3級対策』의 문제의 「18歳まで」에서는 한국어와 일본어에서 그 의미(범위)의 차이를 확인 할 수 있었지만, 이에 대한 이유라 할까 설명은 능력부족으로 현재 설명할 수 없음을 안타깝게 여기며, 여기에 대한 것은 금후의 과제로 남기기로 한다. 다만, 「テスト(시험 때)」라든지 「18歳」라는 단어가 시간 명사라는 것은 거의 틀림이 없는 것 같이 느껴지는데, 그러면 다른 시간 명사들과 무엇이 달라 이런 현상이 나타나는지? 단어 고유의 문제인지 통어론적인 문제인지 현재로서는 잘 알 수가 없다.

그리고 寺村秀夫氏는 일본어 「～まで」에 대하여 「～までは」뒤에는 부정 술어가 와도 「～まで」뒤에는 부정 술어가 오지 못한다고 하고 있지만, 본문의 예 19에서 22까지를 보아도 알 수 있듯이 「～まで」뒤에도 부정 술어가 올 수 있다.

▌인용 및 참고문헌

이희승편『국어대사전』(민중서림)

大阪外国語大学 朝鮮語研究室編『朝鮮語大辞典』(角川書店)

鈴木重幸 1972『日本語文法・形態論』(むぎ書房)

寺村秀夫 1982『日本語のシンタクスと意味Ⅰ』(くろしお出版)

寺村秀夫 1991『日本語のシンタクスと意味Ⅲ』(くろしお出版)

比田井牧子・香取文子共著『日本語能力試験 級別聴解問題集 3級対策』(時事日本語社)

松村 明編『大辞林』(三省堂)

제13장
한국어와 일본어의 可能表現의 比較研究

1. 들어가며

현재 일본어에 있어서 가능・불가능의 의미를 나타내는 표현은 다음 예문에서 보여지 듯 일반적으로 가능동사[1] (「行ける・見られる」)와 「～することができる」라는 가능표현을 사용하지만, 「～し得る」「～しかねる」 등의 표현[2]도 가능의 의미를 나타낸다.

・混雑していてよく見られなかった。
・落着いて考えることができる。
・一人の犯行だとも考え得る。

이에 반해 한국어는 가능・불가능의 의미를 다음 예문에서 보여지 듯 일반적으로 「～ㄹ/을 줄(을) 알다(모르다)」와 「～지 못하다 또는 못 ～」 그리고 「～ㄹ/을 수 있다(없다)」의 3가지 표현으로 나타낸다.[3]

・우리들은 야구를 하지 못 한다. (또는, 야구를 못 한다.)

---

1) 가능동사라고 하면 「読める」「行ける」 등을 가리키어, 「見られる」「起きられる」 등과 같은 것은 가능동사에 포함시키지 않은 견해도 있지만, 여기에서는 양 쪽 다 포함시키는 포괄적인 의미로 가능동사라는 용어를 썼음.
2) 『教師用日本語教育ハンドブック ④文法Ⅱ』(国際交流基金) p.42～47
3) 大阪外国語大学 朝鮮語研究室編 『朝鮮語大辞典』(角川書店) p.1444

· 우리들은 야구를 <u>할 수 없다</u>.
· 우리들은 야구를 <u>할 줄 모른다</u>.

2. 선행연구

이와 관련된 일본어의 가능표현에 대한 선행연구를 간단하게 요약하여 살펴보면 다음과 같다.

2.1. 久野 暲「「レル・ラレル」と「デキル」」(『新日本文法研究』所収・1983)

a. コノ酒ハドウモ飲メナイ。
b. *コノ酒ハドウモ飲ムコトガデキナイ。

의 예를 들면서, 동사의 가능형「レル・ラレル」는 주어의 내적능력을 나타내며,「デキル」는 외적조건에 유래하는 능력을 나타낸다고 한다.

2.2. 奥田靖雄 「現実・可能・必然(上)」(『ことばの科学1』所収・1986)

「することができる」라는 가능표현의 문장을 능력가능과 조건가능으로 크게 두 가지로 나누었으며,「することができる」라는 가능표현이「することができない」라는 부정이 될 때는 [불가능]의 의미를,「することができた」라는 과거형으로 될 때는 [목적・의도하는 동작 상태의 실현]의 의미를,「することができなかった」라는 과거부정이 될 때는 [비실현]의 의미를 나타낸다. 또, 일본어에는 가능동사와「することができる」라는 가능표현의 두 형태가 가능을 나타내고 있지만, 의미적으로는 거의 같다고 하면서 차이가 있다면 가능동사는 회화에서,「することができる」라는 가능표현은 과학논문・평론・논설에서 많이 사용되어진다고 한다.

3. 일본어의 가능・불가능 표현의 의미・용법

3.1. 能力可能의 경우

이것은, 가능동사로 능력가능을 나타내는 경우로서, 능력가능이란 奥田靖雄氏가 말하고 있듯이「ある動作・状態を実現する能力がものに備わっている」라고 하는 경우를 나타내거나, 久野 暲氏가 말하는 주어의 내적 능력을 나타내어, 이 능력의 유무에 따른 가능・불가능을 나타낸다.

[예1] こうして彼らは海の向こう岸、ゲラサ人の地に着いた。それから、イエスが舟からあがられるとすぐに、けがれた霊につかれた人が墓場から出てきて、イエスに出会った。この人は墓場をすみかとしており、もはやだれも、鎖でさえも彼を<u>つなぎとめて置けなかった</u>。(マルコによる福音書5 ; 1～3)

[예2] 下士卒の多くは夢遊病者のように歩いていた。無意識に前の者に従って行き、前の者が立止るとその者も立止った。疲労と睡眠不足と寒気とが彼等を睡魔の俘虜(とりこ)にしたのであった。彼等は歩きながら眠っていて、突然枯木のように雪の中に倒れた。二度と<u>起き上れなかった</u>。(八甲田山死の彷徨)

[예3] その子は死人のようになったので、多くの人は、死んだのだと言った。しかし、イエスが手を取って起されると、その子は立ち上がった。家にはいられたとき、弟子たちはひそかにお尋ねした。「わたしたちは、どうして霊を追い出せなかったのですか」。
(マルコによる福音書 9 : 26～28)

그런데 久野 暲氏는「～することができる」는 주어의 외적 조건에 유래하는 능력을 나타내며 내적능력은 가능동사가 나타낸다고 논하고 있지만, 다음 예문에서 보여지 듯「～することができる」도 가능동사와 마찬가지로 능력가능도 나타내고 있음을 알 수 있다.

[예4] 宮王自身、自分の手に違和感を覚え、能役者としての寿命を感じとっていたからかも知れない。その、手を病むに至った宮王に、お伽衆として生きる道が与えられたのである。お伽衆は、大名を相手に、様々の話をして聞かさなければならない。武辺話もある。世間話もある。政治向きの話もあれば、教養、芸能一般にわたる話もある。人間としての奥行きもあり、見識も、そして話術も優れていなければならない。その点、宮王は鼓は打てなくなっても、謡うことはできる。(千利休とその妻たち)

[예5] 「あなたたちは、夕方には『夕焼けだから、晴れだ』と言い、朝には『朝焼けで雲が低いから、今日は嵐だ』と言う。このように空模様を見分けることは知っているのに、時代のしるしは見ることができないのか。」(マタイによる福音書16:3)

[예6] 出発に当って、地図と磁石を見るために小型提灯を探したが、三個あったうち二個は失われていた。江藤伍長はその最後の一つを背嚢にくくりつけて持っていた。神田大尉が蝋燭(ろうそく)に火をつけるように命じたが、マッチを擦ることのできる者がいなかった。

(八甲田山死の彷徨)

3.2. 状況可能의 경우

이것은, 久野 暲氏가 말하고 있는 외적조건에 유래하는 능력을 나타내는 것으로서, 주어의 능력과는 무관하며, 외적인 상황에 의한 가능・불가능을 나타내는데, 여기에 대해 森田良行氏는 동사「見える」에 관한 설명이지만 다음과 같이 논하고 있다.[4)]

> 「夜は星が見える」とか「彼の別荘は海が見える」のように「見える」を成り立たせる状況を設定すると、そこに場面限定という話し手の判断が入り込むため、「見える!」という認識発見の喜びや驚きの躍動感が失われてしまう。(～中略～)　もちろん可能表現は一般にもっと広い意味をもっており、「見える」や「聞こえる」なら、そのような能力の所有(内的条件)だけでなく、「夜は星が見える/見られる」のような、その状態成立に必要な外的条件として考えられる制約(この場合は“夜にかぎって”という時間的制約)も可能的判断を生み出す。

또, 久野 暲氏는 가능 동사가 가능의 의미를 나타낼 때는 주어의 내적능력을 나타낸다고 하고 있지만, 실지로는 다음의 예문에서 보여지 듯 상황가능도 나타내고 있다.

[예7] 翌十九日の夕刻神田大尉は長谷部善次郎を自宅で見かけたとき、兄に会えたかどうかを聞いた。
「<u>会えませんでした</u>が、伯母に頼んであった伝言を聞いて来ました」

---

4) 森田良行 「「富士山が見える」か 「富士山が見られる」か」 (『日本語類意表現』創拓社 p.96)

長谷部善次郎は正直に答えた。(八甲田山死の彷徨)

[예8] 浅井は即座に断わった。ふだんなら拒絶するにしても、まあ、二、三日考えさせてくださいと言ったうえで、あとからおだやかに断わるほうなのである。

「いまこっちが忙しいのでね。地方にはちょっと出られないのですよ」

「もう少し先でもいいんですが」

と、交渉にきた全国中央会の役人は言った。(聞かなかった場所)

[예9] 七戸を出たときはかなりひどい吹雪になっていた。七戸から熊ノ沢までは三里あった。近道はあったが雪が深くて通れなかった。(八甲田山死の彷徨)

그런데 이러한 상황적으로 가능・불가능이 되는 상황가능은 다음에서 보여지 듯「～することができる」에서도 볼 수 있다.

[예10] 弾がとんでくる中をあちらこちらと走り回っていたから、おそらくあの山の中で死んだものと思われる。自分たち負傷兵は洞窟の中に収容されていて、外の様子は見ることができなかったが、弾に当って仆(たお)れたのを見たという者もあった。(ビルマの竪琴)

[예11] しかし、あなたがたの目は見ているから幸いだ。あなたがたの耳は聞いているから幸いだ。はっきり言っておく。多くの予言者や正しい人たちは、あなたがたが見ているのを見たかったが、見ることができず、あなたがたが聞いているものを聞きたかったが、聞けなかったのである。(マタイによる福音書13:17)

[예12] 代々木一帯はオリンピックのとき新しい道路ができて以来変容しているが、それでも主要道路をちょっとはずれると、以前の状態は残っている。とくに高低の多いあたりは岸田劉生(きしだゆうせい)が絵にした「切通しの写生」の面影がある。むろん絵にある急坂に盛り上がったデコボコの赤土道は今は白い舗装となり、野生の草一本見

ることはできないが、両側の石垣だけは築き直されてつづいている。(聞かなかった場所)

3.3. 条件可能의 경우

이것은 어떠한 조건이 갖추어져 진다면(조건이 갖추어지지 않는다면) 어떤 동작・상태의 실현이 가능(불가능)한 경우를 나타내는데, 이런 경우는 다음 예문에서 보여지 듯,「～と、～たら、～なら、～ば」등에 의해 이끌리는 조건구(절)를 수반하는 것이 일반적이다.

[예13] とかげがこんなに長く話したのは初めてかもしれなかった。私は言った。
「出かけよう。」
とかげは眉をひそめた。
「大丈夫、嫌なところには行かないから。**家にいると**うまく話せないから。」(とかげ)

[예14] 「未知の世界を開拓するのが今度の軍事目的ではないでようか、案内人を先に**立てたら**、どこへだって行けます。～」(八甲田山死の彷徨)

[예15] 「政夫さん、後生(こしょう)だから連れて行ってください、**あなたが歩ける道なら**、わたしにも歩けます。ひとりでここにいるのは、わたしゃどうしても……」(野菊の墓)

그런데 어떠한 조건이 갖추어져 진다면(조건이 갖추어지지 않는다면) 어떤 동작・상태의 실현이 가능(불가능)한 조건가능이 다음에서 보여지 듯「～することができる」에서도 나타난다.

[예16] イエスは答えて言われた。「はっきり言っておく。人は、**新たに生まれなければ**、神の国を見ることができない。」(ヨハネによる福音書3:3)

[예17] 砂は、空鍋(からなべ)のように焼けていた。まぶしさに、息がつまった。鼻に吹きこむ風は、石鹼(せっけん)の味がした。しかし、**一歩進めば**、それだけ水に近づくことが出来るのだ。(砂の女)

[예18] 「大隊長殿、嚮導は自分にお任せ下さい。ちょっと戻るだけで馬立場への帰路は発見できます。**そうすれば**今日中には帰営することができます」神田大尉は必死になって言った。(八甲田山死の彷徨)

그런데 다음의 예문과 같이, 状況可能인지 条件可能인지 구분이 확실하지 않은 (두 경우가 공존한다고 생각해야 할)것처럼 생각되는 것도 있다. 왜냐하면 「見ることができなかった」의 원인을 「背が低かった」에 두느냐, 「群集に遮られて」에 두느냐에 따라 관점이 달라지기 때문이다. 즉, 「見ることができなかった」의 이유를 「背が低かった」로 보면 조건가능이 되며, 「群集に遮られて」로 보면 상황가능이 되기 때문이다.

[예19] イエスはエリコに入り、町を通っておられた。そこにザアカイで、金持ちであった。イエスがどんな人か見ようとしたが、背が低かったので、群集に遮られて見ることができなかった。(ルカによる福音書19:3)

3.4. 心情可能[5)]의 경우

이것은, 能力可能・状況可能・条件可能의 어디에도 속하지 않고, 다만 심정적으로 생각・판단해서 가능 또는 불가능한 경우를 나타내는데 이 심정가능에 대해 山内博之・清水孝司씨는 心情可能이란 「観賞する」라는 의미를 갖게 된다고 논하고 있지만, 다음의 예문에서 보여지 듯, 반드시

---

5) 『日本文化学報』 제10권, p.113, 山内博之・清水孝司 (2001, 2)

「観賞する」의 의미만을 나타내지는 않는 것 같다.

[예20] 「六年生のほこりを持とう — 歩き方にも」は、最高学年としての自覚を呼びかけ、歩き方一つにも責任を持とうという姿勢が見られます。(国語六上)

[예21] ブルガリアの女性は、もともと農産国家ですから、イタリアのように底ぬけに明るい、ラテン的な気質はもちろん持ち合わせていません。しかも、たくさんの民族の血が混じりあっていて、そのなかで、東ヨーロッパの中で唯一の親ソ的な国として、質素ながら近代化を進めてきた国ですから、決して派手でなく、また、服装や化粧の面でも、流行の先端を行くような、そういう傾向もほとんど見られないわけです。(忘れえぬ女性たち)

[예22] こんどは陸路市川へ出て、市川から汽車に乗ったから、民子の近所を通ったのであれど、ぼくはきまりが悪くて、どうしても民子の家へ寄れなかった。(野菊の墓)

그런데 이러한 심정가능은 다음에서 보여지 듯 「~することができる」에서도 나타난다.

[예23] 彼は、アジアの女性に対して、死ぬまで旺盛な好奇心を抱きつづけた人です。そして、彼の描く絵には、東洋についてのさまざまなイメージ、憧れや 幻想を見ることができます。(忘れえぬ女性たち)
だれも、ふたりの主人に兼ね仕えることはできない。一方を憎んで他方を愛し、あるいは、一方に親し、んで他方をうとんじるからである。あなたがたは、神と富とに兼ね仕えることはできない。
(マタイによる福音書 6 : 24)

[예25] 「独身だと言うものだから、ぼくは英子さんとそういう関係になったのです。はじめからご主人がいるとわかっていたら、どうしてぼくが

彼女とそんなことになるものですか。結婚の機会を逃がした独身の婦人だとすっかり信じてしまったのです。いいですか、浅井さん、その意味ではぼくも英子さんにだまされていたのです」
「………」
「英子さんが本当のことをぼくに言ったのは、一年近くたってからです。実は、と泣いて打ち明けられて、ぼくもびっくりしましたね。しかし、そのときはもう遅すぎました。それを知っても彼女と<u>別れることができなくなっていた</u>のです。～」(聞かなかった場所)

4. 한국어의 가능·불가능 표현의 의미·용법

앞에서도 언급한 것과 같이, 한국어에 있어서 가능·불가능의 의미를 나타내는 표현은 일반적으로「～ㄹ / 을 줄(을) 알다(모르다)」와「～ㄹ / 을 수 있다(없다)」그리고「～지 못하다 또는 못 ～」의 3가지 표현이 있는데, 이에 대해『조선어대사전』은 다음과 같이 설명하고 있다.

① 우리들은 야구를 <u>할 줄 모른다</u>.
② 우리들은 야구를 <u>할 수 없다</u>
③ 우리들은 야구를 <u>하지 못 한다</u>. (또는, 야구를 <u>못 한다</u>.)

上例の3文はともに「われわれは野球ができない」と訳することができる。しかし、それぞれにその重きを置く点が異なる。①は「野球を知ろうと試みもしないのでできない」。②は 「どんな理由があるにせよとにかく現実としてできない」。③は 「われわれにはどうすることもできない原因(禁止されているとか、雨が降ったとか)のためにできない」。(실지로는 ①, ②, ③ 은 ⑤, ⑥, ⑦ 로 되어있음)

이것을 보면 「~ㄹ / 을 줄(을) 알다(모르다)」는 방법론적으로 가능・불가능을 나타내는 듯하며, 「~ㄹ / 을 수 있다(없다)」는 상황적으로서의 가능・불가능을 나타내는 듯하며, 「~지 못하다 또는 못 ~」도 상황적으로서 가능・불가능을 나타내는 듯하지만, 실지로는 어떠한지 한국어의 가능・불가능을 나타내는 이들 세 가지 표현의 의미・용법을 실례를 통하여 살펴보기로 한다.

4.1. 能力可能의 경우

이것은 일본어의 능력가능과 마찬가지로 주어의 내적인 능력으로, 주어의 능력의 유무에 따른 가능・불가능을 나타내는 것으로 「~지 못하다」 또는 「못 ~」의 경우이다.

[예26] "그렇지. 사내애 둘 있던 건 어려서 잃어버리고……"
"어쩌면 그렇게 자식복이 없을까."
"글세 말이지. 이번 앤 여러 날 앓는 걸 약도 변변히 못 써 봤다더군.~"
(소나기)

[예27] 소년의 주검은 그날 밤 11시 55분, 앰블런스에 실려 원미동을 떠났다. 아무도 소년을 알아보지 못하였고, 누구네 아이인지 짐작조차 할 수 없었다. (지구를 색칠하는 페인트공)

[예28] 아내는 처가와 악전고투를 거듭했지만 결혼 허락을 받아내진 못했다. 지독히 쓸쓸한 예식이었다. (가시고기)

그런데 한국어에 있어서의 이러한 능력가능은 다음에서 보여지 듯 「~ㄹ / 을 수 있다(없다)」와 「~ㄹ / 을 줄(을) 알다(모르다)」에서도 나타난다.

[예29] "이번 문제는 굉장히 어려워요. 풀 수 있는 어린이는 손을 들어요." 아빠는 진짜 선생님처럼 교탁을 한 손으로 짚고 말합니다. (가시고기)

[예30] 소년의 주검은 그날 밤 11시 55분, 앰블런스에 실려 원미동을 떠났다. 아무도 소년을 알아보지 못하였고, 누구네 아이인지 짐작조차 할 수 없었다.(지구를 색칠하는 페인트공)

[예31] 그러고서 예수님이 귀신을 꾸짖으시사 귀신이 아이에게서 나가고 바로 그 순간에 아이가 나았다. 그때 제자들이 예수님께 조용히 와서 "왜 우리는 귀신을 쫓아낼 수 없었습니까?"하고 물었다. (마태복음17장 18절～19절)

[예32] 아침에 하늘이 붉고 흐리면 날씨가 좋지 않겠다고 말한다. 이렇게 날씨는 분별할 줄 알면서 시대의 징조는 왜 분별하지 못하느냐?
(마태복음16장 3절)

[예33] 위선자들아, 너희가 땅과 하늘의 기상은 분별할 줄 알면서 왜 이 시대는 분별하지 못하느냐? (누가복음12장 56절)

4.2. 狀況可能의 경우

주어의 능력과는 아무런 관계가 없으며, 단지 외적인 상황에 의한 가능·불가능을 나타내는데, 이런 점에 있어서 일본어의 상황가능과 별 다를 바 없으며 이러한 상황가능은 한국어에서는 「～지 못하다」 또는 「못～」와 「～ㄹ / 을 수 있다(없다)」에서는 보이지만, 「～ㄹ / 을 줄(을) 알다(모르다)」에서는 찾을 수가 없었다.

[예34] 소년은 개울가에서 소녀를 보자 곧 윤 초시네 증손녀라는 걸 알 수 있었다. 소녀는 개울에 다 손을 잠그고 물장난을 하고 있는 것이다. 서울서는 이런 개울을 보지 못하기나 한 듯이. (소나기)

[예35] 장사하는 이들은 단골 때문에 쉽게 자리를 옮기지 못하는데 집세는 자꾸 오르고, 주인과의 관계는 노상 아쉬운 쪽에 서있는 입장이니 그래도 성깔은 있는 편인 그녀로서는 참말이지 서러웠을 세월이었다.
(지구를 색칠하는 페인트공)

[예36] 너희는 보물을 하늘에 쌓아 두어라. 그 곳은 좀 먹거나 녹스는 일이 없으며 도둑이 들어와 훔쳐 가지도 못한다. (마태복음 6장 20절)

[예37] 공주가 말해 준 대로 모두 일곱 개의 계단을 올라가자 이번에는 더욱 아름다운 궁전이 나타났습니다. 궁전은 모두 유리로 돼 있어 밖에서도 안을 훤히 볼 수가 있었습니다. (난장이와 무지개나라)

[예38] 소녀의 입술이 파아랗게 질렸다. 어깨를 자꾸 떨었다. 무명 겹저고리를 벗어 소녀의 어깨를 싸 주었다. 소녀는 비에 젖은 눈을 들어 한 번 쳐다보았을 뿐, 소년이 하는 대로 잠자코 있었다. 그리고는 안고 온 꽃묶음 속에서 가지가 꺾이고 꽃이 일그러진 송이를 골라 발 밑에 버린다. 소녀가 들어선 곳도 비가 새기 시작했다. 더 거기서 비를 그을 수 없었다. (소나기)

[예39] 이때 네 사람이 한 중풍병자를 메고 예수님께 왔다. 그러나 사람들이 너무 많아 그를 예수님께 데려갈 수가 없어서 그분이 계신 곳의 지붕을 뜯어 병자가 누워 있는 들것을 달아내렸다. (마가복음 2장 3절~4절)

4.3. 条件可能의 경우

이것은 어떠한 조건이 갖추어져 진다는 조건 하에 어떤 동작・상태의 실현이 가능(불가능)한 경우를 나타내는데, 다음 예문에서 보여지 듯 가능・불가능을 나타내는 표현 앞에, 일본어에서와 같이 조건구(절)를 수반하는 것이 일반적인데, 이 조건가능 역시 한국어에서는「~지 못하다」또는「못 ~」과「~ㄹ / 을 수 있다(없다)」에서는 보이지만,「~ㄹ / 을 줄(을) 알다(모르다)」에서는 찾을 수가 없었다.

[예40] 그나저나 아빠는 노트북을 어떻게 했을까요? **노트북이 없으면** 돈도 못 벌고, 그러면 병원비도 댈 수 없을텐데…… 어쩌자고 아빠는 아까부터 싱글벙글인지 모르겠어요. (가시고기)

[예41] 너희는 사람에게 보이려고 일부러 선한 일을 하지 않도록 조심하라. **그렇지 않으면** 너희가 하늘에 계신 아버지에게서 상을 받지 못한다. (마태복음 6장 1절)

[예42] 그래서 예수님은 한 어린 아이를 불러 그들 가운데 세우고 이렇게 말씀하셨다. "내가 분명히 말해 둔다. 너희가 변화되어 **어린아이와 같이 되지 않으면** 결코 하늘 나라에 들어가지 못할 것이다." (마태복음18장 2절~3절)

[예43] 다시는 병원에 오지 말았으면 좋겠어요. 이제는 아프지 않고 살았으면 좋겠어요. 아주 안 아플 수는 없겠지요. **감기나 몸살 정도라면** 얼마든지 참을 수 있어요. (가시고기)

[예44] "선생님 심정은 이해하지만 당장 퇴원은 불가능합니다. 백혈구 수치가 문젭니다. 이대로 **치료를 중단하면** 수치는 걷잡을 수 없을 정도로 높아질 겁니다."(가시고기)

[예45] 강한 사람의 집에 들어가 물건을 털어가려고 하면 먼저 그 사람을 잡아 묶어야 한다. **그렇지 않고**는 그 집을 털 수가 없다. (마가복음 3장 27절)

4.4. 心情可能의 경우

이것은 일본어의 심정가능의 경우와 동일하게 심정적으로 생각·판단해서 가능 또는 불가능한 경우를 나타내는데, 이 심정가능은 「~지 못하다」 또는 「못 ~」과 「~ㄹ / 을 수 있다(없다)」 그리고 「~ㄹ / 을 줄(을) 알다(모르다)」 모두에서 나타난다.

[예46] 박스 둘은 아이의 옷가지, 동화책, 장난감 따위로 채워졌다. 나머지 하나도 그의 몫은 아니었다. 서너 차례의 이사를 다니면서도 차마 버리지 못한 채 남겨둔 아내의 옷가지였고, 이제 주인에게 되돌려줄 참이었다. (가시고기)

[예47] 못 잊어 생각이 나겠지요. 그런대로 한 세상 지내시구료. 사노라면 잊힐 날 있으리다. 못 잊어 생각이 나겠지요. 그런대로 세월만 가라시구료. 못 잊어도 더러는 잊히오리다. (못잊어 ; 김소월)

[예48] 아내는 신혼 여행지에서 친정과의 결별을 선언했다. 그러나 대부분의 사람들이 살아가는 방법을 알지 못 했던, 아내의 입장으로선 고난의 시작이었던 셈이다. (가시고기)

[예49] 우리 동네에서 가장 시적인 꿈을 꾸는 사람으로 단연 대섭이 엄마를 꼽을 수 있다. (지구를 색칠하는 페인트공)

[예50] 아이가 다시 코트를 입어볼 수 있는 날이 찾아올까? 고작 몇 달 남은 겨울이 천년보다 더 아득한 세월로 여겨졌다. 하지만 그는 선뜻 쓰레기 봉투 속으로 집어넣을 수 없었다. (가시고기)

[예51] 진실은, 그러니까 이거야. 내가 죽는다는 것. 그래서 곧 아이 곁을 떠나야 한다는 것. 아이를 내가 겪었듯 고아원으로 보낼 수 없다는 것. 엄마인 당신이 아이를 잘 지켜주길 바라는 것. 이 정도가 진실이야. (가시고기)

[예52] 그래도 그는 결코 막돼먹은 인간은 아니었다. 예절도 바르고, 아이들 귀여워 할 줄도 알고, 풀 한 포기도 사랑할 줄 아는 심성만큼은 가졌다. 사람이 순하여 남에게 큰 소리 한번 칠 줄을 모르기는 해도, 걸핏하면 손해 보는 쪽으로 서서 살아가기는 해도, 우리의 김선생은 선량한 샐러리맨의 평균치에 다름 아니다. (지구를 색칠하는 페인트공)

그러나 다음에서 보여지는 예문 53은 상황적으로 불가능을 나타내는 것인지, 심정적으로 불가능한 것인지 현재로선 판단하기가 어렵다.

[예53] 당분간 아이를 갖지 않기로 해요. 신혼 여행지에서 아내가 한 말이었다. 아이에 얽매여 자신의 계획을 수정하고 싶지 않다고 했다. 그러나 의지와는 달리 아내는 신혼 삼 개월 만에 덜컥 임신을 하고 말았다.
그런 아내에게 둘째를 기대할 수 없었다. (가시고기)

그런데 다음에서 보여지는 예문 54~55는 위의 예문과 같이 「~ㄹ / 을 줄(을) 알다(모르다)」의 형태를 취하고 있지만, 『조선어대사전』에서 말하는 가능의 의미와는 거리가 먼 것 같다.

[예54] "이른 시간에 미안해. 잘 지냈어?"
- 다움인 어때요?
"이식한 골수가 제 기능을 발휘하기 시작했어. 성공이야."
- 정말예요?
"당신이 기뻐할 줄 알았어. 지금은 회복 치료를 받고 있어."(가시고기)

[예55] 손수건으로 눈물을 찍어내던 엄마가 아빠를 쏘아보며 말합니다.
"당신이란 사람, 도대체 뭐하는 사람이죠? 어쩌면 아이를 이 지경으로 만들어놓을 수 있어요."
입 안에 수도꼭지를 틀어놓은 것처럼 자꾸만 침이 고입니다. 꼴깍꼴깍, 침을 삼키고 아빠의 말을 기다립니다.
당연히 아빠가 화를 낼 줄 알았죠. 엄마를 똑바로 쳐다보면서 말예요. (가시고기)

이것은 가능의 의미를 나타내는 「~ㄹ / 을 줄(을) 알다(모르다)」의 형태를 취하고는 있지만, 가능의 의미를 나타낼 때와 같은 하나의 덩어리로서의 표현이 아니라, 분리 할 수 있는 표현이기 때문이라 생각된다. 바꾸어 이야기하면 「~ㄹ / 을 줄(을) 알다(모르다)」의 표현이 가능의 의미를 나타낼 때는 「알다(모르다)」앞에 다른 단어를 넣을 수 없지만, 가능의 의미를 나타내지 않는 경우는 「당신이 기뻐할 줄 **난** 알았어」 「아빠가 화를 낼줄 **나는** 알았죠」와 같이, 「알다(모르다)」의 주체를 넣어서 표현을 해도 가능하며 또 아무런 의미의 변화도 일어나지 않기 때문이다. 실지로 다음의 예문56이 이를 증명한다.

[예56] 소년은 별을 따고 싶습니다. 밤마다 뒷동산에 놀러나오는 별을 따고 싶습니다. 유리구슬처럼 반짝이는 파란 눈을 가진 별을.
"뭐? 별을? 그 별이 얼마나 먼 곳에 있는 줄 **너** 알고 하는 말이니?"
누나의 눈이 커질대로 커집니다. (난장이와 무지개나라)

또, 「～ㄹ / 을 줄(을) 알다(모르다)」의 형태를 취한다하더라도 다음 예문57에서 보여지 듯, 「～ㄹ / 을 줄(을) 알다(모르다)」의 주어가 사물인 경우도 가능의 의미를 나타내지 않는다.

[예57] 그러나 한 번 쏟아지기 시작한 동생 **거미들의 눈물은** 좀처럼 그칠 줄을 몰랐습니다. (난장이와 무지개나라)

그러나 「～ㄹ / 을 수 있다(없다)」의 형태를 취하면서도 가능의 의미를 나타내지 않는 이러한 것도, 다음 예문과 같이 부정이 될 때는 불가능의 의미를 나타내기도 하는데(예문 55와 비교), 이렇게 되는 것이 단어가 지니는 의미적인 문제 때문인지 아니면 문장의 통어론적인 문제 때문인지 현재로서는 확실치 않지만, 여기서는 지적하는 정도로 하며, 이 문제에 대해선 더 많은 예문을 수집하여 금후에 밝히도록 하겠다.

[예58] 아빠는 그냥 물끄러미 날 바라보고 있었죠. 화를 내지 않구요. 하긴 화내

는 아빠를 본 적이 없었어요. 아빠는 화낼 줄 모르는 사람이라고 난 생각했답니다. 그런 아빠가요, 이상해졌어요. (가시고기)

5. 마치며

지금까지 언급한 것을 간단히 요약해 보면 다음과 같다.

우선 일본어의 경우, 久野 暲씨는 동사의 가능형「レル・ラレル」는 주어의 내적능력을 나타내며,「デキル」는 외적조건에 유래하는 능력을 나타낸다고 하지만, 위에서 실례를 통해서 살펴보았 듯이, 동사의 가능형 즉 가능동사도 상황가능을 나타낼 때도 있으며,「～することができる」라는 가능표현도 내적능력 즉, 능력가능을 나타낸다는 것을 알 수 있다. 이에 대해서는 久野 暲씨보다 奥田靖雄씨의「일본어에는 가능동사와「することができる」라는 가능표현의 두 형태가 가능을 나타내고 있지만, 의미적으로는 거의 같다」는 견해가 합리적이라 할 수 있다. 다만 奥田靖雄씨는, 가능동사는 회화에서,「することができる」라는 가능표현은 과학논문·평론·논설에서 많이 사용되어진다고 하고 있으나, 필자는 대부분의 예문을 소설이라는 작품 속에서 수집하였기에 이에 대해서는 무어라 논하지를 못하겠다. 또 久野 暲씨는 가능의 의미를 능력과 상황으로 나누었고 奥田靖雄씨는 가능의 의미를 능력과 조건으로 나누었지만, 여기서는 山内博之·清水孝司씨가 논한 심정가능까지 생각하여, 가능의 의미를 능력과 상황과 조건과 심정으로 나누어 4가지로 나누어 생각해 보았으며, 심정가능의 의미도 山内博之·清水孝司씨가 이야기하고 있는 것 같이「観賞する」라는 의미만이 아니라 심정적으로 생각·판단해서 가능·불가능한 것임을 논하였다.

둘째로 한국어의 경우, 한국어에 있어서 가능·불가능의 의미를 나타내는 표현은 일반적으로 「~지 못하다 또는 못 ~」와 「~ㄹ / 을 수 있다(없다)」와 「~ㄹ / 을 줄(을) 알다(모르다)」의 3가지 표현이 있으며, 이에 대해 『조선어대사전』에서는 본문에서 보았듯이 나름대로 견해를 밝히고는 있지만, 실례를 통해 살펴보니 반드시 그렇지 않음을 알 수 있었다. 구체적으로 살펴보면, 한국어에서 가능의 의미를 나타내는 세 가지 표현 중, 「~지 못하다 또는 못 ~」와 「~ㄹ / 을 수 있다(없다)」는 일본어와 마찬가지로 능력과 상황과 조건과 심정가능이 모두 보이지만, (「~ㄹ / 을 줄(을) 알다(모르다)」는 작품 속에 실지로 쓰인 예문이 다른 표현에 비해 엄청 적은 것이 특징적이며, 그렇기 때문에 나타나는 현상인지는 모르겠으나) 「~ㄹ / 을 줄(을) 알다(모르다)」에서는 능력가능과 심정가능만 보일 뿐 상황가능과 조건가능은 보이지 않았다. 또,「~ㄹ / 을 줄(을) 알다(모르다)」라는 표현이라 할지라도, 본문에서 보았듯이, 「알다 / 모르다」앞에 「알다 / 모르다」의 주체를 넣을 수 있는 경우는 가능 표현이 아님을 알 수 있었다. 다만,「~지 못하다 또는 못 ~」와 「~ㄹ/을 수 있다(없다)」의 두 가지 표현 모두, 위의 4가지 가능의 의미를 나타내고 있지만, 이 두 표현이 일본어와 같이, 같은 의미를 나타내고 있는지 어떤지는 현재로서는 확실하지 않으며 여기에 대해서는 금후에 밝히도록 하겠다.

▌인용 및 참고문헌

大阪外国語大学 朝鮮語研究室編『朝鮮語大辞典(上・下)』(角川書店)
奥田靖雄 (1986)「現実・可能・必然(上)」言語学研究会編 (『ことばの科学1』所収・むぎ書房)
久野 暲 (1983)「「レル・ラレル」と「デキル」」(『新日本文法研究』所収・大修館書店)
鈴木重幸 (1972)『日本語文法・形態論』(むぎ書房)
寺村秀夫 (1982)『日本語のシンタクスと意味Ⅰ』(くろしお出版)
森田良行 (1988)「「富士山が見える」か「富士山が見られる」か」(『日本語の類意表現』所収・ 創拓社)
山内博之・清水孝司 (2001)「「～が見える」「～が見られる」」(『日本文化学報』第10輯・한국일본문화학회)
李金蓮 (1994)「「見える」「見られる」「見ることができる」について」(『世界の日本語教育』1994년4호・国際交流基金 日本語国際センター)
한국도서출판중앙회『새국어대사전』(이숭녕 감수)

제3부
일본어 교육편

제14장
상급 일본어 학습자의 일본어 오용례 분석

1. 들어가며

상급 일본어 학습자의 일본어 오용례 분석은 제가 근무하는 청주대학교 일어일문학과 4학년 수업인 [(일본어)고급 문장 연습]을 수강한 4학년 학생들을 대상으로 그들이 일본어로 작문한 문장(테마는 학생의 자유이었음)에 근거한 것으로 이들의 작문에서 오용례를 수집・조사한 것이다.

청주대학교의 일어일문학과에 재학 중인 4학년 학생으로서 [(일본어)고급 문장 연습]이란 과목을 수강한 학생을 대상으로 한 결과를 통계낸 것이기에, 이것을 한국인 일본어 학습자의 일반론적인 것으로 보기에는 다소 무리가 없지는 않지만, 그래도 청주대 학생에게만 국한되지 않고 어느 정도는 우리나라 일본어 학습자들의 일본어에 대한 오용의 특징을 찾을 수 있고, 또 앞으로의 지도에 참고가 될 것 같아 조사해 보았다. 그런데 여기서 [상급 일본어 학습자]라고 한 것은 이들 4학년의 대부분의 학생들이 어학연수로 1년간 일본에서 공부하며 생활한 경험이 있기에 일본어의 레벨을 상급으로 간주하였으며, 일어일문학과 4학년이라 하더라도 일본에서 1년간 어학연수를 다녀오지 않은 학생들의 예문은 여기에서 제외하였으며, 일본에 1년간 어학연수를 다녀 온 4학년이라 할지라도 지금까지의 학습 환경과 일본에서의 학습생활 여부 등 이런 모든 것을 고려해서 분석해야 했지만, 이런 것은 거의 모두가 다르기에 이런 부분까지 모두 고려한다면 일정한 기준선을 긋기가 어려워 여기에서는 이런 것들을 무시하였음을 밝힌다.

2. 어휘 사용의 오용

이것은 일본어를 사용하는데 있어 적절한 어휘를 사용하지 못하고, 어휘를 잘못 선택・사용해서 나타나는 오용으로 그 원인으로는 다음과 같이 여러 가지 경우가 생각된다. 그런데 하나의 예문에서 2개 이상의 오용예가 나타날 경우, 각 해당항목에서는 거기에 해당하는 예문만을 취급하며 그 외의 오용은 원문 그대로 남겨두었다.

2.1. 한국어(모국어)적 표현으로 나타나는 오용

이것은 일본어 학습자들이 일본어를 사용하는데 있어「일본에서 만난 조선민족의 형들 → 日本で出会った朝鮮民族の兄達」「난치의 병 → 難治の病気」등과 같이 한국어적 표현인 그대로 일본어로 단어가 바뀌어서 나타나는 것이다. 이하 오용으로 쓰인 단어의 품사별로 자세히 살펴보기로 한다.

【명사의 경우】

이것은 일본어에 있어 한국어적 표현이 명사에 쓰인 오용으로「청주대학교 → 清州大学校」「부족한 점이 많은 사람 → 不足な点が多い人」「일본에서 만난 조선민족의 형들 → 日本で出会った朝鮮民族の兄達」「난치의 병 → 難治の病気」「(우리)집 아파트 뒤에 있는 산 → 家のアパートの後ろにある山」「고객대응 → 顧客応対」와 같은 경우이다.

[예1] 私は現在、**清州大学校**の日語日文学科４年生です。

→ 私は現在、**清州大学**の日語日文学科４年生です。

[예2] 私は不足な点が多い**人**だと思いますが、～

→ 私は不足な点が多い**人間(者)**だと思いますが、～

[예3] 日本で出会った朝鮮民族の**兄達**は、物質的には僕らより豊かではないかも知らないが、～

→ 日本で出会った朝鮮民族の**先輩達**は、物質的には僕らより豊かではないかも知らないが、～

[예4] 実は彼女は**難治の**病気にかかって、ずっと病院に入院していました。

→ 実は彼女は**重い**病気にかかって、ずっと病院に入院していました。

[예5] 電話も国際電話だから一日に２、３回ぐらいするのが**全部**です。

→ 電話も国際電話だから一日に２、３回ぐらいするのが**やっと**です。

[예6] 好きな**ところ**もいやな**ところ**もあったけれども、今になって考えてみると自然にほほえめる思い出がたくさんあった。

→ 好きな**点**もいやな**点**もあったけれども、今になって考えてみると自然にほほえめる思い出がたくさんあった。

[예7] いい縁になればという**願い**で私の紹介を致します。

→ いい縁になればという**思い**で私の紹介を致します。

[예8] 日曜日になると、家の**アパート**の後ろにある山に、お父さんによくつれていってもらって登ったのだ。

→ 日曜日になると、家の**団地**の後ろにある山に、お父さんによくつれていってもらって登ったのだ。

[예9] 1年間のデパートのアルバイトでの**顧客応対**は人の対して何を優先するか、～

→ 1年間のデパートのアルバイトでの**接客業務**は人の対して何を優先するか、～

[예10] 短所は感受性が豊富なので事事にあまり冷静な**行動**ができないということです。

→ 短所は感受性が豊富なので事事にあまり冷静な**対応**ができないということです。

[예11] 料理は暇な時、家でテレビを見る**場合**に私が好きな番組がなかったら料理の番組をよく見ます。

→ 料理は暇な時、家でテレビを見る**時**に私が好きな番組がなかったら料理の番組をよく見ます。

【동사의 경우】

이것은 일본어에 있어 한국어적 표현이 동사에 쓰인 오용으로「그렇게 바라고 있었던 유학 → あんなに願っていた留学」,「(회사) 지원하게 된 것입니다 → 志願することにしたのです」,「귀사에 응하게 되어 → 貴社に応ずることができて 」,「상대를 대하려고 노력하고 있습니다 → 相手を対しようと努力しています」등과 같은 것인데 유난히 명사와 동사에서 오용의 예문이 많은 것이 특징적이다.

[예12] あんなに**願っていた**留学だったので、～

→ あんなに**行きたかった**留学だったので、～

[예13] いままで勉強して来た専門を活かした仕事がしたかったので、**志願する**ことにしたのです。

→ いままで勉強して来た専門を活かした仕事がしたかったので、**応募する**ことにしたのです。

[예14] まず、貴社に**応ずる**ことができて真に嬉しいです。

→ まず、貴社に**応募する**ことができて真に嬉しいです。

[예15] 私はいつも笑いながら相手を**対しよう**と努力しています。

→ 私はいつも笑いながら相手を**接しよう**と努力しています。

[예16] 一緒に遊んでくださったことも忘れられない思い出の一つだ。今は北京に引っ越したけど、一生**納めたい**と思う。

→ 一緒に遊んでくださったことも忘れられない思い出の一つだ。今は北京に引っ越したけど、一生**覚えていたい**と思う。

[예17] まわりに友だちがたくさんいることもこのような生活信条を持っていたからと言えます。人が**生きながら、**社会の生活の中で一番大切なことはまさに暖かい微笑と明るい笑いだと思います。

→ まわりに友だちがたくさんいることもこのような生活信条を持っていたからと言えます。人が**生きていく上で、**社会の生活の中で一番大切なことはまさに暖かい微笑と明るい笑いだと思います。

【형용(동)사의 경우】

이것은 일본어에 있어 한국어적 표현이 형용사에 쓰인 오용으로「애처로운 그녀 → いじらしい彼女」「가는 것이 중요하다 → 行くのが大切」등과 같은 경우이다.

[예18] 今のつまと息子。十年ぶりに会った**いじらしい**彼女。

→ 今のつまと息子。十年ぶりに会った**かわいそうな**彼女。

[예19] あるいてつかれた足を休むためにも店は必ず行くのが**大切。**

→ あるいてつかれた足を休むためにも店は必ず行くのが**よい。**

【부사의 경우】

이것은 일본어에 있어 한국어적 표현이 부사에 쓰인 오용으로「(메일) 자주 보낼 수 있기 때문에 → たびたび送られるから」「더 좋은 인상 → もっといい印象 」「～을 우리들은 즉각 → ～を僕らは直ちに」등과 같은 경우이다.

[예20] 電話も国際電話だから、一日に2、3回ぐらいするのが全部です。でもメールなどは**たびたび**送られるから、それが慰めになっています。

→ 電話も国際電話だから、一日に2、3回ぐらいするのが全部です。

でもメールなどは**たくさん**送られるから、それが慰めになっています。

[예21] そこの昔の音楽と暖かい柚子茶によって、**もっと**いい印象をあたえた。

→ そこの昔の音楽と暖かい柚子茶によって、**より**いい印象をあたえた。

[예22] 中国の朝鮮民族の人達を僕らは**直ちに、**不法滞在者やお金を稼ぎに来た人達としか見てなかったことでした。

→ 中国の朝鮮民族の人達を僕らは**ただ、**不法滞在者やお金を稼ぎに来た人達としか見てなかったことでした。

[예23] 言葉が通じると相手を**さらに**分かることができるし、それはまた相手の国と文化を分かるはじめの一歩になります。

→ 言葉が通じると相手をさらに**深く**分かることができるし、それはまた相手の国と文化を分かるはじめの一歩になります。

【接尾辞의 경우】

이것은 한국어적 표현이 일본어의 접미사에서 나타난 오용으로, 다음 예문에서 보여지 듯, 단수명사가 쓰여야 할 곳에 복수명사로 쓰이며, 복수명사로 쓰여야 할 곳에 단수명사가 쓰인 경우이다.

[예24] 横浜といえば、**人たち**はランドマーク、中華街、元町、山下公園などと思い浮かべる。

→ 横浜といえば、**人**はランドマーク、中華街、元町、山下公園などと思い浮かべる。

[예25] そのためかもしれないけれど、**人々**に第一印象がいいとよく言われました。

→ そのためかもしれないけれど、**人**に第一印象がいいとよく言われました。

[예26] もし**私**みたいに国籍が違う二人が付き合うとしたら、～

→ もし**私たち**みたいに国籍が違う二人が付き合うとしたら、～

【그 외의 경우】

이것은 일본어에 있어 한국어적 표현이 조사 등에 나타난 오용으로「우리들이 예의만으로 말한 것도 → 僕らが礼儀だけで言ったことも」「장래에 → 将来に」「외국어 고등학교를 진학한 이후 → 外国語の高校を進学した以降 」「웃으면서 상대를 대하려고 → 笑いながら相手を対しようと」등과 같은 경우이다.

[예27] 時々僕らが礼儀**だけで**言ったことも、彼らは真に受けて、~

→ 時々僕らが礼儀**で**言ったことも、彼らは真に受けて、~

[예28] その中で料理の番組は韓国よりもたくさんあるので将来**に**韓国に日本料理の店をオプンしたいと思ったこともありました。

→ その中で料理の番組は韓国よりもたくさんあるので将来韓国に日本料理の店をオプンしたいと思ったこともありました。

[예29] 日本人以外**にも**どの国の人が来ても必ず行くところ、インサドン。

→ 日本人以外**の**どの国の人が来ても必ず行くところ、インサドン。

[예30] 外国語の高校**を**進学した以降、いままで勉強して来た専門を活かした仕事がしたかったので、~

→ 外国語の高校**に**進学した以降、いままで勉強して来た専門を活かした仕事がしたかったので、~

[예31] 私はいつも笑いながら相手**を**対しようと努力しています。

→ 私はいつも笑いながら相手**に**対しようと努力しています。

[예32] 私の母は飯を炊くたび**は**一回に五日間ぐらいの量のごはんを炊いて食べるし、~

→ 私の母は飯を炊くたび**に**一回に五日間ぐらいの量のごはんを炊いて食べるし、~

[예33] 同じ言葉を喋る彼らは妙な感じで、ちょっと**は**親しくなれるのか不安でありました。

→ 同じ言葉を喋る彼らは妙な感じで、ちょっと親しくなれるのか不安でありました。

[예34] それで、思いきって休学し 1 年間日本にいながら日本という国の言葉や文化、習慣などのすべて**を**直接的に接することにしました。

→ それで、思いきって休学し 1 年間日本にいながら日本という国の言葉や文化、習慣などのすべて**に**直接的に接することにしました。

그러나 다음의 두 예문의 오용은 [무슨 일이라도] 라는 한국어적 표현을 그대로 일본어로 표현한 오용이라 생각되지만, 다음에 언급할 [2.2. 유사한 어휘로 인한 오용]으로도 해석이 가능한 오용이라 생각된다.

[예35] 大変な状況の時もいつも頑張っていた両親を見ながら、**なんの**[6]ことでも最善を尽くそうと思ってました。

→ 大変な状況の時もいつも頑張っていた両親を見ながら、**どんな**ことでも最善を尽くそうと思ってました。

[예36] 私は明るくて闊達な性格を持っています。それで**なんの**ことでも肯定的に考えるのでいい結果を得たことがたくさんあります。

→ 私は明るくて闊達な性格を持っています。それで**どんな**ことでも肯定的に考えるのでいい結果を得たことがたくさんあります。

2.2. 유사한 어휘로 인한 오용

이것은 일본어를 사용하는데 있어 한국어적 표현인 단어가 그대로 일본어로 바뀌어서 표현된다기보다, 한국어의 어휘에 해당하는 유사한 일본어가 여러 개 있는 경우 (예 :「자랑 → 誇り・自慢・誉れ・うぬぼれ」「배우다 → 習う・学ぶ」「많다 → 多い・たくさんだ」) 적절한 단어를 선택

6) なんの (何の)에 대해『岩波国語辞典 (第四版)・岩波書店』에서는「連語」라고 정의하고 있으며『新明解国語辞典 (第五版)・三省堂』에서는「連体詞」라고 정의하고 있음.

하여 사용하는데 있어서 나타나는 오용인데, 특히 동사와 접속사에서 두드러지는 것 같다.

【명사의 경우】

[예37] 自分が持っている韓国に文化を**自慢**に思っていました。

→ 自分が持っている韓国に文化を**誇り**に思っていました。

[예38] 短所は感受性が豊富なので**事事**にあまり冷静な行動ができないということです。

→ 短所は感受性が豊富なので**物事**にあまり冷静な行動ができないということです。

【동사의 경우】

[예39] 国が二分していて、中国、ロシア、日本などいろいろなところに僕らの民族は**生きています。**

→ 国が二分していて、中国、ロシア、日本などいろいろなところに僕らの民族は**住んでいます。**

[예40] ２年生の時は大学の寮長として人の対しての責任感を**ならい、**１年間のデパートのアルバイトでの顧客対応は人の対して何を優先するか、～

→ ２年生の時は大学の寮長として人の対しての責任感を**学び、**１年間のデパートのアルバイトでの顧客対応は人の対して何を優先するか、～

[예41] 専門の日本語にとって足りない部分を**足す**ために、東京で語学の研修をして来ました。

→ 専門の日本語にとって足りない部分を**補う**ために、東京で語学の研修をして来ました。

[예42] いままでの経験と勉強して来たことを**基づいて**頑張れる機会が来たら、～

→ いままでの経験と勉強して来たことを**もとに**頑張れる機会が来たら、～

[예43] 言葉が通じると相手をさらに**分かる**ことができるし、それはまた相手の国と文化を**分かる**はじめの一歩になります。

→ 言葉が通じると相手をさらに**知る**ことができるし、それはまた相手の国と文化を**知る**はじめの一歩になります。

[예44] よく知らなかった分野ですけれども、企業との関係についてすこしでも**わかる**ようになりました。

→ よく知らなかった分野ですけれども、企業との関係についてすこしでも**理解できる**ようになりました。

[예45] 前に感じられなかった日本人の特性とか日本の文化についてもっと**わかる**ようになりました。

→ 前に感じられなかった日本人の特性とか日本の文化についてもっと**理解できる**ようになりました。

[예46] 私は不足な点が多い人だと思いますが、**知らない**ことがあったら、わかるようになるまで努力します。

→ 私は不足な点が多い人だと思いますが、**わからない**ことがあったら、わかるようになるまで努力します。

[예47] その時、**思い付いた**のが、韓国に来ている、中国の朝鮮民族の人達を僕らは直ちに、不法滞在者やお金を稼ぎに来た人達としか見てなかったことでした。

→ その時、**思い出した**のが、韓国に来ている、中国の朝鮮民族の人達を僕らは直ちに、不法滞在者やお金を稼ぎに来た人達としか見てなかったことでした。

【형용(동)사의 경우】

[예48] 小さいけれど、一日を全部過ごしても足りないほど**多い**見ところがあるインサドンは、～

→ 小さいけれど、一日を全部過ごしても足りないほど**たくさんの**見ところがあるインサドンは、~

【접속사의 경우】

[예49] 私は明るくて闊達な性格を持っています。**それで**なんのことでも肯定的に考えるのでいい結果を得たことがたくさんあります。

→ 私は明るくて闊達な性格を持っています。**そして**なんのことでも肯定的に考えるのでいい結果を得 たことがたくさんあります。

[예50] 私はいつも笑いながら相手を対しようと努力しています。**それで**私を見る人に明るくて活動的なイメージに見えるようにしています。

→ 私はいつも笑いながら相手を対しようと努力しています。**そして**私を見る人に明るくて活動的なイメージに見えるようにしています。

[예51] 下手だったけど、ドンドンうまく運転するようになった。**それで、**試験が終わった後、当日の午後に一人で海を見に清州から近いデチョン海水浴場へ音楽を聞きながら行きます。

→ 下手だったけど、ドンドンうまく運転するようになった。**だから、**試験が終わった後、当日の午後に一人で海を見に清州から近いデチョン海水浴場へ音楽を聞きながら行きます。

[예52] 意義深い出会いになるのを願っています。**また**私が少なくとも役立てるといいと思います。

→ 意義深い出会いになるのを願っています。**そして**私が少なくとも役立てるといいと思います。

2.3. 청・탁음의 혼동으로 인한 오용

이것은 단어의 清音과 濁音의 혼동에서 온 오류라고 생각되는 경우인데, 일본에 1년간 어학연수를 다녀온 학생들에게도 의외로 많이 나타난다는 것이다. 다음은 탁음이 되어야 곳이 청음으로 표현된 오용이며,

[예53] 一日を全部過ごしても足りないほど多い**見ところ**があるインサドンは、～

→ 一日を全部過ごしても足りないほど多い**見どころ**があるインサドンは、～

[예54] お土産もあるけど、買わなくても楽しめるほどそれは一つの**見ところ**になっている。

→ お土産もあるけど、買わなくても楽しめるほどそれは一つの**見どころ**になっている。

[예55] 天気もいいし空も青いし**とこか**で海の臭いがするようで私の気持までどんどんよくなってきた。

→ 天気もいいし空も青いし**どこか**で海の臭いがするようで私の気持までどんどんよくなってきた。

[예56] 色んなことを感じることが**てきました。**

→ 色んなことを感じることが**できました。**

다음은 이와는 반대로 청음이 되어야 할 곳이 탁음으로 표현된 경우이다.

[예57] ソウルの昔と現在を一目に見ることが出来る**どころ。**

→ ソウルの昔と現在を一目に見ることが出来る**ところ。**

[예58] 彼女の友だちの金さんが迎えに来て**ぐれた。**

→ 彼女の友だちの金さんが迎えに来て**くれた。**

[예59] 郵便局で**はだらいた**こともありました。

→ 郵便局で**はたらいた**こともありました。

3. 문법적 오용

이것은 상급 일본어 학습자들이 일본어를 사용하는데 있어 적절한 어휘를 선택・사용하는데 있어 나타나는 오용이 아니라 일본어의 문법적인 측면(동사의 가능형・수동형・사역형・수수동사(やりもらい)・자타동사의 사용 등)의 이해의 부족으로 나타나는 오용이라 생각되는 것으로 주로 동사와 조사에서 오용이 두드러지는 것이 특징적이다.

3.1. 동사의 경우

동사에서 보이는 문법적인 오용의 첫 번째는, 문맥의 흐름상 동사의 가능형(가능동사)을 사용해야 함에도 불구하고 동사의 가능형을 사용하지 않아 생긴 오용의 경우이다.

[예60] 最初は運転する機会があんまりなくて、下手だったけど、ドンドンうまく**運転する**ようになった。
→ 最初は運転する機会があんまりなくて、下手だったけど、ドンドンうまく**運転できる**ようになった。

[예61] 跆拳道というスポーツを通じて我々のことを理解して**もらう**ように今度の祝祭で私はそれに言葉の壁を乗り越えてもっと意義深い出会いになるのを願っています。
→ 跆拳道というスポーツを通じて我々のことを理解して**もらえる**ように今度の祝祭で私はそれに言葉の壁を乗り越えてもっと意義深い出会いになるのを願っています。

그러나 다음 예는 이와는 반대로 문맥상 동사의 가능형(가능동사)을 사용하지 않아야 함에도 불구하고 동사의 가능형을 사용해서 생긴 오용이며,

[예62] 他の人より一歩先に進める進取的な社員に**なれる**とお約束致します。
→ 他の人より一歩先に進める進取的な社員に**なる**とお約束致します。

[예63] そんなことにこだわらなくて、互いに信じる心があったら、どんな国際恋愛でもうまく**いける**と思います。
→ そんなことにこだわらなくて、互いに信じる心があったら、どんな国際恋愛でもうまく**いく**と思います。

다음은 5단동사의「送る」를 1단동사와 같이 동사의 가능형을 만든 데에서 온 오용이다.

[예64] 電話も国際電話だから、一日に2、3回ぐらいするのが全部です。でもメールなどはたびたび**送られる**から、それが慰めになっています。
→ 電話も国際電話だから、一日に2、3回ぐらいするのが全部です。でもメールなどはたびたび**送れる**から、それが慰めになっています。

동사에서 보이는 문법적인 오용의 두 번째는, 문맥의 흐름상 동사의 수동형(수동동사)을 사용해야 함에도 불구하고 동사의 수동형을 사용하지 않아 생긴 오용이다.

[예65] 私には自慢の、外人には韓国を**感じる**ところとしてこころにいつまでも残るだろうと思う。
→ 私には自慢の、外人には韓国を**感じられる**ところとしてこころにいつまでも残るだろうと思う。

[예66] 国が二**分して**いて、中国、ロシア、日本などいろいろなところに僕

らの民族は生きています。

→ 国が二分**されて**いて、中国、ロシア、日本などいろいろなところに僕らの民族は生きています。

[예67] だからオンちゃんから「プサンへ遊びに来てね。」って**聞いた**ときにとても嬉しかった。

→ だからオンちゃんから「プサンへ遊びに来てね。」って**言われた**ときにとても嬉しかった。

그러나 다음 예는 위와는 반대로 문맥상 동사의 수동형(수동동사)을 사용하지 않아야 함에도 불구하고 동사의 수동형을 사용해서 생긴 오용이다.

[예68] 微笑する人には親切さや穏やかな心が**宿られて**います。

→ 微笑する人には親切さや穏やかな心が**宿って**います。

[예69] 私が今までずっと**育てられて**きたところ、「京畿道」の「利川」と言うところだ。

→ 私が今までずっと**育って**きたところ、「京畿道」の「利川」と言うところだ。

[예70] これは私が日本に生活したとき、再び**感じられた**ことです。

→ これは私が日本に生活したとき、再び**感じた**ことです。

동사에서 보이는 문법적인 오용의 세 번째는, 문맥의 흐름상 동사의 사역형(사역동사)을 사용해야 함에도 불구하고 동사의 사역형을 사용하지 않아 생긴 오용으로, 하나의 문장 안에서 두 개의 동일한 오용이 나타난 것이 특징적이다.

[예71] いろいろなところで目を**楽しめたら**、あるいてつかれた足を休むためにも店は必ず行くのが大切。

→ いろいろなところで目を**楽しませたら**、あるいてつかれた足を休むためにも店は必ず行くのが大切。

[예72] いろいろなところで目を楽しめたら、あるいてつかれた足を**休む**ためにも店は必ず行くのが大切。

→ いろいろなところで目を楽しめたら、あるいてつかれた足を**休ませる**ためにも店は必ず行くのが大切。

또 다음은 자동사와 타동사의 구분의 오용으로 나타나는 현상으로, 또 동사의 연용형(マス체)에 붙어 「～하기 시작하다」의 의미로 사용될 때는 「本を読み始める」「花が咲き始める」와 같이 「はじめる」는 쓰여도 「はじまる」는 쓰이지 않는다는 것을 깨닫지 못한데서 오는 오용이라 생각되며,

[예73] 夏休みからは中国語を**習い始まる**つもりです。

→ 夏休みからは中国語を**習い始める**つもりです。

다음은 종속절과 주절의 관계상 부산에 도착해 있어야 함에도 불구하고 부산을 향하고 있는 상태를 나타냄으로서 나타나는 오용의 예이다.

[예74] あまり時間がなくて急いで観光地へ**向かって行った**けど、ブサンで有名だといわれてるところはほとんど見て来た。

→ あまり時間がなくて急いで観光地へ**行った**けど、ブサンで有名だといわれてるところはほとんど見て来た。

그리고 다음 예는 일본어의 授受표현(やりもらい)에 있어서 「くれる」와 「あげる」의 용법에 대한 이해부족 또는 혼동에서 온 오용이며

[예75] 私の長所は他人に対して人の話をよく聞いて**くれる**し、初対面でも

安らかにしてあげるというところです。

→ 私の長所は他人に対して人の話をよく聞いて**あげる**し、初対面でも安らかにしてあげるというところです。

다음은 문장의 술어인 「思う」라는 동사를 アスペクト적으로 完成相[7]을 사용해야 함에도 불구하고 継続相을 사용한데서 온 오용이다.

[예76] 故国を忘れず色んなところで頑張ってる人々がたくさんいると**思っています。**

→ 故国を忘れず色んなところで頑張ってる人々がたくさんいると**思います。**

동사에서 나타난 마지막 오용으로 文末 술어의 시제가 과거가 되어야함에도 불구하고 현재형을 사용한데서 온 경우이다.

[예77] 必ず ○○の一員になりたいです。**ありがとうございます。**

→ 必ず ○○の一員になりたいです。**ありがとうございました。**

3.2. 助詞의 경우

조사의 오용으로 첫 번째는 다음에서 보여지 듯 「で」가 쓰여야 할 곳에

7) 高橋太郎씨는 テンス와 アスペクト에 대해 다음과 같이 구분(분류) 하고 있다. (高橋太郎『動詞九章』 p.66 ひつじ書房)

アスペクト / テンス	完成相	継続相
非過去形	する	している
過去形	した	していた

「に」가 온 경우이다.

[예78] 私は一男二女の中で次女として、厳しい両親の下**に**育てられました。
私は一男二女の中で次女として、厳しい両親の下**で**育てられました。

[예79] これは私が日本**に**生活した時、再び感じられたことです。
→ これは私が日本**で**生活した時、再び感じられたことです。

[예80] 600年も続いた首都としてのソウルの昔と現在を一目**に**見ることが出来るどころ。
→ 600年も続いた首都としてのソウルの昔と現在を一目**で**見ることが出来るどころ。

[예81] その人々と私は明洞やイテウォン、東大門などいろいろなところに行ったが、そのなか**にも**インサドンの思い出が一番記憶に残っている。
→ その人々と私は明洞やイテウォン、東大門などいろいろなところに行ったが、そのなか**でも**インサドンの思い出が一番記憶に残っている。

그러나 다음 예는 이와는 반대로「に」가 쓰여야 할 곳에「で」를 사용함으로서 오용이 된 경우이다.

[예82] 彼らの口から時々出てくる知らない方言や北朝鮮の言葉に似てるアクセント**で**純粋感を感じることもてきました。
→ 彼らの口から時々出てくる知らない方言や北朝鮮の言葉に似てるアクセント**に**純粋感を感じることもてきました。

조사의 오용으로 두 번째는 다음에서 보여지 듯「に」가 쓰여야 할 곳에「の」가 온 경우인데, 예문 모두 동일인이라는 것이 특징적이며,

[예83] 1年間のデパートのアルバイトでの顧客応対は人**の**対して何を優先するか、～

→ 1年間のデパートのアルバイトでの顧客応対は人**に**対して何を優先するか、～

[예84] 観光通訳の経験と2年生の時は大学の寮長として人**の**対しての責任感をならい、～

→ 観光通訳の経験と2年生の時は大学の寮長として人**に**対しての責任感をならい、～

다음 예는 이와는 반대로「の」가 쓰여야 할 곳에「に」가 온 경우이다.

[예85] 自分が持っている韓国**に**文化を自慢に思っていました。

→ 自分が持っている韓国**の**文化を自慢に思っていました。

조사 오용의 세 번째는 문장 속에서 조사「に」를 넣어야 함에도 불구하고 사용하지 않은 데서 온 오용이다.

[예86] いろいろなところで目を楽しめたら、あるいてつかれた足を休むためにも店**は**必ず行くのが大切。

→ いろいろなところで目を楽しめたら、あるいてつかれた足を休むためにも店**には**必ず行くのが大切。

[예87] 逆に、おもしろいのは「利川」住んでいると言ったら、お父さんは当然､農業に携わっていると思われるのだ。

→ 逆に、おもしろいのは「利川」**に**住んでいると言ったら、お父さんは当然、農業に携わっていると思われるのだ。

그러나 다음 예는 이와는 반대로 조사 「に」를 사용함으로서 온 오용이다.

[예88] そのおかげで、我が家**に**は今までお米を一度も買ったことがない。
→ そのおかげで、我が家は今までお米を一度も買ったことがない。

조사 오용의 네 번째는 다음에서 보여지 듯 조사 「の」를 넣어야 함에도 불구하고 사용하지 않은 데서 온 오용이다.

[예89] 私の母は飯を炊くたびは一回に五日間ぐらい量のごはんを炊いて食べるし、～
→ 私の母は飯を炊くたびは一回に五日間ぐらい**の**量のごはんを炊いて食べるし、～

그러나 다음 예는 이와는 반대로 조사 「の」를 사용함으로서 온 오용이다.

[예90] 東京中央日本語**の**学校というところで勉強をしながら、日本人が経営していた店でバイトをしました。
→ 東京中央日本語学校というところで勉強をしながら、日本人が経営していた店でバイトをしました。

[예91] 彼らは国籍は中国であっても韓国を応援し、自分が持っている韓国**の**文化を自慢に思っていました。
→ 彼らは国籍は中国であっても韓国を応援し、自分が持っている韓国文化を自慢に思っていました。

조사 오용의 다섯 번째는 다음에서 보여지 듯 조사 「を」를 써야 함에도 불구하고 「が」를 사용함으로서 온 오용인데, 그런데 이것은 「그녀가 생각이 나서」라는 한국어의 일본어 표현이기에, 어쩌면 [1.1 한국어(모국어)적

표현으로 나타나는 오용]으로도 해석이 가능한 경우인 것 같다.

[예92] 実は彼も彼女に会った瞬間、昔の愛しかった彼女**が**思い出して胸がさわぎました。
→ 実は彼も彼女に会った瞬間、昔の愛しかった彼女**を**思い出して胸がさわぎました。

조사 오용의 여섯 번째는 다음에서 보여지 듯 접속조사 「て」를 사용한 형용사의 중지형[8]으로 나열해야 할 것을 접속조사 「~し」를 사용함으로서 나타난 오용이다.

[예93] 彼女は仕事も一生懸命にやって、家事もおろそかにしたことがありません。優しい**し**、面白い**し**、それにきれいな見た目まで、いわゆる完璧な女の人です。
→ 彼女は仕事も一生懸命にやって、家事もおろそかにしたことがありません。優し**くて**、面白**くて**、それにきれいな見た目まで、いわゆる完璧な女の人です。

그런데 다음 예도 동사의 중지형[9]으로 나열해야 할 것을 접속조사 「~し」를 사용함으로서 나타난 오용인데, 다음 예는 위와 달리 접속조사 「~し」가 동사에 접속된 경우이다.

---

8) 鈴木重幸씨는 『日本語文法・形態論』의 「形容詞 なかどめの形」 (p,443)라는 항목에서 형용사 「うつくしい」를 예로 들며, 「うつくしく」라는 형태를 第一なかどめ, 「うつくしくて」라는 형태를 第二なかどめ라고 정의하고 있음.

9) 鈴木重幸씨는 『日本語文法・形態論』의 「動詞 なかどめの形」 (p.333)에서 다음과 같이 논하고 있다.
なかどめの形には 「よんで」「かいて」という形のほかに、「よみ」 「かき」という形があります。「よみ」「かき」というなかどめはふるい形で、文章のなかだけでつかわれます。これを第一なかどめといいます。「よんで」 「かいて」という形は第二なかどめといいます。

[예94] 私の母は飯を炊くたびは一回に五日間ぐらい量のごはんを炊いて**食べるし**、めしが黄色くて臭いが少し出ても母はそれを無駄に捨てるのはないです。
→ 私の母は飯を炊くたびは一回に五日間ぐらい量のごはんを炊いて**食べ(て)**、めしが黄色くて臭いが少し出ても母はそれを無駄に捨てるのはないです。

3.3. 그 외의 경우

그 이외의 경우로는 다음 예문과 같이 부사 「そう」가 문장 안에서 종속절의 술어로 쓰일 때 「そうだ」의 형태를 취해야 하는데, 그렇게 사용하지 않은 오용과

[예95] とくに寒い日には凍った手と疲れた足も**そう**けれど、店の雰囲気は外国人には忘れられない思い出になる。
→ とくに寒い日には凍った手と疲れた足も**そうだ**けれど、店の雰囲気は外国人には忘れられない思い出になる。

문장의 술어로 [~은 처음이다] 라는 일본어 표현은 부사 「はじめて」를 사용해야 함에도 불구하고 명사 「はじめ」를 사용한 오용이다.

[예96] 実はブサンに行くことも**はじめ**だった。
→ 実はブサンに行くことも**はじめて**だった。

4. 표현의 오용

표현의 오용이란 어휘 사용에 있어서의 문제나 단어의 문법적인 측면에 있어서는 별 문제가 되지 않지만, 문장 전체를 놓고 볼 때 일본어 표현으로서는 오용이라 판단되는 경우이다.

4.1. 경어 표현에 있어서의 오용

다음 예는 문장 주절의 술어가 정중체이기에 종속절의 술어도 정중체로 해야 함에도 불구하고 보통체로서 표현했기에 나타난 오용이며,

[예97] このように彼と私は言葉が違うし、ここでは**言ってなかったが、**考え方や文化など違うところがたくさんあります。
→ このように彼と私は言葉が違うし、ここでは**言ってなかったのですが**、考え方や文化など違うところがたくさんあります。

[예98] 彼とは去年、私が日本で留学した時、**出会ったが、**その時彼は韓国にはまったく興味がありませんでした。
→ 彼とは去年、私が日本で留学した時、**出会いましたが、**その時彼は韓国にはまったく興味がありませんでした。

다음 예는 일반적 표현(보통체)을 써도 무방함에도 불구하고 자신에 대해 겸양어를 사용함으로서 나타난 오용이다.

[예99] 旅行が大好きで飛行機が大好きだし誰かにサービスを**致す**ことが私の天職だと思っています。

→ 私は旅行が大好きで飛行機が大好きだし誰かにサービスを**するこ**とが私の天職だと思っています。

4.2. 한국어적 표현으로 인한 오용

이것은 한국어적 표현을 일본어 문장 속에 사용함으로서 나타난 오용으로 일본어다운 일본어가 되지 못한 경우인데, 1.1의 [한국어적 표현으로 인한 오용]은 하나의 단어(어휘)가 오용인 것에 반해, 이것은 구와 절과 같이 단어 이상의 개념에서 오용이 나타난 경우이다.

[예100] 私の長所は他人に対して人の話をよく聞いてくれるし初対面でも**安らかにしてあげる**というところです。
→ 私の長所は他人に対して人の話をよく聞いてくれるし初対面でも**親しくなることができる**というところです。

[예101] まず、貴社に応ずることができて真に嬉しいです。**いい縁になればという願いで**私の紹介を致します。
→ まず、貴社に応ずることができて真に嬉しいです。**最初に**、私の紹介を致します。

[예102] 韓国の伝統の喫茶店や昔の食べ物を売っている店はもちろん、**食いしん坊が泣くほど**美味しい韓定食もある。
→ 韓国の伝統の喫茶店や昔の食べ物を売っている店はもちろん、**ほおが落ちそうに**美味しい韓定食もある。

4.3. 수식표현에 있어서의 오용

일본어에 있어 수식어는 피수식어의 앞에서 수식하는 것이 일반적이기에, 다음 예에서, 연속해서 경쾌하게 회전하는 모습[10)]을 나타내는 의태어

인「くるくる」가「回る」앞에서「回る」를 수식한다고 생각해「くるくる回る」라고 한다면 아무런 오류가 없어 보이지만, 다음 예문은「回る」라는 동사도「玉の音」라는 명사 앞에서 이것을 수식하기에 여기서는 회전하는 모습을 나타내는 의태어인「くるくる」보다 모래나 알맹이 상태의 딱딱한 것이 대량으로 부딪혀서 나는 소리[11]를 나타내는 의성어인「ざらざら」를 사용하는 것이 문맥적으로는 더 낫다고 생각된다.

[예103] パチンコの前を通ると、**くるくる**回る玉の音が耳鳴りがするほどそうぞうしく、大きな商店街では、~
→ パチンコの前を通ると、**ざらざら**回る玉の音が耳鳴りがするほどそうぞうしく、大きな商店街では、~

5. 마치며

우리나라 일본어 학습자 학생들 가운데 상급 일본어 학습자들이 쓴 일본어 작문에서 나타난 오용례를 수집하여 분석한 결과를 종합해 보면 다음과 같은 특징이 있는 것을 알 수 있다.

첫째는 어휘 사용의 오용에서 나타나는 특징인데, 이것은 크게 두 가지로 압축할 수 있다. 하나는 일본어 속에 한국어(모국어)의 영향으로 인한 한국어적 어휘(예 :「청주대학교→ 清州大学校」「부족한 점이 많은 사람 → 不足な点が多い人」등)가 많이 나타난다는 것과 다른 하나는 한국어의 어휘에 해당하는 유사한 일본어가 여러 개 있는 경우, 그 중 어느 것을 선택하여 사용하는가? 다시 말해 문장 속에 가장 적절한 단어를 선택하여

10)『擬音語・擬態語辞典』(角川書店) p.104
11)『擬音語・擬態語辞典』(角川書店) p.134

사용해야 함에도 불구하고 그러지 못하는데서 나타나는 오용 (예 : 「자랑 → 誇り・自慢・誉れ・うぬぼれ」「배우다 → 習う・学ぶ」「알다 → 分かる・知る」「많다 → 多い・たくさんだ」 등)인 것이다. 한국어(모국어)의 영향으로 나타나는 오용의 경우에 대해서는 학생들을 지도하는데 그다지 어려움을 느끼지 못했지만, 유사한 어휘로 인한 오용은 지도하는데 상당한 어려움을 느꼈다. 유사한 어휘에 대한 오용의 지도는 일본인이라 하더라고 그리 쉽지 않으리라 생각된다. 왜냐하면 수많은 유사한 어휘들의 각각의 특징을 숙지해 일본어 학습자들에게 사용된 어휘가 왜? 오용인가를 구체적이며 논리적으로 설명할 수 있어야 하기 때문이다.

둘째는 문법에서 나타나는 오용인데, 이것은 품사적으로 유난히 동사와 조사에서 많다는 것이 특징적이다. 이러한 사실은 한국인 일본어 학습자들에게 있어 동사와 조사가 다른 품사들보다 공부하기 어렵고 이해하기 힘들다는 것의 반증이기도 하기에, 일본어의 문법을 가르치고 지도할 때는 다른 품사보다도 동사와 조사에 보다 많은 시간을 할애하여 집중적으로 가르쳐야 한다는 것을 알려준다.

마지막으로 표현의 오용인데, 이것은 어휘 사용에 있어서의 문제나 단어의 문법적인 측면에 있어서는 별 문제가 되지 않지만, 문장 전체를 놓고 볼 때 일본어 표현으로서는 오용이라 생각되는 경우이다. 여기에 나타난 특징을 크게 세 가지로 나눌 수 있는데, 그 중 하나가 경어사용(정중체와 보통체, 겸양어의 사용 등)이고, 다른 하나는 일본어 문장 속에 한국어적 표현이 사용되었다는 것이며, 마지막 하나는 수식표현에 있어서의 오용인데, 이것들은 지도하는데 그다지 어려움이 없었다.

▌인용 및 참고문헌

浅田鶴子編 (昭和53年)『擬音語・擬態語辞典』, 角川書店
金田一京助 外(1997)『新明解国語辞典 (第五版)』, 三省堂
鈴木重幸 (1972)『日本語文法・形態論』, むぎ書房
高橋太郎 (2003)『動詞九章』, ひつじ書房
西尾 実 外 (1986)『岩波国語辞典 (第四版)』, 岩波書店

제15장
일본어 발음에 관한 실태 조사

1. 들어가며

일본어 발음에 관한 이번 조사는 제가 근무하는 청주대학교 1학년 수업인 [일본어 발음 실습]을 수강한 1학년 학생들을 대상으로 한 학기가 마친 다음, 우리나라 사람들이 일본어를 듣고 구별(단음과 장음, 청음과 탁음, 촉음의 유무, 요음과 직음, 반탁음과 탁음 등) 하는데 어떠한 특징이 있는가를 조사한 것이다. 청주대학교에 재학 중인 1학년 학생으로서 [일본어 발음 실습]이란 과목을 수강한 학생을 대상으로 한 기말고사의 결과를 통계낸 것으로서, 우리나라 사람의 일본어 발음의 청해 특징이라 일반론적으로 이야기하기에는 다소 무리가 없지는 않지만, 그래도 어느 정도는 청주대 학생에게만 국한되지 않고 어느 정도는 우리나라 일본어 학습자들의 일본어 발음에 대한 청해의 특징을 찾을 수 있고, 또 앞으로의 학습에 참고가 될 것 같아 조사해 보았다.

조사 대상으로는 [일본어 발음 실습]을 수강한 1학년 학생 총 79명(남자 : 23명, 여자 : 56명)으로, 이 가운데는 외국어 고등학교 출신으로 3년간 일본어를 공부한 학생이 5명(남자 : 3명, 여자 : 2명), 일반 고등학교에서 제2외국어로서 일본어를 배운 학생이 18명(남자 : 4명, 여자 : 14명)이었으며, 나머지 56명의 학생(남자 : 16명, 여자 : 40명)은 대학에서 처음으로 일본어를 배워, 한 학기가 지난 상태이었음을 밝히며, 조사 방법으로는,

예를 들어 단음과 장음의 경우라면

オバサン(叔母さん)	イエ(家)	クカン(区間)
オバーサン(お祖母さん)	イーエ(no)	クーカン(空間)

セキ(席)	コイ(恋・鯉)
セーキ(世紀)	コーイ(好意・行為)

와 같이, 각 모음별로 6쌍의 단어를 재일교포(일본에서 태어나, 초·중·고등학교를 일본에서 졸업한 여자)가 녹음한 테이프를 학생에게 2회 들려주어 그 중에서 하나를 선택하는 식(양자택일)으로 하였다.

2. 조사 결과

2.1. 단음과 장음에 대하여

2.1.1. [a]의 경우

우선 일반 학생 56명의 모음별 분포를 살펴보면 [a]의 경우, 하나도 틀리지 않은 학생이 31명, 하나 틀린 학생이 17명, 두 개 틀린 학생이 4명, 세 개 틀린 학생이 4명이었으며, 제2외국어로서 일본어를 공부한 18명의 학생은 하나도 틀리지 않은 사람이 11명, 하나 틀린 사람이 6명, 두 개 틀린 사람이 1명이었고, 외고 출신 5명의 분포는 하나도 틀리지 않은 사람이 4명, 하나 틀린 사람이 1명이었다. 이것을 표로 나타내면 다음 (표1-1)과 같다.

▶ 표 1-1

구분 \ 틀린수	0	1	2	3	4	5	6	합계
일반학생	31	17	4	4	0	0	0	56
제2외국어 학생	11	6	1	0	0	0	0	18
외고출신 학생	4	1	0	0	0	0	0	5

2.1.2. [i]의 경우

▶ 표 1-2

구분 \ 틀린수	0	1	2	3	4	5	6	합계
일반학생	36	9	8	1	2	0	0	56
제2외국어 학생	14	3	1	0	0	0	0	18
외고출신 학생	5	0	0	0	0	0	0	5

2.1.3. [u]의 경우

▶ 표 1-3

구분 \ 틀린수	0	1	2	3	4	5	6	합계
일반학생	15	29	7	5	0	0	0	56
제2외국어 학생	5	12	1	0	0	0	0	18
외고출신 학생	2	3	0	0	0	0	0	5

2.1.4. [e]의 경우

▶ 표 1-4

구분 \ 틀린수	0	1	2	3	4	5	6	합계
일반학생	23	21	7	4	1	0	0	56
제2외국어 학생	11	7	0	0	0	0	0	18
외고출신 학생	4	0	1	0	0	0	0	5

2.1.5. [o]의 경우

▶ 표 1-5

구분 \ 틀린수	0	1	2	3	4	5	6	합계
일반학생	18	27	9	1	1	0	0	56
제2외국어 학생	4	11	2	1	0	0	0	18
외고출신 학생	3	2	0	0	0	0	0	5

위의 (표1-1)에서 (표1-5)까지를 보고 논할 수 있는 것은 음의 장단의 경우, 우리나라 일본어 학습자에게는 [a]・[i] 보다 [u]・[e]・[o]가 구분하기 힘들게 느껴진다는 것이며, 이것보다도 더욱더 두드러진 현상은 모음의 차이에 관계없이 음의 장단이 語頭나 語中에 있는 것보다, 음의 장단이 語末에 있을 경우가 구분하기 어렵다는 것이다. 실지로 (표1-1)에서 (표1-5)까지, 하나 틀린 사람 (외고출신학생・제2외국어학생)의 경우를 살펴보면 (「a」로 표기), 일반적으로 말해, 다음에서 보여지 듯 그 틀린 것의 대부분의 경우가, 음의 장단이 語末에 오는 것임을 알 수 있다.

▶ 표 1-1-a

	외고 출신 학생 (1)	제 2 외국어 학생 (6)
틀린 내용 및 개수	サッカ・サッカー (1)	サッカ・サッカー (5) オバサン・オバーサン (1)

▶ 표 1-2-a

	제 2 외국어 학생 (3)
틀린 내용 및 개수	スキ・スキー (2) オジサン・オジーサン (1)

▶ 표 1-3-a

	외고 출신 학생 (3)	제 2 외국어 학생 (12)
틀린 내용 및 개수	センシュ・センシュー (3)	センシュ・センシュー (11) ユソー・ユーソー (1)

▶ 표 1-4-a

	제 2 외국어 학생 (7)
틀린 내용 및 개수	コケ・コケー (5) カイテ・カイテー (1) カメ・カメー (1)

▶ 표 1-5-a

	외고 출신 학생 (2)	제 2 외국어 학생 (11)
틀린 내용 및 개수	イッショ・イッショー (2)	イッショ・イッショー (10) キョネン・キョーネン (1)

2.2. 청음과 탁음에 대하여

일본어에 있어 청음과 탁음의 대립은 カ行・サ行・タ行・ハ行에 존재하는데, カ行[k]과 ガ行[g], サ行[s]과 ザ行[z], タ行[t]과 ダ行[d] 그리고 ハ行[h]과 バ行[b]의 대립을,

カッキ(活気)	サッカ(作家)	タイガク(退学)	ハイテン(配点)
ガッキ(楽器)	ザッカ(雑貨)	ダイガク(大学)	バイテン(売店)

와 같이, 청음과 탁음의 대립이 語頭에 올 경우와

アケル(開ける)	アサ(麻)	イタイ(遺体)	ウハ(右派)
アゲル(上げる)	アザ(痣)	イダイ(偉大)	ウバ(乳母)

와 같이 語中 또는 語末에 오는 경우를 나누어 조사하였다.

2.2.1. [k]와 [g]에 대하여

2.2.1.1. 語頭에 올 때

▶ 표 2-1

구분 \ 틀린수	0	1	2	3	4	5	6	합계
일반학생	4	16	22	9	5	0	0	56
제2외국어 학생	6	9	3	0	0	0	0	18
외고출신 학생	2	2	1	0	0	0	0	5

2.2.1.2. 語中 또는 語末에 올 때

▶ 표 2-2

구분 \ 틀린수	0	1	2	3	4	5	6	합계
일반학생	9	17	7	14	7	2	0	56
제2외국어 학생	11	5	0	1	1	0	0	18
외고출신 학생	4	1	0	0	0	0	0	5

2.2.2. [s]와 [z]에 대하여

2.2.2.1. 語頭에 올 때

▶ 표 2-3

구분 \ 틀린수	0	1	2	3	4	5	6	합계
일반학생	53	2	1	0	0	0	0	56
제2외국어 학생	18	0	0	0	0	0	0	18
외고출신 학생	5	0	0	0	0	0	0	5

2.2.2.2. 語中 또는 語末에 올 때

▶ 표 2-4

구분 \ 틀린수	0	1	2	3	4	5	6	합계
일반학생	55	1	1	0	0	0	0	56
제2외국어 학생	18	0	0	0	0	0	0	18
외고출신 학생	5	0	0	0	0	0	0	5

2.2.3. [t]와 [d]에 대하여

2.2.3.1. 語頭에 올 때

▶ 표 2-5

구분 \ 틀린수	0	1	2	3	4	5	6	합계
일반학생	12	15	9	12	4	3	1	56
제2외국어 학생	9	3	5	0	1	0	0	18
외고출신 학생	3	2	0	0	0	0	0	5

2.2.3.2. 語中 또는 語末에 올 때

▶ 표 2-6

구분 \ 틀린수	0	1	2	3	4	5	6	합계
일반학생	12	15	15	10	4	0	0	56
제2외국어 학생	13	2	3	0	1	0	0	18
외고출신 학생	5	0	0	0	0	0	0	5

2.2.4. [h]와 [b]에 대하여

2.2.4.1. 語頭에 올 때

▶ 표 2-7

구분 \ 틀린수	0	1	2	3	4	5	6	합계
일반학생	56	0	0	0	0	0	0	56
제2외국어 학생	18	0	0	0	0	0	0	18
외고출신 학생	5	0	0	0	0	0	0	5

2.2.4.2. 語中 또는 語末에 올 때

▶ 표 2-8

구분 \ 틀린수	0	1	2	3	4	5	6	합계
일반학생	56	0	0	0	0	0	0	56
제2외국어 학생	18	0	0	0	0	0	0	18
외고출신 학생	5	0	0	0	0	0	0	5

(표2-1)부터 (표2-8)까지를 보고 말 할 수 있는 것은 サ行과 ザ行, 그리고 ハ行과 バ行의 구분이 語頭・語中 상관없이 カ行과 ガ行, 그리고 タ行과 ダ行의 구분보다 우리나라 일본어 학습자에게는 쉽다는 것이다. 바꾸어 이야기하면 カ行과 ガ行, 그리고 タ行과 ダ行의 구분이, 語頭・語中 상관없이 サ行과 ザ行, 그리고 ハ行과 バ行의 구분보다 어렵다는 것을 의미한다.

2.3. 촉음의 유무에 대하여

촉음은 단어의 語頭나 語末에는 일반적으로 쓰이지 않고, 주로 語中에 쓰여「ッ」로 나타내지만, 다음에서 보여지 듯 촉음「ッ」의 실지 발음은 뒤에 오는 자음의 영향을 받아 뒤의 자음과 같아지므로(조건이음)[1)]

[예] 「一回 : いっかい」→ [ikkai], 「一切 : いっさい」→ [issai]
「一体 : いったい」→ [ittai], 「一杯 : いっぱい」→ [ippai]

다음과 같이 [k][s][t][p]로 나누어 조사를 했지만,

1)『教師用日本語教育ハンドブック ⑥ 発音』(国際交流基金 p.72～74)

イッケン(一軒) ケッシテ(決して) イッチ(一致) スッパイ(酸っぱい)
イケン(意見) ケシテ(消して) イチ(位置) スパイ(spy)

[p]의 경우는 촉음의 유무에 대하여 쌍을 이루고 있는 단어를 위의 「スッパイ(酸っぱい)」와 「スパイ(spy)」 이 하나 밖에 찾지 못해 「○」와 「×」로 조사했다.

2.3.1. [k]의 경우

▶ 표 3-1

구분 \ 틀린수	0	1	2	3	4	5	6	합계
일반학생	7	8	10	11	15	5	0	56
제2외국어 학생	2	1	5	7	3	0	0	18
외고출신 학생	0	2	0	2	1	0	0	5

2.3.2. [s]의 경우

▶ 표 3-2

구분 \ 틀린수	0	1	2	3	4	5	6	합계
일반학생	23	12	11	8	1	1	0	56
제2외국어 학생	4	6	5	3	0	0	0	18
외고출신 학생	2	2	1	0	0	0	0	5

2.3.3. [t]의 경우

▶ 표 3-3

구분 \ 틀린수	0	1	2	3	4	5	6	합계
일반학생	14	15	9	8	8	2	0	56
제2외국어 학생	6	4	3	4	1	0	0	18
외고출신 학생	2	1	0	2	0	0	0	5

2.3.4. [p]의 경우

▶ 표 3-4

구분 ＼ 틀린수	○	×	합계
일반학생	48	8	56
제2외국어 학생	18	0	18
외고출신 학생	5	0	5

(표3-1)에서 (표3-4)까지를 보고 [k][s][t]에 한정해 이야기 해 보면, 일본어의 촉음이 [s]로 발음 될 때, 일반 학생이나 제2 외국어 학생, 그리고 외고 출신 학생 구분없이 모두 다 촉음의 유무를 제일 잘 구분하며, 그 다음이 [t]이고, 촉음이 [k]로 발음 될 때, 일반 학생이나 제2 외국어 학생, 그리고 외고 출신 학생 모두에게 촉음의 유무의 구분이 하기 힘든 것으로 보인다. 그리고 이 촉음이 [p]로 발음될 때의 예가 하나이기에, 이 한 개의 결과로 일반론을 이야기하기 어렵기만, 통계(확률)적으로 본다면 촉음이 [p]로 발음 될 때, 촉음의 유무에 대한 구분은 우리나라 일본어 학습자에게는 그다지 어려운 것으로는 보이지 않는다는 것이다.

2.4. 요음과 직음(直音)에 대하여2)

이것은

キャク(客)	キューコー(急行)	シャイン(社員)
カク(核)	クーコー(空港)	サイン(sign)

2)『教師用日本語教育ハンドブック ⑥ 発音』(国際交流基金 p.85)

ジギョー(事業)　カシャ(貨車)　カンジョー(感情)
ジゴー(次号)　カサ(傘)　カンゾー(肝臓)

와 같이 요음과 직음의 대립이 있는 것을 조사한 것으로서, 먼저 위와 같이 음절(拍) 数가 같은 경우와, 다음과 같이 음절(拍) 数가 틀린 경우로 나누어

キャク(客)　ジュー(十)　シューチ(周知)
キヤク(規約)　ジユー(自由)　シユーチ(私有地)

이 각각의 경우를 清・濁音에서와 같이, 語頭와 語中 혹은 語末의 경우로 실시하였는데, 음절(拍) 数가 틀린 경우의 요음과 직음의 대립이 語中・語末에서 나타나는 단어는 찾지 못해 실시하지 못하였다.

2.4.1. 음절(拍) 수가 같은 경우

2.4.1.1. 語頭에 올 때

▶ 표 4-1

구분 ＼ 틀린수	0	1	2	3	4	5	6	합계
일반학생	9	15	16	10	4	1	1	56
제2외국어 학생	9	3	2	3	1	0	0	18
외고출신 학생	4	0	1	0	0	0	0	5

2.4.1.2. 語中 또는 語末에 올 때

▶ 표 4-2

구분 ＼ 틀린수	0	1	2	3	4	5	6	합계
일반학생	1	11	9	12	17	6	0	56
제2외국어 학생	3	7	7	0	1	0	0	18
외고출신 학생	1	0	3	1	0	0	0	5

2.4.2. 음절(拍) 수가 다를 경우

2.4.2.1. 語頭에 올 때

▶ 표 4-3

구분 \ 틀린수	0	1	2	3	4	5	6	합계
일반학생	10	16	17	10	7	6	0	56
제2외국어 학생	9	2	4	3	0	0	0	18
외고출신 학생	3	2	0	0	0	0	0	5

(표4-1)과 (표4-2)를 보고 알 수 있는 것은, 일반 학생이나 제2 외국어 학생 그리고 외고 출신 학생 모두에게 있어, 음절(拍) 수가 같을 때, 요음과 직음의 구분이 語頭에 올 때보다 語中이나 語末에 올 때가 구분하기 어려운 것 같으며, 또 (표4-3)에서는 음절(拍) 수가 다른 경우에도, 일반 학생은 6개 중 3개 이상 틀린 사람이 56명 중에 23명이나 되는 것을 볼 때, 이것 또한 그리 쉽지 만은 않게 느껴진다. 또, 요음과 직음의 음절(拍)수가 같을 경우, 우리나라 일본어 학습자에게는「キャ」와「カ」,「ギョ」와「ゴ」,「キュ」와「ク」,「シャ」와「サ」,「シュ」와「ス」,「チュ」와「ツ」,「ピョ」와「ポ」,이런 것보다「ショ」와「ソ」,「ジョ」와「ゾ」의 구분이 힘들다는 것이다. 왜냐하면, (표4-1)에서 한 개 틀린 3명의 제2 외국어 학생과 두 개 틀린 한 명의 외고 출신 학생의 틀린 것을 보면 다음 (표4-1-a)과 같으며,

▶ 표 4-1-a

	제2외국어학생 (3)	두 개 틀린 외고 학생 (1)
틀린 내용 및 개수	ショーネン・ソーネン (3)	ショーネン・ソーネン (1) チューシン・ツーシン (1)

(표4-2)에서 한 개 틀린 제2 외국어 학생 7명과 두 개 틀린 외고 출신

학생 3명의 틀린 내용을 보면 다음 (표4-2-a)과 같기 때문이다.

▶ 표 4-2-a

	제2외국어학생 (7)	두 개 틀린 외고 학생 (3)
틀린 내용 및 개수	カンジョー・カンゾー (7)	カンジョー・カンゾー (3) ユーショー・ユーソー (1) ジギョー・ジゴー (1) ムチュー・ムツー (1)

그리고 지금까지의 경험에 비추어 보면, 우리나라 일본어 학습자에게 「ジャ」와 「ザ」의 구분도 힘들 것으로 느껴지나, 실지로 대립하는 단어를 찾지 못해 실시하지 못하였으며, 이 외에도 요음과 직음의 대립으로는 「キョ」와 「コ」, 「ヒャ」와 「ハ」, 「リャ」와 「ラ」, 「ジュ」와 「ズ」, 「ギャ」와 「ガ」등의 여러 가지가 있으나 시험문제 개수상의 문제로 이번 조사에서 빠져있음을 밝힌다.

2.5. 반탁음과 탁음에 대하여

이것은 반탁음인 パ行 [p]과 탁음인 バ行 [b]의 관계를 조사한 것으로서

パス (pass)	パック (pack)	ピン (pin)
バス (bus・bath)	バック (back)	ビン (瓶)

와 같이, 반탁음과 탁음의 대립이 語頭에 올 경우와

カンパン(甲板)	センパイ(先輩)	サンピ(賛否)
カンバン(看板)	センバイ(千倍)	サンビ(賛美)

와 같이 語中이나 語末에 올 경우로 나누어 조사했다.

2.5.1. 語頭에 올 때

▶ 표 5-1

구분 \ 틀린수	0	1	2	3	4	5	6	합계
일반학생	24	18	7	5	2	0	0	56
제2외국어 학생	15	3	0	0	0	0	0	18
외고출신 학생	3	1	1	0	0	0	0	5

2.5.2. 語中 또는 語末에 올 때

▶ 표 5-2

구분 \ 틀린수	0	1	2	3	4	5	6	합계
일반학생	19	10	11	12	4	0	0	56
제2외국어 학생	13	3	2	0	0	0	0	18
외고출신 학생	4	0	1	0	0	0	0	5

위의 (표5-1)과 (표5-2)를 보고 알 수 있는 것은, 예상외로 일반 학생들에게 있어 반탁음과 탁음의 구분이 쉽지만은 않다는 것이며, 반탁음과 탁음의 구별이 語頭보다는 語中이나 語末인 때 더 어려워진다는 것이다.

3. 마치며

이상에서 보여지 듯, 한국어를 모국어로 한, 대학 1학년의 장음과 단음 · 청음과 탁음 · 촉음의 유무 · 요음과 직음 · 반탁음과 탁음에 관한 일본어 발음에 관한 실태조사에서 이야기할 수 있는 것은, 첫째로, 음의 장단의 경우, 우리나라 일본어 학습자에게는 [a]・[i] 보다 [u]・[e]・[o]가 구분하기 힘들게 느껴진다는 것이며, 이것보다도 더욱더 두드러진 현상은 모음의 차이에 관계없이 음의 장단이 語頭나 語中에 있는 것보다, 음의 장단이 語末에 있을 경우가 구분하기 어렵다는 것이다.

둘째로, 청음과 탁음에 관해서는 語頭・語中에 상관없이「サ行과 ザ行」・「ハ行과 バ行」의 구별이「カ行과 ガ行」・「タ行과 ダ行」보다 쉽다는 것이다.

셋째로, 촉음의 유무에 관해서는 [k][s][t]에 한정해서 논하면, 촉음이 [s]로 발음 될 때, 촉음의 유무를 제일 잘 구분하며, 그 다음이 [t]이고, 촉음이 [k]로 발음 될 때, 촉음의 유무의 구분이 잘 되지 않는 것으로 보인다. 그리고 이 촉음이 [p]로 발음될 때의 예가 하나이기에, 이 한 개의 결과로 일반론을 제시하기 어렵지만, 촉음이 [p]로 발음 될 때, 촉음의 유무에 대한 구분은 우리나라 일본어 학습자에게는 그다지 어려운 것으로는 보이지 않는다는 것이다.

넷째로, 요음과 직음에 관해서는, 음절(拍) 수가 같을 때, 요음과 직음의 구분이 語頭에 올 때보다 語中이나 語末에 올 때가 구분하기 어려우며, 다른 요음과 직음의 구분보다「ジョ」「ゾ」의 구분이 어렵다는 것이다.

마지막으로 반탁음과 탁음의 구분이 일반 학생들에게 있어 생각했던 것보다 그리 쉽지만은 않다는 것이며, 반탁음과 탁음의 구별이 語頭보다는 語中이나 語末인 때가 더 어렵다는 것이다.

▌인용 및 참고문헌

国際交流基金 (昭和56)『教師用日本語教育ハンドブック ⑥ 発音』

별지부록

1) 단음과 장음

A。[a] 와 [a:]

ア。オバサン(叔母さん)	イ。カド(角)	ウ。サッカ (作家)
オバーサン(お祖母さん)	カード (card)	サッカー (soccer)
エ。ダス (出す)	オ。ハト (鳩)	カ。マク (蒔く)
ダース(dozen)	ハート (heart)	マーク (mark)

B。[i] 와 [i:]

ア。イエ(家)	イ。イマス(居ます)	ウ。オジサン(叔父さん)
イーエ(no)	イーマス(言います)	オジーサン(お祖父さん)
エ。スキ(好き)	オ。チズ(地図)	カ。ビル(building)
スキー(ski)	チーズ(cheese)	ビール(beer)

C。[u] 와 [u:]

ア。クカン(区間)	イ。クツ(靴)	ウ。シュジン(主人)
クーカン(空間)	クツー(苦痛)	シュージン(囚人)
エ。センシュ(選手)	オ。ツチ(土)	カ。ユソー(輸送)
センシュー(先週)	ツーチ(通知)	ユーソー(郵送)

D。[e] 와 [e:]

ア。カイテ(買い手)	イ。カメ(亀)	ウ。コケ(苔)
カイテー(改定)	カメー(加盟)	コケー(固形)
エ。セキ(席)	オ。ゼセー(是正)	カ。ヘヤ(部屋)
セーキ(世紀)	ゼーセー(税制)	ヘーヤ(平野)

E。[o] 와 [o:]

ア。イッショ(一緒)　イ。キョネン(去年)　ウ。コイ(恋・鯉)
イッショー(一生)　キョーネン(凶年)　コーイ(行為・好意)
エ。トル(取る)　オ。ヨニン(四人)　カ。ヨヤク(予約)
トール(通る)　ヨーニン(容認)　ヨーヤク(要約)

2) 청음과 탁음

A。カ행의 경우

<語頭에 올 때>

ア。カッキ(活気)　イ。キャク(客)　ウ。キンカ(金貨)
ガッキ(楽器)　ギャク(逆)　ギンカ(銀貨)
エ。クラス(class)　オ。ケンコー(健康)　カ。ココ゛(古語)
グラス(glass)　ゲンコー(原稿)　ゴゴ(午後)

<語中 또는 語末에 올 때>

ア。アケル(開ける)　イ。カイカン(会館)　ウ。ギンカ(銀貨)
アゲル(上げる)　カイガン(海岸)　ギンガ(銀河)
エ。コーカイ(後悔)　オ。シンコー(信仰)　カ。ツキ(月)
コーガイ(郊外)　シンゴー(信号)　ツギ(次)

B。サ행의 경우

<語頭에 올 때>

ア。サッカ(作家)　イ。サンギョー(産業)　ウ。シカイ(司会)
ザッカ(雑貨)　ザンギョー(残業)　ジカイ(次回)
エ。センジツ(先日)　オ。ソーセツ(創設)　カ。ソクホー(速報)
ゼンジツ(前日)　ゾーセツ(増設)　ゾクホー(続報)

<語中 또는 語末에 올 때>

ア。アサ(麻) アザ(痣)	イ。イシ(石) イジ(意地)	ウ。イス(椅子) イズ(伊豆)
エ。シセン(視線) シゼン(自然)	オ。ドーソー(同窓) ドーゾー(銅像)	カ。ヒシュー(悲愁) ヒジュー(比重)

C。タ행의 경우

<語頭에 올 때>

ア。タイガク(退学) ダイガク(大学)	イ。タイキン(大金) ダイキン(代金)	ウ。テンキ(天気) デンキ(電気)
エ。テンシ(天使) デンシ(電子)	オ。トーキョー(東京) ドーキョー(同郷)	カ。トル(取る) ドル(dollar)

<語中 또는 語末에 올 때>

ア。イタイ(遺体) イダイ(偉大)	イ。シンテン(進展) シンデン(神殿)	ウ。ジタイ(事態) ジダイ(時代)
エ。イテン(移転) イデン(遺伝)	オ。キョート(京都) キョード(郷土)	カ。ゴートー(強盗) ゴードー(合同)

D。ハ행의 경우

<語頭에 올 때>

ア。ハイテン(配点) バイテン(売店)	イ。ヒジュツ(秘術) ビジュツ(美術)	ウ。ヒョーテキ(標的) ビョーテキ(病的)
エ。フンマツ(粉末) ブンマツ(文末)	オ。ヘンカイ(変改) ベンカイ(辯解)	カ。ホーカ(放火) ボーカ(防火)

<語中 또는 語末에 올 때>

ア。ウハ(右派) ウバ(乳母)	イ。ガクフ(楽譜) ガクブ(学部)	ウ。ケーヒ(経費) ケービ(警備)

エ。コクホー(国宝)　オ。ムホー(無法)　カ。ユーヒ(夕日)
　　コクボー(国防)　　　ムボー(無謀)　　　ユービ(優美)

3) 촉음의 유무

A。[kk]의 경우

ア。イッケン(一軒)　イ。カッコ(括弧)　ウ。サッカ(作家)
　　イケン(意見)　　　カコ(過去)　　　サカ(坂)
エ。ジッケン(実験)　オ。ジッコー(実行)　カ。ハッケン(発見)
　　ジケン(事件)　　　ジコー(時効)　　　ハケン(派遣)

B。[pp]의 경우

ア。スッパイ (酸っぱい)
　　スパイ (spy)

C。[ss]의 경우

ア。ケッシテ (決して)　イ。ジッシュー (実習)　ウ。シッソー(失踪)
　　ケシテ (消して)　　　ジシュー (自習)　　　シソー(思想)
エ。ニッシ(日誌)　オ。ハッセー(発生)　カ。ブッシ(物資)
　　ニシ(西)　　　ハセー(派生)　　　ブシ(武士)

D。[tt]의 경우

ア。イッチ(一致)　イ。ウッタ(売った)　ウ。オット(夫)
　　イチ(位置)　　　ウタ(歌)　　　オト(音)
エ。サッチ(察知)　オ。ネッタイ(熱帯)　カ。フットー(沸騰)
　　サチ(幸)　　　ネタイ(寝たい)　　　フトー(不当)

4) 요음과 직음(直音)

A。음절(拍)의 수(数)가 같은 경우

<語頭에 올 때>

ア。キャク(客)	イ。キューコー(急行)	ウ。シャイン(社員)
カク(核)	クーコー(空港)	サイン(sign)
エ。シュージ(習字)	オ。ショーネン(少年)	カ。チューシン(中心)
スージ(数字)	ソーネン(壮年)	ツーシン(通信)

<語中 또는 語末에 올 때>

ア。ジギョー(事業)	イ。カシャ(貨車)	ウ。カンジョー(感情)
ジゴー(次号)	カサ(傘)	カンゾー(肝臓)
エ。ユーショー(優勝)	オ。ムチュー(夢中)	カ。ハッピョー(発表)
ユーソー(郵送)	ムツー(無痛)	ハッポー(発砲)

B。음절(拍)의 수(数)가 다른 경우

<語頭에 올 때>

ア。キャク(客)	イ。ジュー(十)	ウ。シューチ(周知)
キヤク(規約)	ジユー(自由)	シユーチ(私有地)
エ。ショーニン(証人)	オ。ヒャク(百)	カ。ビョーイン(病院)
シヨーニン(使用人)	ヒヤク(飛躍)	ビヨーイン(美容院)

5) 반탁음과 탁음

<語頭에 올 때>

ア。パス (pass)	イ。パック (pack)	ウ。ピン (pin)
バス (bus・bath)	バック (back)	ビン (瓶)

エ。ペン (pen)	オ。ペンチ (pinchers)	カ。ポンプ (pomp)
ベン (辯)	ベンチ (bench)	ボンプ (凡夫)

<語中 또는 語末에 올 때>

ア。カンパン(甲板)	イ。センパイ(先輩)	ウ。サンピ(賛否)
カンバン(看板)	センバイ(千倍)	サンビ(賛美)
エ。シンピ(神秘)	オ。オープン(open)	カ。ゼンポー(前方)
シンビ(審美)	オーブン(oven)	ゼンボー(全貌)

出典一覧・日本語

赤川次郎『早春物語』(角川文庫)
芥川竜之介「杜子春」(『蜘蛛の糸・杜子春』所収・新潮文庫)
芥川竜之介「羅生門」(『羅生門・鼻』所収・新潮文庫)
芥川竜之介「蜘蛛の糸」(『蜘蛛の糸・杜子春』所収・新潮文庫)
浅田次郎「鉄道員」(『鉄道員』所収・集英社)
安部公房『砂の女』(新潮文庫)
有吉佐和子「地唄」(小田切進編『日本の短編小説 昭和(下)』所収・新潮文庫)
石坂洋次郎「女同士」(『女同士』所収・角川文庫)
石坂洋次郎「くちづけ」(『女同士』所収・角川文庫)
石坂洋次郎「若い娘」(『女同士』所収・角川文庫)
石坂洋次郎『丘は花ざかり』(新潮文庫)
石坂洋次郎『若い川の流れ』(角川文庫)
石森延男 外『国語六上 創造』(光村図書)
石森延男 外『国語三上 わかば』(光村図書)
五木寛之『忘れえぬ女性たち』(集英社文庫)
五木寛之『水中花』(新潮文庫)
伊藤左千夫「野菊の墓」(『日本の文学』所収・金の星社)
井上 靖『しろばんば』(新潮文庫)
江國香織『冷静と情熱のあいだ Rosso』(角川文庫)
大江健三郎「死者の奢り」(『死者の奢り・飼育』所収・新潮文庫)
大岡昇平『俘虜記』(新潮文庫)
大岡昇平『野火』(新潮文庫)
小川国夫「アポロンの島」(小田切進編『日本の短編小説 昭和(下)』所収・新潮文庫)
開高 健「パニック」(小田切進編『日本の短編小説 昭和(下)』所収・新潮文庫)
川端康成「伊豆の踊子」(『伊豆の踊子・禽獣』所収・角川文庫)
川端康成『雪国』(新潮文庫)
川端康成『千羽鶴』(新潮文庫)
北 杜夫『奇病連盟』(新潮文庫)
北 杜夫「岩尾根にて」(小田切進編『日本の短編小説 昭和(下)』所収・新潮文庫)
北川悦吏子『君といた夏』(角川文庫)
北川悦吏子『最後の恋』(角川文庫)

栗 良平「一杯のかけそば」(『栗良平 作品集２』所収)
栗原一登 外『こくご二上 たんぽぽ』(光村図書)
小島信夫「アメリカン・スクール」(小田切進編『日本の短編小説 昭和(下)』所収・新潮文庫)
さくらももこ『たいのおかしら』(集英社文庫)
佐野 洋『二人で殺人を』(角川文庫)
志賀直哉「城の崎にて」(『城の崎にて』所収・角川文庫)
志賀直哉「清兵衛と瓢箪」(『城の崎にて』所収・角川文庫)
椎名麟三「神の道化師」(小田切進編『日本の短編小説 昭和(下)所収・新潮文庫)
曾野綾子「弥勒」(『たまゆら』所収・新潮文庫)
竹山道雄『ビルマの竪琴』(新潮文庫)
太宰 治「新樹の言葉」(『新樹の言葉』所収・新潮文庫)
太宰 治「葉桜と魔笛」(『新樹の言葉』所収・新潮文庫)
太宰 治「走れメロス」(『走れメロス』所収・新潮文庫)
立原正秋『夢は枯野を』(角川文庫)
田辺聖子『夜あけのさよなら』(新潮文庫)
谷崎潤一郎『痴人の愛』(新潮文庫)
谷崎潤一郎「秘密」(『刺青・秘密』所収・新潮文庫)
谷崎潤一郎「刺青」(『刺青・秘密』所収・新潮文庫)
辻 仁成『冷静と情熱のあいだ Blu』(角川文庫)
辻 仁成『そこに君がいた』(新潮文庫)
中河与一『天の夕顔』(新潮社)
中山千夏『偏見自在』(文春文庫)
夏目漱石『坊っちゃん』(集英社文庫)
夏目漱石『吾輩は猫である』(新潮文庫)
夏目漱石『こころ』(角川文庫)
夏目漱石『それから』(新潮文庫)
新田次郎『八甲田山死の彷徨』(新潮文庫)
福永武彦「飛ぶ男」(小田切進編『日本の短編小説 昭和(下)』所収・新潮文庫)
星 新一『ボッコちゃん』(新潮文庫)
蒔田光治 太田 愛 福田卓郎『トリック２』(角川文庫)
松本清張『霧の旗』(新潮文庫)
松本清張『聞かなかった場所』(角川文庫)
松本清張「発作」(『共犯者』所収・新潮文庫)
松本清張『点と線』(新潮文庫)

三浦綾子「この重きバトンを」(『雨はあした晴れるだろう』所収・角川文庫)
三浦綾子『母』(角川文庫)
三浦綾子『石の森』(集英社文庫)
三浦綾子『塩狩峠』(新潮文庫)
三浦綾子『残像』(集英社文庫)
三浦綾子『千利休とその妻たち(上・下)』(新潮文庫)
三浦綾子『広き迷路』(新潮文庫)
宮沢賢治「注文の多い料理店」(『風の又三郎』所収・新潮文庫)
宮沢賢治「風の又三郎」(『風の又三郎』所収・新潮文庫)
向田邦子「隣りの女」(『隣りの女』所収・文春文庫)
向田邦子「春が来た」(『隣りの女』所収・文春文庫)
向田邦子「幸福」(『隣りの女』所収・文春文庫)
向田邦子『寺内貫太郎の一家』(新潮文庫)
向田邦子『思い出トランプ』(新潮文庫)
向田邦子『阿修羅のごとく』(大和書房)
森 瑤子「ウォッカ」(『少し酔って』所収・角川文庫)
安岡章太郎「剣舞」(小田切進編『日本の短編小説 昭和(下)』所収・新潮文庫)
安岡章太郎「ジングルベル」(『ガラスの靴・悪い仲間』所収・講談社文芸文庫)
柳美里『家族の標本』(朝日文芸文庫)
横光利一「春は馬車に乗って」(『機械・春は馬車に乗って』所収・新潮文庫)
吉本ばなな「うたかた」(『うたかた サンクチュアリ』所収・新潮文庫)
吉本ばなな「キッチン」(『キッチン』所収・角川文庫)
吉本ばなな「満月 — キッチン2」(『キッチン』所収・角川文庫)
吉本ばなな『哀しい予感』(角川文庫)
吉本ばなな『とかげ』(新潮文庫)
吉行淳之介「鳥獣虫魚」(小田切進編『日本の短編小説 昭和(下)』所収・新潮文庫)
魯迅「故郷」(竹内 好訳・『魯迅文集・第一巻』所収・筑摩書房)
日本聖書協会『新約聖書』(1954年改訳)
日本聖書協会『新約聖書』(1990年・新共同訳)
共同訳聖書実行委員会『聖書 新共同訳』(日本聖書協会)

出典一覧・韓國語

「마태・마가・누가복음」(『신약・현대인을 위한 성경』 생명의 말씀사)
『관주성경전서』(대한성서공회・개역한글판・1956년)
『예가의 시집2 진달래꽃』(도서출판 예가)
괴테『파우스트 (世界名作 100선 34)』(김양순 옮김 일신서적출판사)
김하인『국화꽃 향기 1・2』(생각의 나무)
느림보 버스 (『TV동화 행복한 세상』((주)샘터사)
루이 레이슨『나는 조지아의 미친 고양이』(이은정 옮김 (주)아침나라)
심 훈『상록수』(하서출판사・하서명작선3)
양귀자『지구를 색칠하는 페인트공』(도서출판 살림)
윤수천『난장이와 무지개나라』
이드보라『소돔같은 거리에도』(예찬사)
조선일보 (2005・4・11「아침논단」)
조선일보 2001년 4월 13일 / 2001년 4월 21일
조세희『난장이가 쏘아올린 작은 공』(문학과 지성사)
조창인『가시고기』(밝은세상)
지수현『내 이름은 김삼순』(도서출판 눈과 마음)
황순원「소나기」(『베스트셀러 한국문학선15 소나기(외)』 소담출판사)
황운성『너의 가슴에 나의 사랑을 묻을 수 있다면』(경성라인)

저자 전성용

약력 1959년 생
1990년 3월 동경외국어대학 일본어학과 졸업
1993년 3월 동경학예대학 대학원 졸업 (교육학 석사)
1997년 3월 대동문화대학에서 일본문학박사학위 취득
2008년 현재 청주대학교 일어일문학과 교수

저서 『일본어회화 입문』(2001년)
『일본어의 발음과 악센트』(2002년)
『현대 일본어 문법』(2003년)
『일어학 개론』(2003년)
『일본어한자 드릴(초급)』(2003년)
『일본어한자 드릴(중급)』(2003년)
『일본어한자 드릴(상급)』(2003년)
『現代 日本語 動詞 中止形의 構文論的인 硏究』(2003년)
『일본어 작문』(2004년)
『작품으로 공부하는 일본어 강독』(2005년)
『알기 쉬운 현대 일본어 문법(초급)』(2006년)
『알기 쉬운 현대 일본어 문법(중급)』(2006년)
『일본어 중급 회화』(2007)

신일본어학총서 73

일본어의 연구

초판인쇄 2008년 10월 10일
초판발행 2008년 10월 24일

저자 전성용
발행 제이앤씨
등록 제7-220

주소 서울시 도봉구 창동 624-1 현대홈시티 102-1206
전화 (02) 992 / 3253(대)
팩스 (02) 991 / 1285
전자우편 jncbook@hanmail.net
홈페이지 http://www.jncbook.co.kr
책임편집 안정은

ISBN 978-89-5668-647-9 93830 정가 19,000원

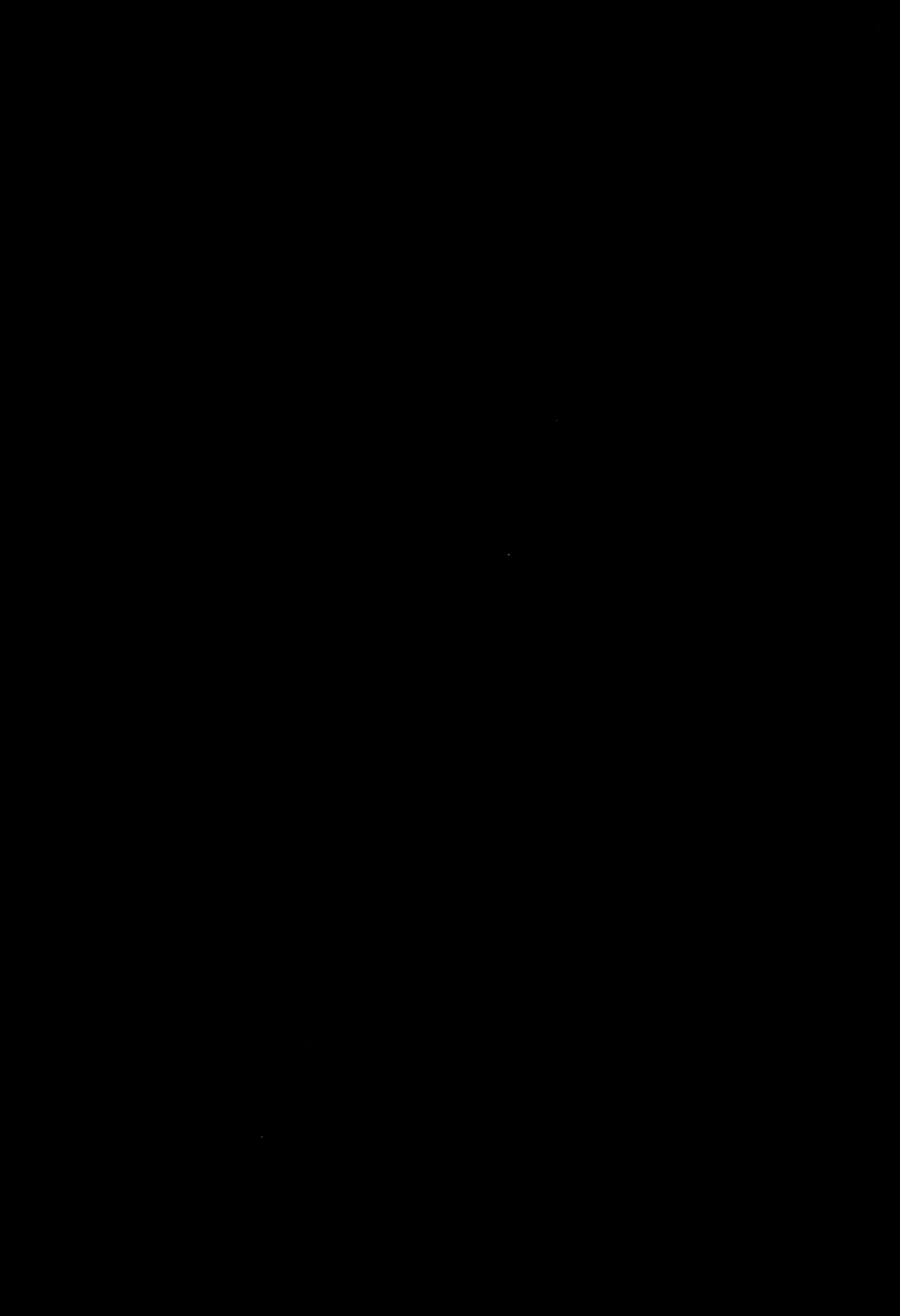